首都经济贸易大学教务处资助出版

“创新创业+课程思政”教育模式研究
——以国家发明专利撰写教学为例

刘经纬　唐雪涵　杨建栋　张　纯◎著

首都经济贸易大学出版社
Capital University of Economics and Business Press
·北　京·

图书在版编目(CIP)数据

“创新创业+课程思政”教育模式研究：以国家发明专利撰写教学为例 / 刘经纬等著. -- 北京：首都经济贸易大学出版社，2021.6

ISBN 978-7-5638-3229-3

Ⅰ. ①创…　Ⅱ. ①刘…　Ⅲ. ①高等学校—思想政治教育—教育模式—研究—中国　Ⅳ. ①G641

中国版本图书馆 CIP 数据核字(2021)第 091117 号

“创新创业+课程思政”教学模式研究
——以国家发明专利撰写教学为例
刘经纬　唐雪涵　杨建栋　张　纯　著

责任编辑　晓　地
封面设计　砚祥志远·激光照排 TEL：010-65976003
出版发行　首都经济贸易大学出版社
地　　址　北京市朝阳区红庙(邮编 100026)
电　　话　(010)65976483　65065761　65071505(传真)
网　　址　http://www.sjmcb.com
E-mail　publish@cueb.edu.cn
经　　销　全国新华书店
照　　排　北京砚祥志远激光照排技术有限公司
印　　刷　北京九州迅驰传媒文化有限公司
成品尺寸　170 毫米×240 毫米　1/16
字　　数　229 千字
印　　张　12.75
版　　次　2021 年 6 月第 1 版　2022 年 7 月第 2 次印刷
书　　号　ISBN 978-7-5638-3229-3
定　　价　49.00 元

序

习近平总书记在全国高校思想政治工作会议上强调，要用好课堂教学这个主渠道，各类课程都要与思想政治理论课同向同行，形成协同效应。近5年来，教育部配合党中央，大力推进“新工科”“马克思主义理论”“课程思政”“教育信息化2.0”“产学研一体化”“重视教学”等工作。本书正是基于上述背景和研究热点撰写的。

本书的撰写是为了解决以下三个问题：①“课程思政”被提出和推广以来，与传统教学面临一样的评价度量困境，广大教师不知道应当如何建设“课程思政”。②“创新创业”“新工科”被提出和推广以来，面临推进缓慢困境，与“课程思政”的结合更加艰难。③“科研”“教学”“课程思政”三个环节脱节，甚至矛盾大于统一。本书提出的“科研教学思政”可以破解上述难题，亟待同行业快速推广。

导致上述问题产生的原因是：①“课程思政”实施中，专业课建设的占比大约是30%，思政课建设功底占30%，而思想引领中最高级的项目管理技能占30%，项目整合管理技能占10%，后70%能力缺失是造成困局的主要原因；②“创新创业教育”离不开创业实战，“新工科”例如大数据与人工智能，需要高科技企业一线实战经历才能驾驭，高校与其脱节是主要原因；③“科研”“教学”“课程思政”三个环节脱节，三者隔行如隔山，思维方式大相径庭，最终思路（思维方式）决定出路（教育行为），格局（大局观）决定结局（问题）是产生上述问题的主要原因。

解决上述问题的方法是：

（1）顶层设计“课程思政”课程建设与评估标准，并制作示范课程，供新手学习仿效。一是建立课程思政建设与评估标准，例如，本书给出了建设规范与评价标准；二是制作课程思政示范课程，例如，本书给出了大量案例；三是充分运用网络教学与慕课进行推广，例如，本研究在中国大学慕课发布了相关课程。

（2）引入企业“创新创业”“新工科”，高手实施“创新创业”“新工科”课程建设。一是引入创新高手，打造创新案例，例如，本书给出了国家发明专利案例；二是引入创业高手，打造创业案例，例如，本书提供了创业案例并给出了创业建议；三是引入“新工科”一线高手参与课程建设，例如，本研究团队引入阿里巴巴、联想、首都信息建设集团高管参与研究。

（3）“科研”“教学”“课程思政”三者打通，实现过程并发一致输出。一是“科研”与“教学”一体化，例如，本书所有案例中的科研成果都是教学过程的结果；二是“科研”与“课程思政”一体化，例如，科研选题就是为国家排忧解难；三是“教学”与“课程思政”一体化，例如，“创新创业”“新工科”与“课程思政”融合的案例。

本书的内容和特点是针对上述问题、原因和解决办法，通过理论分析（第1章）与案例示范（其他章节）的方法，将“科研”“教学”“网络教学”“课程思政”融为一体并呈现给读者。每个案例都包括：①与当下时代背景的结合；②科技创新元素的设计；③创业思维元素的呈现；④课程思政元素的升华；⑤疫情背景下网络教学的元素。

本书由首都经济贸易大学教务处资助出版。本研究获得了北京市教学改革创新项目“教育信息化2.0改革解决教学困境研究”、北京市教育委员会社科计划一般项目“防疫应急状态下高质量教学管理模式研究”、首都经济贸易大学党委宣传部党建与思想政治工作研究课题重点项目“‘新工科+课程思政’高质量教学模式创新研究”资助。在本项目实践过程中，首都信息建设集团给予了大力支持，并提供了中共北京市委、北京市政府及委办局的大量信息化建设项目实践验证机会。本项目的推广还得到了教育部全国教师培训中心、人民邮电出版社教师学院的平台支持，面向全国教师大量培训输出，好评如潮，极大地激励了项目团队的积极性。在此对上述机构的帮助表示深深的感谢。

目　录 CONTENTS

1 高质量“创新创业+课程思政”教学模式研究

1.1 研究背景

2020年新型冠状病毒疫情蔓延，导致政府、企业、高校的管理与教学工作方式被迫改变，居家办公效率低下，管理与教学效果大打折扣，对社会经济发展与人才培养造成了重大冲击。

国家和全社会特别是高校面临的迫切需要解决的问题是：①疫情与应急模式下居家办公管理（例如教学管理）中效率和质量低下问题，如管理失控、沟通失效、工作推进极其缓慢；②疫情与应急模式下过程管理质量失控问题，如远程工作管理、教学管理过程中教学管理者一言堂，无法了解被管理者或受教育者的情况，从而导致过程管理失控；③疫情与应急模式下绩效管理质量失控问题，如工作或教学结果无法远程及时审计，从而导致管理结果失控。

1.1.1 国内外研究动态

针对上述问题和原因，本研究首先对中文、英文文献进行分类研究，进而对国内、国外研究流派的观点进行分类和总结，指出本研究的学术理论贡献与应用价值。

1.1.1.1 国内研究现状

国内学者关于网络管理与质量管理的研究可以分为如下三个流派。

（1）专业项目管理理论流派。该学术流派的学术观点是：PMP专业项目管理是国际项目管理成功者一致认可的最佳实践。其采用领导、员工、家校、师生多方协同的横向管理机制，使教师、学生、家长多方联动、有机融合。一是家校协同。杨昌菊等学者认为，家长担负着“学业监督、成长陪伴、精神引领”等多重角色，学校要组织和引导家长发挥助教作用。二是师生协同。罗长礼、陈阳慧等学者认为，不论是面授课程还是远程教学，都应以学生为基础，根据学生情况进行教学方案的制订。三是生生协同。可以选择一个合适的网络平台建立“云上班级”，以小组为单位开展线上项目式学习、主题活动设计、成果收集与展示等活动。

(2)现代管理技术流派。该学术流派的学术观点是:现代教育技术的发展给教育教学带来了巨大的变化,极大地改善了现代教育教学的条件,丰富和变革了教育教学的方法和手段。一是以现代化机房为代表的多媒体技术。王亚莉等学者认为,多媒体技术在高校教育领域的应用日益广泛,对教学内容、教学形式、资源获取以及现代技术的发展都有着极为重要的影响,且发展空间巨大。二是以中国大学慕课为代表的在线课程技术。杨鑫骥等学者认为,在现代教育中应用云技术进行教学,不仅给教师带来了新颖的教学模式,而且促进了教育观念的革新,推动了教育事业的全面发展。张旭红等学者认为,课前利用平台导学,可以实现课外翻转;课中利用平台互学,可以实现自主探究式学习;课后利用平台深学,可以实现个性化学习。三是以阿里云实验室为代表的学习行为大数据分析技术。综合运用教育大数据是教育信息化 2.0 时代的重要特征,将成为促进我国教育公平、提升教育质量、加快教育改革的抓手之一。沈宏兴等学者认为,采集较多类型的学情数据,经过萃取分析后,反馈给教师和学生,帮助改进教和学,能够提升教学质量和学习效果。

(3)质量管理流派。该学术流派的学术观点是:可以将课堂教学视作一个独立的过程,将企业质量管理手段应用于课堂教学质量提升。一是应用全面质量管理理念的 PDCA 循环法。万春芬等学者认为,用 PDCA 循环法将各阶段的教学内容、教学方法和教学评价体系等内容进行层层实施和改进,将有助于不断提高课程教学质量,从而推动人才培养质量不断迈上新台阶。二是应用 6 Sigma管理理念的 DMAIC 工具。仇立等学者认为,将 6 Sigma 管理理念导入高校教学质量管理体系,借助 DMAIC 实施步骤,倾听学员的真正需求、优化教学过程、分析影响教学质量的核心因素,并积极进行持续改进,可达到学员满意。三是应用质量管理的质量功能展开(QFD)方法。屈华、屈虹等学者认为,运用 QFD 方法,通过获取学生的课程需求,进而转换为课程教学质量特征与教学相关程序,以分析课程提升的改进措施,最终达到改进高校教学质量的目的。

1.1.1.2 国外研究现状

国外学者关于教学质量改进的研究可以从以下三个角度考察。

(1)国外主要的网络协同管理模式为专业项目管理模式,提倡以专业项目管理为代表的管理方法。迪夫杰克(Blazenka Divjak)等学者认为,在不同学习环境中项目管理能提供现实生活中较为有效的管理方法,是否采用正确的管理模式会对学生所获得的知识和技能水平产生一定的差异,根据每个课程的既定目标实施网络学习,学生的满意度高,也有利于学生的个人发展。

（2）国外广泛应用的网络管理技术为以直播会议与录播纪要为代表的虚拟团队管理技术，在线管理与学习是高效的学习方式。教师利用计算机通过互联网，将课程以在线资源、演示文稿、视频等形式发布到在线培训平台。E. A. Voykina 等学者认为，在教育过程中使用数字技术可以增加学生的学习材料，提高学生掌握信息的速度，确保知识长期巩固。莫拉莱斯（Miguel Morales）等学者发现，通过各种创新的教育资源（如视频、学习活动和互动动画），学生在学习方面表现出了很大的决心和动力。

（3）国外质量保证的核心手段为高频率监测审计与专业的质量管理技术。质量控制不能只依赖于教师个人，还要靠制度和信息化系统。高频次、间隔时间短的测验，能够加深学生对知识的记忆，使学生有效掌握知识，改善学习效果，同时也能够让教师及时掌握学生的薄弱点。瓦斯帕达（Waspada）等学者认为，重复测验工作的频率、每次测验工作的持续时间会影响期末考试成绩。美国项目管理协会的全球顶级管理专家还提出了“好的质量是计划出来的”“没有PDCA 就不可能有好的质量”“质量管理三要素‘标准设计、过程控制、结果审计’”等理论观点和最佳实践方法论。

1.1.1.3 文献研究评述

解决当前课堂教学问题可从以下三个方面入手。

（1）管理理念方面，强调采用专业项目管理方法实现网络管理。国内课堂教育往往采用灌输式、“填鸭式”教学，教师在课堂上讲解理论知识，把知识一味地灌输给学生，如果学生不能完全理解，知识就得不到有效运用；而国外提倡的启发式、探究式教学，以实践为特点，使学生养成理论联系实际的学习能力。因此本研究认为，应通过教师启发、引导，培养学生独立思考的能力，加深学习印象，理解知识应用。

（2）管理技术手段方面，提倡实时互动与全面质量管理。在国内多数学校的课堂教学中，普遍存在一个突出问题：教师的教学基本是板书加 PPT 的传统演讲，以讲授为主，利用新技术进行课堂互动等教学手段和方法还比较少；而国外交互学习已成为在线学习设计的主流，学生既可以与教师直接进行线上沟通，也可以以小组形式进行学习和互评互助。因此本研究认为，教师利用现代教育技术辅助课堂教学，能够实现课堂实时互动的优化，提升学生的课堂参与感，提高教学质量和效果。

（3）质量管理手段方面，提倡高频率测试检验。传统教学模式中多数高校因教师工作量大、精力不足，忽视平时测验，对学生的学业考核采取“30%出勤+70%期末成绩”的方式，这样的考核方式导致学生产生侥幸心理，平时上课不努力,期末临时抱佛脚;而国外通过频繁的测验和大量的作业,保证学生的学习效果。因此本研究认为,课堂频繁进行随堂测试,实现实时 PDCA,并将随堂测试、课后作业计入学业考核,保证频繁练习,能有效改善学习效果。

1.1.2 本研究的理论价值及实际应用价值

1.1.2.1 理论价值

(1)提出"互联网+PMP"的管理理念、方法和系统。作为专业的管理方法,"互联网+PMP"管理理念把教学过程看作是专业的项目管理过程,使得教学实现过程可控、结果达标。用"项目管理流程"与教学内容重新组织课堂,采用互联网教学的方式,改变传统课堂的教学方式,进而改变学生的学习方式和学习效果。例如,在所有"项目管理化学习"课程中,通过立目标、做计划、实施、调整、展示五个阶段进行授课。

(2)提出"实时 TQM"管理理念、方法和系统。通过开发"实时 TQM"教育信息化 2.0 系统,实现课堂上师生高频次互动。例如,在讲授知识时,平均每分钟内都有启发性问题提出,学生思考后通过系统进行表达,教师和每一位学生都可以看到所有人表达的信息。

(3)提出"实时 PDCA"质量管理理论、方法和系统。通过开发管理信息系统,建立高频率计划(P)、实施(D)、实时互动检测(C)、调整改进(A)的理论模型,使教师对每个知识点和技能都可以完成教学。例如,每半节课都有一次学生在教学案例基础上改进并展示的环节。通过加快循环速度、提高循环频次,实现当堂事当堂毕,以提升学习质量。

1.1.2.2 应用价值

(1)解决疫情与应急模式下居家办公管理(例如教学管理)中效率和质量低下问题。远程居家办公会使管理失控、沟通失效、工作推进极其缓慢。例如,员工或学生产生懒惰情形,工作效率低下,教与学效果急剧下降。

(2)解决疫情与应急模式下过程管理质量失控问题。过程沟通效率低下,加之远程工作管理(含教学管理)过程中教学管理者一言堂,无法了解被管理者或受教育者情况,从而无法贯彻保证质量的标准和流程,导致过程管理失控。

(3)解决疫情与应急模式下绩效管理质量失控问题。工作或教学结果无法远程及时检查和绩效评估,导致工作与教学结果差。例如,员工工作产出成果不合格,学生学习成绩差,导致管理结果质量失控。

1.2 研究内容

1.2.1 总体框架

本书紧密围绕上述研究对象(问题)展开研究,研究框架如图 1-1 所示。

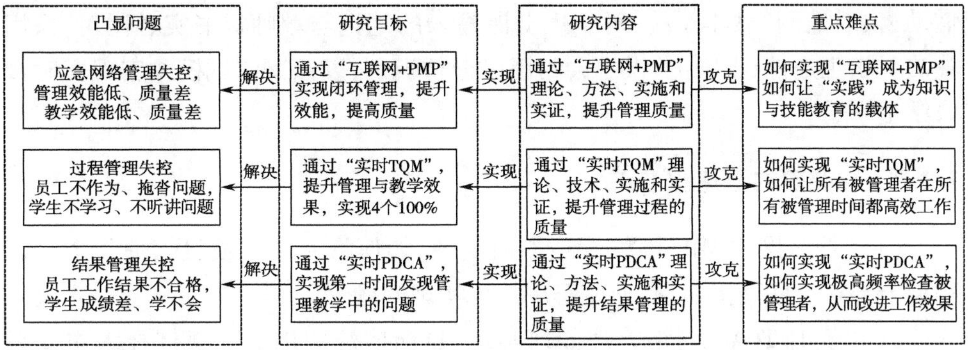

图 1-1 研究框架

研究共分为三个阶段。

(1)第一阶段——进行理论基础研究。通过调查收集当前网络管理工作中遇到的问题及希望解决的困难,并走访教学课堂,了解其教学模式、应用策略以及改进建议。结合全面质量管理中的 PDCA 循环理论,考虑课堂质量改进的实现。

(2)第二阶段——进行实现研究。基于第一阶段的理论基础研究,提出高效率、高质量、高标准管理范式,搭建基于“互联网+PMP”“实时 TQM”“实时 PDCA”理论的管理与教学系统。

(3)第三阶段——进行实证研究。将第二阶段的新型教学模式和教学系统应用于实际网络管理与网络教学课堂中,通过对比学生逃课率、作业完成情况以及期末成绩、教师使用前后的工作量,检验并推广研究成果。

1.2.2 研究内容

(1)通过实现和实施“互联网+PMP”,提升管理(含教学管理)质量:进一步完善开发“互联网+PMP”网络管理与网络教学系统,实现网络能观能控管理系统,将专业的项目管理方法用信息化手段实现,从而建立专业的项目运营制度,并有机制保证。

(2)通过实现和实施"实时 TQM",提升教学质量与人才培养质量:进一步开发完善"实时 TQM"管理系统,使每个被管理者(包括学生)都能实时接收到管理者(包括教师)管理行为,实现"100%学生 100%课堂时间 100%全神贯注学会教师教授的 100%知识和技能"。例如,教师写一句学生写一句,即使学生基础差也可以跟着教师手把手学会。

(3)通过实现和实施"实时 PDCA",提升教学质量与人才培养质量:进一步借助"实时监测"教学系统,对学生上课输入的笔记与教师板书实时比对,采用算法对学生走神、没跟上、没学会的情况进行识别,以频繁测试模式实现实时接收学生问题。

1.2.3 拟突破的重点和难点

(1)"互联网+PMP"网络管理如何实现:如何将专业的项目管理各个知识领域全部在互联网上实现,即要解决技术实现问题。

(2)"实时 TQM"网络管理如何实现:目前广泛应用的多媒体技术主要靠 PPT 演示,教师单项讲授,学生上课容易走神,因此要解决实时互动的现代教育技术建设成何种形式,依赖何种技术,如何实现这些技术的问题。

(3)"实时 PDCA"网络管理如何实现:实施课堂测验时需要教师收集后查阅得到结果反馈,这样耗费时间长,不能频繁实现,而检查与反馈是教师了解学生学习效果的必要形式,因此要解决如何实现 PDCA 在课堂上的高频次循环问题,建立并有效应用实时 PDCA 理论模型。

1.3 研究思路与方法

1.3.1 研究思路

本研究分为四个阶段,每个阶段从三个视角(经典教育理论、现代教育技术、质量管理理论)展开(见图 1-2)。

(1)文献研究阶段。通过调查收集当前教学过程中学生和教师遇到的问题及希望解决的困难,并走访教学课堂,了解其教学模式、应用策略以及改进建议。

(2)理论与实现研究阶段。基于文献研究,首先在理论层面定位问题原因并提出三个"实时"教学理论,进而建设解决上述问题的三个"实时"教学系统,

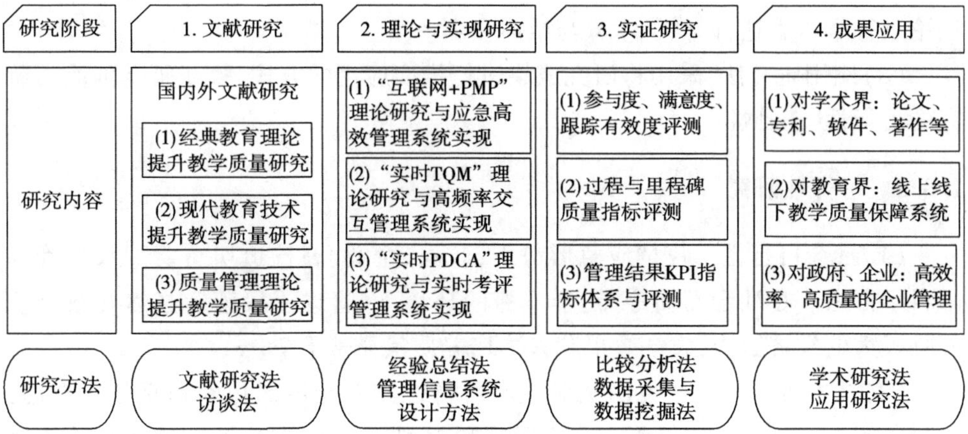

图 1-2　研究思路和研究方法

为问题解决提供理论保障和客观条件。

(3)实证研究阶段。将上述三个"实时"教学理论和教学系统应用于不同专业的教学班级,设计效果评测指标,检验上述方案的效果和本项目目标的达成度。

(4)成果应用阶段。为学术界、学生、教育机构、政府、社会提供可应用的成果,包括学术成果、三个"实时"系统、政策建议以及达到企业用人要求的人才和质量保障机制。

1.3.2　具体研究方法

(1)文献研究法:将国内外提升教育质量的有效方法进行总结,提炼出关键的理论方法,找出现有的最佳实践案例。

(2)访谈法:通过与教学领域学术权威、高校教学名师和大量学生的座谈,对"凸显问题"进行准确定位和原因分析,探索潜在的解决方案。

(3)经验总结法:对自然状态下的一个完整的教育过程进行分析和总结,揭示教育措施、教育现象和教育效果之间的必然或偶然的联系。

(4)管理信息系统设计方法:搭建"跟随式"教学系统,设计具有"实时实践""实时互动""实时检查与反馈"等功能的管理信息系统。

(5)数据采集与数据挖掘法:采集学生出勤情况、作业完成情况以及期末成绩、教师使用前后的工作量等数据,并进行整理。

(6)比较分析法:对比采集到的数据信息(逃课率、作业提交率、成绩合格率等),检验研究成果的有效性。

(7)学术研究法:通过撰写论文、研究报告等形式,将提出的教育理论与方法论进行学术表达,以供学术界与政府参考。

(8)应用研究法:采用将研究成果进行推广应用的方式,验证研究价值与研究的可行性、正确性。

1.3.3 可行性研究

(1)社会可行性。疫情应急形势下,政府、企业、高校迫切需要高水平管理的科学方法。在社会面临停滞、半停滞的环境下,管理手段落后必然导致企业面临极大的经济压力,教学效果和人才培养质量显著下滑。

(2)技术可行性。研究团队对技术可行性具有充足的积累和充分的把握,项目负责人具有企业项目管理工作经历和大型项目管理经验,能够非常熟练地掌握实现技术。

(3)组织可行性。项目团队具有大数据、人工智能、计算机网络重点实验室研究资源,以及政府、企业、高校实践环境,具有多名教师和研究生作为研究团队的主力成员,研究精力充沛。

1.4 高质量网络教学的实现方法

(1)专业的质量管理理论在"战疫应急网络管理"领域的理论应用与技术实现。通过查询已有研究了解到,在教学中引进 PDCA 管理模型,针对教学各个环节进行改革,对教学过程进行全程控制,可以收到提升教学质量的效果。传统教学的 PDCA 循环周期较长,通常在一学期完成,期末才实现 C(check)阶段。实时 PDCA 是指课堂教学中教师实时监控学生学习情况,通过同步测试,及时掌握学生的薄弱点,做到"课堂上十分钟一次的 PDCA",以此提高学生学习质量。

(2)专业管理领域的技术创新:"互联网+PMP""实时 TQM""实时 PDCA"等理论与管理信息系统实现。"实时 TQM"在管理过程中始终贯穿项目实践。"实时 PDCA"管理系统各项功能可以解决出勤率低、注意力不集中、学习效果差等问题,实现学习过程实时监测、评估与反馈。小测验、期末考试自动化处理、判分等功能解决了传统教学模式中因教师工作量大、精力不足,忽视平时测验造成的学生"期末混成绩"的问题,实现学生成绩综合评价,健全学业考核评价体系,同时为教师减负。

(3)实证研究领域的方法创新:从"企业"到"政府事业单位"跨系统实证研

究。确定并量化评价指标,通过数据分析方法对评价指标进行分析,分别在"企业"和"政府事业单位"做实证研究,证明本研究成果广泛适用于各个领域。

1.5 "+课程思政"的实现方案

(1)顶层设计"课程思政"建设与评估标准,并制作示范课程,供新手学习仿效。

一是建立课程思政建设与评估标准,本专著给出了建设规范与评价标准。课程思政的建设逻辑为:首先将相关时事政治和爱国情怀相结合,引出待传授知识;然后步入正题,优先传授相关知识,顺带提出思政元素;接着用相关数学原理、编程方法等实现上述所运用到的模型,以及介绍对应的马克思主义原理;最后结合爱国情怀,对上述所有知识、原理和模型等进行总结,并引导学生运用所学知识解决实际问题,为祖国贡献出自己的一分力量。评估标准可以总结为十个方面:时事(是否结合了当下时事政治,并具有正确的三观导向)、立场(是否与党和国家的主流导向一致)、"马原"(是否含有马克思主义原理等理论支撑)、立德(是否能够完成立德树人的根本任务)、践行(是否能够引导学生把知识结合实践进行综合应用)、知识(知识体系是否科学,知识量是否充足)、实践(教学过程是否重视实践能力培养)、互动(教学过程是否具备较高频率和较好效果的互动)、评测(对学生学习效果是否具有充分的过程监测与持续改进)、评教(学生对教师的教学效果是否具有充分的过程监测与持续改进)。

二是制作课程思政示范课程,例如,本研究给出了大量案例。本研究在"30天快速上手 Python 数据分析"课程中,16 个案例皆以摘要、绪论(时代背景、科技创新特征和商业与创业价值)和文件(具体代码及注释)的方式展示了课程思政示范课程的风采。其中绪论部分为课程思政的重要元素,包括:结合世界、中国和企业当前形势的介绍;当前案例中运用到的方法或算法所具有的科技创新特征;当前案例(技术)能够解决的痛点问题(满足的需求),以及具有的商业与创业价值。

三是充分运用网络教学与慕课进行推广,例如,本研究在中国大学慕课发布了相关课程。"零基础做毕业设计(Web 开发与创新创业思维)"为 Web 网站开发提供了捷径,并讲述了参加创新创业竞赛的相关知识及经验;"零基础学 Python 人工智能"用 Python 实现了最简单的人工智能大数据经典算法,为各行各业的数据分析助力;"30 天快速上手 Python 数据分析"由行业企业高管亲自授课,内含 16 个行业实战案例,带领学生从 0 到 1 地构建项目。目前,项目团队还建立了相关的QQ群,老师和助教每天会在群里分享行业知识、Python各种函数或库的使用方法和平时遇到的疑难问题的解决方法等,并实时为大家答疑解惑。

(2)引入企业"创新创业""新工科"高手,实施"创新创业""新工科"课程建设。

一是引入创新高手,打造创新案例。例如,本书给出的国家发明专利案例。本书第八章提到的小波卷积小波神经网络及情报分析方法与系统为国家发明专利案例,通过将CNN和小波分析技术深度结合,获得了更快速度和更高精度的神经网络,从而在"大智移云"的新工科时代中创建了高性能智能系统。

二是引入创业高手,打造创业案例。例如,本书提供了创业案例并给出了创业建议。本书第九章提出的循环涟漪纹波预测方法与智能控制系统,将基于人工神经网络技术的时间序列预测方法、PID控制理论相互结合并运用到工业生产当中,实现了自动读取数据、处理数据及进行多维高精度预测。

三是引入"新工科"一线高手参与课程建设。例如,本研究团队引入阿里巴巴、联想、首都信息建设集团高管参与研究,包括:阿里巴巴技术副总裁司罗,他曾经是美国普渡大学终身副教授,带领大量博士生发表100多篇SCI论文,带领中国企业阿里巴巴团队在人工智能应用世界大赛中取得多项第一;联想集团技术副总裁方雨,曾任京东商城技术副总裁;慧科集团新工科学院院长李祺,也是阿里云大数据领域最有价值专家(MVP)。一线高手加入课程建设,使得课程在内容设置上更为专业合理,培养出来的人才与企业实际需求相衔接。

(3)"科研""教学""课程思政"三者打通,实现过程并发一致输出。

一是"科研"与"教学"一体化。例如,本书所有案例中的科研成果都是教学过程的结果。本书第十章介绍的多场景多主体身份行为情绪识别分析方法及智能监管系统就是发现了当前智能教学领域无法感知学生学习状态的问题后,由教师带领本科生和研究生,通过线上教学会议进行讨论,共同开展研究性学习后得出的成果。通过研究性学习的方式进行教学,消除了"科研"与"教学"之间的壁垒。

二是"科研"与"课程思政"一体化。例如,科研选题就是为国家排忧解难。本书第六章提到的基于大数据和VR的跨平台3D智能交通指挥方法及系统就是为了有针对性地解决目前很多大城市部分路段存在的交通无序和拥堵等问题,帮助相关部门完善调度系统和改造路段,通过科学研究的方式解决当前国家的实际问题,消除了"科研"与"课程思政"之间的壁垒。

三是"教学"与"课程思政"一体化。例如,"创新创业""新工科"与"课程思政"融合的案例。本书第七章提出的基于智能终端和大数据分析的协同养老服务方法和系统中,创新创业元素为直击我国智能养老领域产品单一、只侧重于数据监测的市场痛点;新工科元素为:采用了大数据分析和智能终端,进行了大规模的数据分析;课程思政元素为:解决老龄化的中国社会的养老问题。通过一项研究将上述三点连通起来,消除了"教学"与"课程思政"之间的壁垒。

2 电压频率测量分析系统及分析方法

2.1 引言

当下中国面临全球技术战,电工电子技术大战决定了中国企业的存亡。对于变频技术来说,电压、频率测量是该领域的关键技术。本案例的创新特色是:本发明克服了示波器缺乏对连续时间段电压、频率序列测量的缺点,将所测的各种波形的电压、频率序列绘制成以时间为横轴的电压—时间曲线、频率—时间曲线以及电压—频率曲线,并计算特征值等,供专业人员分析使用。本案例的创业要点是:本发明解决了数据采集分析和变频技术等应用领域中,缺乏对连续时间段电压、频率序列的测量装置的问题,并提供了有效帮助和辅助分析的方法。本案例的课程思政元素是:当前经济形势下,每当电工电子技术有了重大突破,人类社会都能产生翻天覆地的变化。本发明通过提供上述有效可靠的测量技术与可视化结果,为电子、数据、通信等行业的发展创造便捷条件,推动中国电工电子技术发展。

2.2 技术领域

本发明提出了一种电压频率测量分析系统及分析方法,可以应用于检测、数据采集分析、变频技术等领域。

2.3 背景技术

目前,最常见的测量电压的装置是万用表,它可以测量电压、电流和电阻等信号,但缺乏对频率信号的测量功能;最常见的测量频率的装置是频率计,它精度高但缺乏对各种电压信号的测量,特别是强电信号的测量。示波器兼有万用表和频率计的功能,可以同时测量电压和频率,并把每个时刻的波形绘制出来,但其缺乏对连续时间段电压、频率序列的测量,无法将所测的电压、频率序列绘制成以时间为横轴的电压—时间曲线、频率—时间曲线以及电压—频率曲线，用于专业人员分析使用，而且单个示波器往往成本太高、操作烦琐、体积大不易便携。

2.4 发明内容

本发明的目的在于克服示波器的上述缺陷，提供一种电压频率测量分析系统及分析方法。本系统可以对各种波形的电压、频率进行测量，并绘制出电压—时间曲线、频率—时间曲线和电压—频率曲线，进行曲线特征值计算，为电压频率曲线应用于实际工程，特别是对变频技术应用领域，提供辅助分析和有效帮助，更好地满足实际应用的需求。

2.4.1 技术方案

为了实现上述目的，本发明采取了如下技术方案。本系统主要包括信号处理电路(1)、频率测量电路(2)、A/D 转换电路(3)、CPU 控制电路(4)、键盘显示电路(5)、通讯电路(6)、自检校正电路(7)和电源电路(8)。

信号处理电路(1)包括弱电接入电路(1.1)、强电接入电路(1.2)、降压电路(1.3)、稳压跟随电路(1.4)、TTL 标准化电路(1.5)、峰值保持电路(1.6)。其中，弱电接入电路(1.1)的输入端为一个用于与 0~5 V 待测信号 IN_{low} 相连接的模拟信号接口，弱电接入电路(1.1)的输出端与稳压跟随电路(1.4)相连接。强电接入电路(1.2)的输入端为一个用于与 5~300 V 待测信号 IN_{high} 相连接的模拟信号接口，强电接入电路(1.2)的输出端与降压电路(1.3)相连接；降压电路(1.3)将强电接入电路(1.2)送来的 5~300 V 待测信号 IN_{high} 根据降压倍率线性等比降为 0~5 V 弱电待测信号后输出给稳压跟随电路(1.4)。稳压跟随电路(1.4)的输出信号 IN_{std} 端分别与 TTL 标准化电路(1.5)和峰值保持电路(1.6)相连接；TTL 标准化电路(1.5)将稳压跟随电路(1.4)的输出信号变为交流方波，再通过滞回比较电路除去抖动，通过稳压管后得到标准的 TTL 频率待测信号 IN_{TTL}，输出给频率测量电路(2)；峰值保持电路(1.6)将稳压跟随电路(1.4)的输出信号电压出现过的最大值以直流恒压的信号 IN_{peak} 输出给 A/D 转换电路(3)。

频率测量电路(2)的输出端通过数据总线、地址总线和控制总线与 CPU 控制电路(4)相连接，频率测量电路(2)测量出 TTL 标准波形的频率值，然后将测得的频率值以数字量的形式输出到 CPU 控制电路(4)，并送至键盘显示电路

(5)显示。

A/D转换电路(3)的输入端与信号处理电路(1)中的峰值保持电路(1.6)的输出端相连接,输出端通过数据总线、地址总线和控制总线与CPU控制电路(4)连接;A/D转换电路(3)将峰值保持电路(1.6)输出的电压值转换成数字量输出到CPU控制电路(4),并送至键盘显示电路(5)显示。

CPU控制电路(4)与频率测量电路(2)的输出端相连接,接收频率测量电路测得的频率值。CPU控制电路(4)与A/D转换电路(3)的输出端相连接,接收转换后的数字量的电压值;如果是强电信号,CPU控制电路(4)根据降压电路(1.3)降压后的电压值和降压倍率,计算出实际的电压值,存储到CPU控制电路(4)的RAM中,并送至键盘显示电路(5)显示。

键盘显示电路(5)通过数据总线、地址总线和控制总线与CPU控制电路(4)相连接。键盘显示电路(5)中的显示部分用于显示频率测量电路(2)和A/D转换电路(3)实时转换的结果;键盘显示电路(5)中的键盘通过键盘显示控制芯片与CPU控制电路(4)相连接。

通讯电路(6)与CPU控制电路(4)相连接。通讯电路(6)与计算机通过数据线连接,通讯电路的发送端地址端和控制端分别接到可编程的CPU控制电路(4)的数据总线、地址总线和控制总线上。

自检校正电路(7)的数据端、地址端和控制端分别接到CPU控制电路(4)的数据总线、地址总线和控制总线上。自检校正电路(7)的输出端与信号处理电路(1)中的弱电接入电路(1.1)接口相连接。CPU控制电路(4)生成电压、频率信号,输入给自检校正电路(7)并通过自检校正电路(7)产生自检波形,自检波形输入给弱电接入电路(1.1),CPU控制器将弱电接入电路(1.1)采集到的电压、频率测量值与其产生的自检电压、频率进行比较来判断系统是否正常。

电源电路(8)为以上各电路提供电源。

频率测量电路(2)包括两个继电器、4个74F161计数器构成的串联的计数器组、1个74F161计数器作为逻辑控制器和2个74LS245总线收发器。四个计数器每个有4位输出,每两个计数器的8位输出接在总线收发器74LS245的输入上,总线收发器74LS245的输出通过数据总线、地址总线和控制总线与CPU控制电路(4)相连接。第一个继电器的常开、常闭端分别接高频的频率待测信号IN_{TTL}和已知标准晶振的输出管脚IN_{cry},公共的输出端接在计数器芯片组中第一个计数器的计数输入端;第二个继电器的常开、常闭端分别接产生定时脉冲的CPU管脚IN_{timer}和低频的频率待测信号IN_{TTL},公共的输出端接到四个计数器芯片的使能端,第一个继电器和第二个继电器的常开、常闭切换控制端与

CPU 控制电路(4)控制总线相连接来控制两个继电器常开、常闭的切换。作为逻辑控制器的 74F161 计数器的 CLK 端始终接低频信号 IN_{TTL} ,其 CLR 端与其第二位计数输出 P1 通过一个反门相连,实现只允许一个周期波形通过的自锁电路,复位信号 CLR 通过控制总线与 CPU 的控制端相连。

2.4.2 装置工作流程

装置工作时的信号流图见图 2-16,0~5 V 的弱电信号 IN_{low} 通过信号处理电路(1)的弱电接入电路(1.1),或 5~380 V 的强电信号 IN_{high} 通过信号处理电路(1)的强电接入电路(1.2)与降压电路(1.3)降压,经过稳压跟随电路(1.4)阻抗匹配后,得到标准待测信号 IN_{std} 。IN_{std} 经过峰值保持电路(1.6)得到峰值电压 IN_{peak} ,经过 A/D 转换电路(3)得到待测信号频率测量值 OUT_U 。对于输入为弱点信号的情况, OUT_U 即为待测信号电压真实值 $U(t)$;对于输入为强点信号的情况, OUT_U 需乘以降压倍率得到待测信号电压真实值 $U(t)$ 。IN_{std} 经过 TTL 标准化电路(1.5)得到标准的 TTL 形式的频率待测信号 IN_{TTL} ,高频待测信号 IN_{TTL} 和 CPU 控制电路(4)发出的已知时长的高电平脉冲 IN_{timer} 通过频率测量电路,得到输出 OUT_F ;而低频待测信号 IN_{TTL} 和已知频率晶振的输出波形 IN_{cry} 通过频率测量电路,得到待测信号频率测量值 OUT_F ,频率测量值和电压测量值输入给 CPU 控制电路(4),并同时送至键盘显示电路(5)显示。

利用上述的电压频率测量分析系统,采集时间序列电压、频率,主要包括以下步骤:数据采集、数据预处理、三线分析和特征值计算分析。

(1)数据采集。

第 1 步:通过键盘显示电路(5)中的键盘设置采集时间间隔 T_{sample} 和对电压、频率的连续采集次数 t_{sample} ,设置当前采集次数 $t_{once}=1$,将上述参数存入 CPU 控制电路(4)的 RAM 中,CPU 控制电路(4)执行连续采集子程序。

第 2 步:CPU 控制电路(4)通过 A/D 转换电路(3)得到当前接入信号电压的采集值 OUT_U ,乘以降压倍率得出当前电压的真实值 $U(t_{once})$,并存入其 RAM 中。

第 3 步:CPU 控制电路(4)通过频率测量电路(2)得到当前接入信号频率的采集值 OUT_F ,计算得出当前频率的真实值 $F(t_{once})$,并存入其 RAM 中。

第 4 步:当前采集次数 t_{once} 自增 1,如果 $t_{once} \leqslant t_{sample}$,则重复执行第 2 步至第 4 步。

第 5 步:采集完成。

于是产生了时间序列电压值 $(U(t),t)$ 和时间序列频率值 $(F(t),t)$ 。其中，t 是采样时间，$t = 1,2,\cdots,t_{sample}$；$t_{sample}$ 是正整数，表示采样时间的终值。$U(t)$、F(t) 分别表示 t 时刻的电压值和频率值。

(2)数据预处理。

第1步：从 CPU 控制电路(4)的 RAM 中读出连续采集次数 t_{sample}，置当前计算次数 $t_{prc} = n + 1$，计算比对结束次数 $t_{prcend} = t_{sample} - n$，其中，$n$ 是与 $U(t_{sample})$ 和 $F(t_{sample})$ 对比的电压值的个数，n 的取值范围一般为 $3 \leqslant n \leqslant 10$。

对数据采集步骤中得到的 $(U(t),t)$ 和 $(F(t),t)$ 进行修正处理，即把明显偏离相邻数据的值删除。修正原则是：如果 t 时刻的电压值 $U(t)$ 与之前或之后的 n 个时刻电压值平均值的差值的绝对值，大于 t 时刻之前或之后 n 个时刻电压值之间差值绝对值的平均值，则需要修正，即：

$$\left| U(t) - \frac{\sum_{i=1}^{n} U(t-i)}{n} \right| \times \alpha > \frac{\sum_{i=1}^{n-1} |U(t-i) - U(t-i-1)|}{n-1} \tag{2-1}$$

或

$$\left| U(t) - \frac{\sum_{i=1}^{n} U(t+i)}{n} \right| \times \alpha > \frac{\sum_{i=1}^{n-1} |U(t+i) - U(t+i+1)|}{n-1} \tag{2-2}$$

式(2-1)中，$t - i$ 表示时刻 t 之前 i 个时刻，则 $U(t-i)$ 表示采样时刻 $t - i$ 时的电压值，$U(t)$ 是 t 时刻的电压值，$U(t-i-1)$ 表示 $t-i-1$ 时刻的电压值；α 是界定强度，取值范围为 0%~100%。

式(2-2)中，$U(t)$ 是 t 时刻的电压值，则 $U(t+i)$ 表示采样时刻 $t+i$ 时的电压值，$U(t+i+1)$ 表示 $t+i+1$ 时刻的电压值；α 是界定强度，取值范围为 0%~100%。

如果 t 时刻的电压值 $U(t)$ 满足式(2-1)或式(2-2)，则修正为：

$$U(t) = \frac{U(t-1) + U(t+1)}{2}$$

其中，$U(t-1)$ 为 $t-1$ 时刻的电压值，$U(t+1)$ 为 $t+1$ 时刻的电压值。

频率值 $F(t)$ 的修正原则与 $U(t)$ 的修正原则相同：如果 t 时刻的频率值 $F(t)$ 与之前或之后的 n 个时刻频率值平均值的差值的绝对值，大于 t 时刻之前或之后 n 个时刻频率值之间差值绝对值的平均值，则需要修正，即：

$$\left| F(t) - \frac{\sum_{i=1}^{n} F(t-i)}{n} \right| \times \alpha > \frac{\sum_{i=1}^{n-1} |F(t-i) - F(t-i-1)|}{n-1} \tag{2-3}$$

或

$$\left| F(t) - \frac{\sum_{i=1}^{n} F(t+i)}{n} \right| \times \alpha > \frac{\sum_{i=1}^{n-1} |F(t+i) - F(t+i+1)|}{n-1} \tag{2-4}$$

式(2-3)中, $t-i$ 表示时刻 t 之前 i 个时刻,则 $F(t-i)$ 表示采样时刻 $t-i$ 时的频率值, $F(t)$ 是 t 时刻的频率值, $F(t-i-1)$ 表示 $t-i-1$ 时刻的频率值; α 是界定强度,取值范围为 0%~100%。

式(2-4)中, $F(t)$ 是 t 时刻的频率值,则 $F(t+i)$ 表示采样时刻 $t+i$ 时的频率值, $F(t+i+1)$ 表示 $t+i+1$ 时刻的频率值; α 是界定强度,取值范围为 0%~100%。

如果 t 时刻的频率值 $F(t)$ 满足式(2-3)或式(2-4),则修正为:

$$F(t) = \frac{F(t-1) + F(t+1)}{2}$$

其中, $F(t-1)$ 为 $t-1$ 时刻的频率值, $F(t+1)$ 为 $t+1$ 时刻的频率值。

第 2 步:当前计算次数 t_{prc} 自增 1,如果 $t_{prc} \leqslant t_{prcend}$,则重复执行第 1 步。

第 3 步:数据预处理完成。

(3)三线分析法及特征值计算。

第 1 步:压频曲线拟合。应用最小二乘法将 $U-F$ 曲线中的点拟合为一直线,并计算拟合参数 a、b 和压频特征值,即压频曲线线性度 L_{out} 、压频比 K_{out} 和压频基点 $V_{50\ \mathrm{Hz}}$ 。

为了表示方便,将 $U(t)$ 记为 u_t ,将 $F(t)$ 记为 f_t ,将 t_{sample} 记为 n ,具体步骤如下:

设电压—频率直线函数为 $f = au + b$,其中, a 、b 是待定常数。

记 $\varepsilon_t = f_t - (au_t + b)$,它反映了用直线 $f = au + b$ 来描述 $u = u_t$, $f = f_t$ 时,计算值 f 与实际值 f_t 产生的偏差;用 $\sum_{t=1}^{n} \varepsilon_t^2$ 度量总偏差。

确定 $f = au + b$ 中的常数 a 和 b,使 $F(a,b) = \sum_{t=1}^{n} \varepsilon_t^2 = \sum_{t=1}^{n} (f_t - au_t - b)^2$ 为最小。

由极值原理得　$\frac{\partial F}{\partial a} = \frac{\partial F}{\partial b} = 0$, 即 $\begin{cases} \frac{\partial F}{\partial a} = -2\sum_{t=1}^{n} u_t(f_t - au_t - b) = 0 \\ \frac{\partial F}{\partial b} = -2\sum_{t=1}^{n} (f_t - au_t - b) = 0 \end{cases}$

解此联立方程得

$$\begin{cases} a = \dfrac{n\sum\limits_{t=1}^{n} u_t f_t - \sum\limits_{t=1}^{n} u_t \sum\limits_{t=1}^{n} f_t}{n\sum\limits_{t=1}^{n} u_t{}^2 - (\sum\limits_{t=1}^{n} u_t)^2} \\ b = \dfrac{1}{n}\sum\limits_{t=1}^{n} f_t - \dfrac{a}{n}\sum\limits_{t=1}^{n} u_t \end{cases}$$

第2步:电压、频率特征值计算。压频比 $K_{out}=a$,它用来表示电压和频率值的线性关系。

压频曲线线性度 $L_{out} = \sum\limits_{t=1}^{n} \varepsilon_t^2$,用来衡量压频曲线上的点偏离拟合出来的直线的程度。

压频基点 $V_{50\text{ Hz}} = 50a + b$,用来衡量工作频率 50 Hz 时的工作电压。

第3步:绘制三条曲线。绘制电压时间即 $U\text{-}t$ 曲线:将修正后的时间序列 $(U(t),t)$ 每个时刻 t 与对应的电压值 $U(t)$ 绘制到 $U\text{-}t$ 坐标系中,得到电压时间 $U\text{-}t$ 曲线。绘制频率时间 $F\text{-}t$ 曲线:将修正后的时间序列 $(F(t),t)$ 每个时刻 t 与对应的频率值 $F(t)$ 绘制到 $F\text{-}t$ 坐标系中,得到频率时间 $F\text{-}t$ 曲线。绘制电压频率 $U\text{-}F$ 曲线:将修正后的时间序列变量 $(U(t),t)$ 和 $(F(t),t)$ 构成三元组 $(U(t),F(t),t)$,把每个时刻 t 对应的 $U(t)$ 和 $F(t)$ 两个值作为一个点 (U,F) 的坐标,绘制到 $U\text{-}F$ 坐标系中,得到 $U\text{-}F$ 曲线。

第4步:性能指标分析。根据上述三条曲线和三个特征值,工程师就可以得出所测量的电压频率值是否满足工程实际项目指标的要求,以及满足程度的结论。

2.4.3　本发明的价值

(1)本发明的设备体积小便于携带,成本低,对电压、频率信号测量精度高,测量范围广;特别是本发明构成的系统具有时间序列连续采集、数据处理、可视化分析等特点。

(2)本发明提出的时间序列电压频率分析方法,通过特征值计算并绘制三种曲线和电压频率散点图,可以为工程师分析待测设备的性能指标给出快速、便捷、直观的参考。本发明给出的这些评价指标来自有经验的工程师实际工程实践,但尚未以学术界官方的形式提出。

(3)本发明特别有助于近年来发展迅速的变频技术的应用。对于变频控制器输出的 PWM 波形,该设备不仅能够测量,还可以分析,从而弥补了变频器输出 PWM 波形测量技术上的空白。

2.5 附图说明

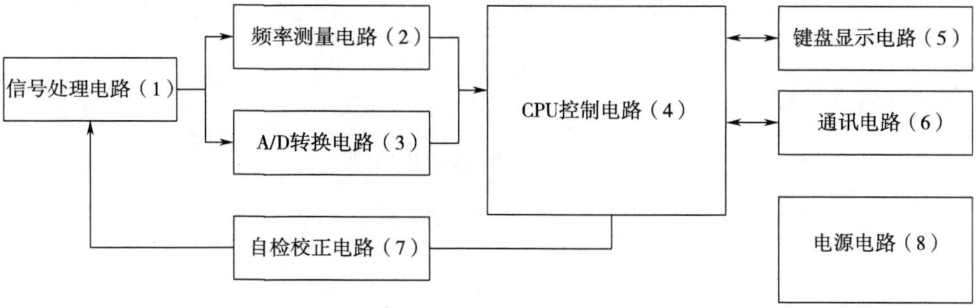

图 2-1 电压频率测试分析仪电路模块连接图

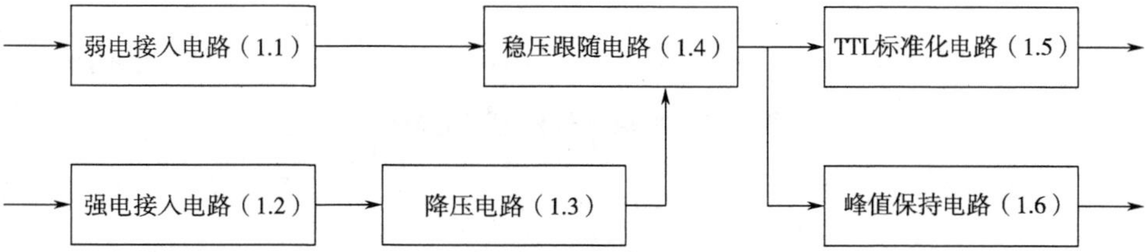

图 2-2 信号处理电路模块连接图

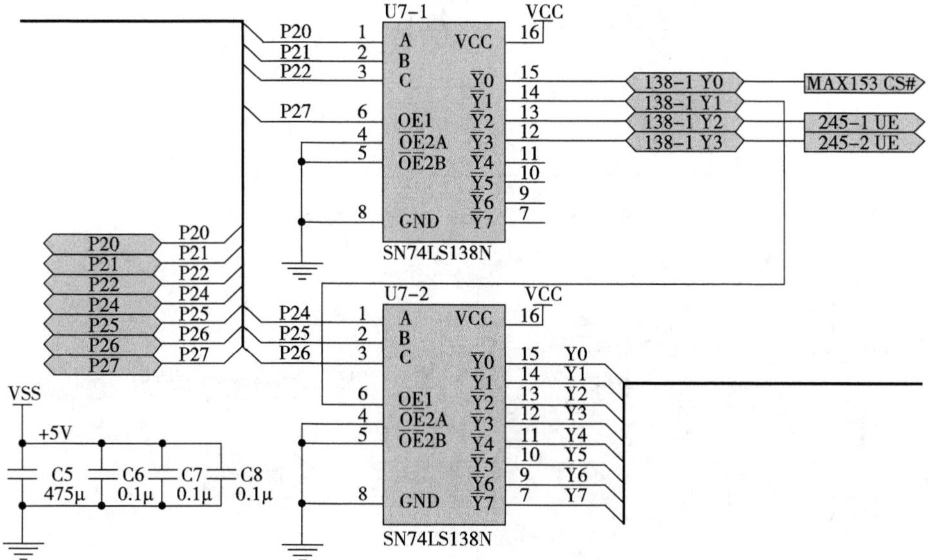

图 2-3 CPU 控制电路图

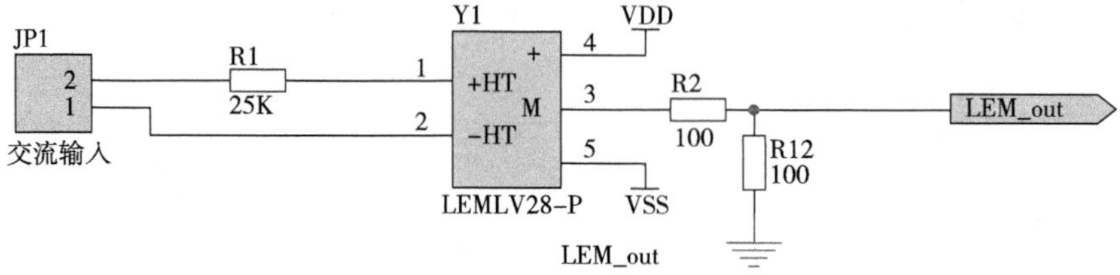

图 2-4　LEM 模块电路图

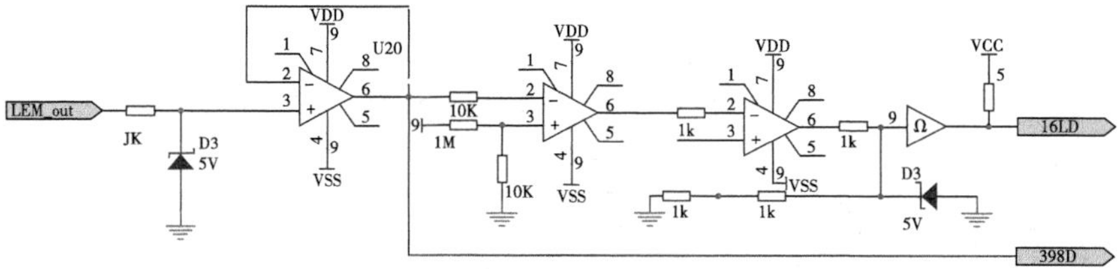

图 2-5　模拟信号处理通道电路

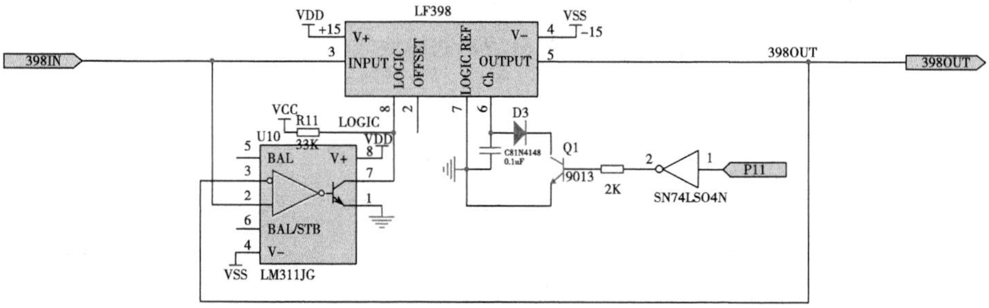

图 2-6　电压峰值采样保持电路

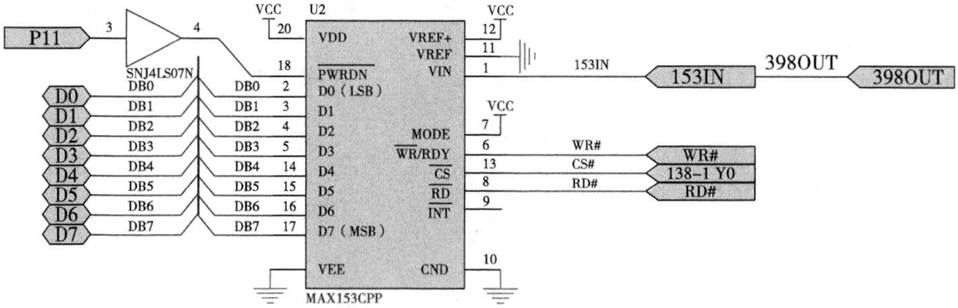

图 2-7　A/D 转换电路图

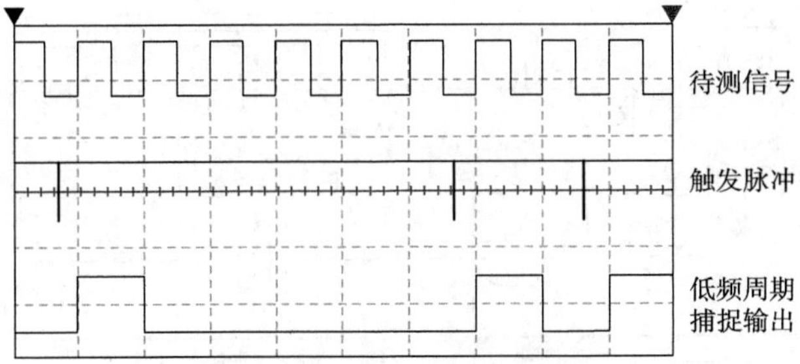

图 2-8　低频周期捕捉时序图

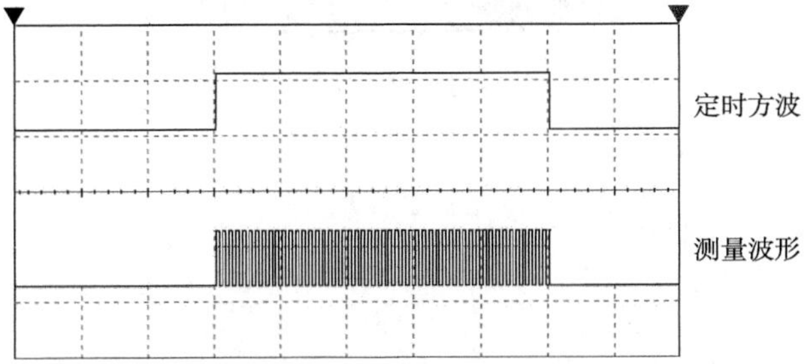

图 2-9　高频频率测量时序图

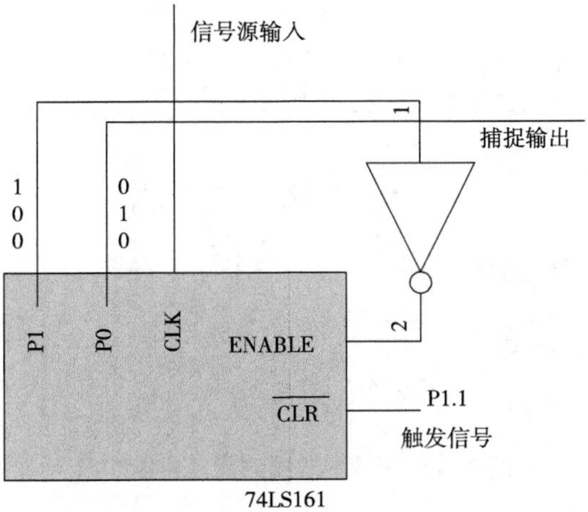

图 2-10　低频周期捕捉电路

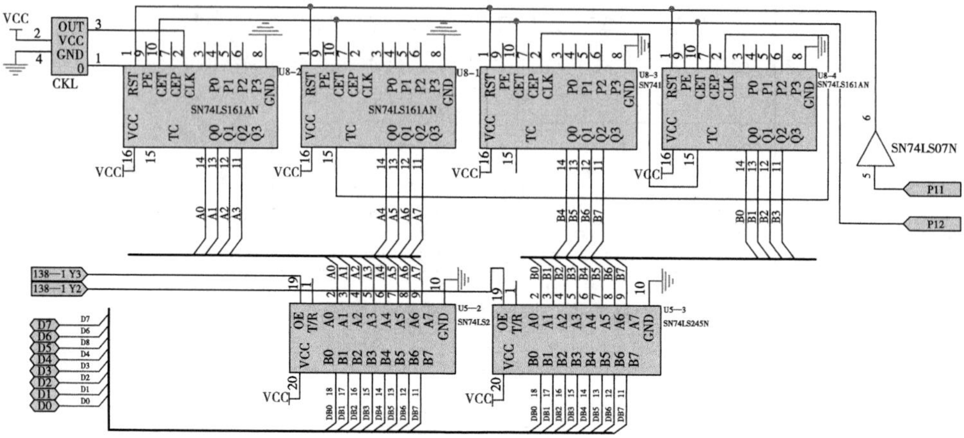

图 2-11　频率计模块

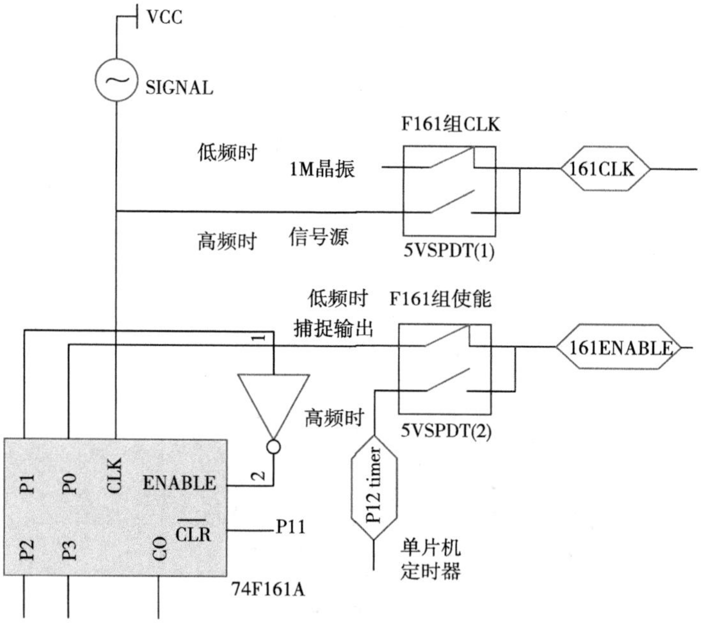

图 2-12　高频/低频测量复用电路图

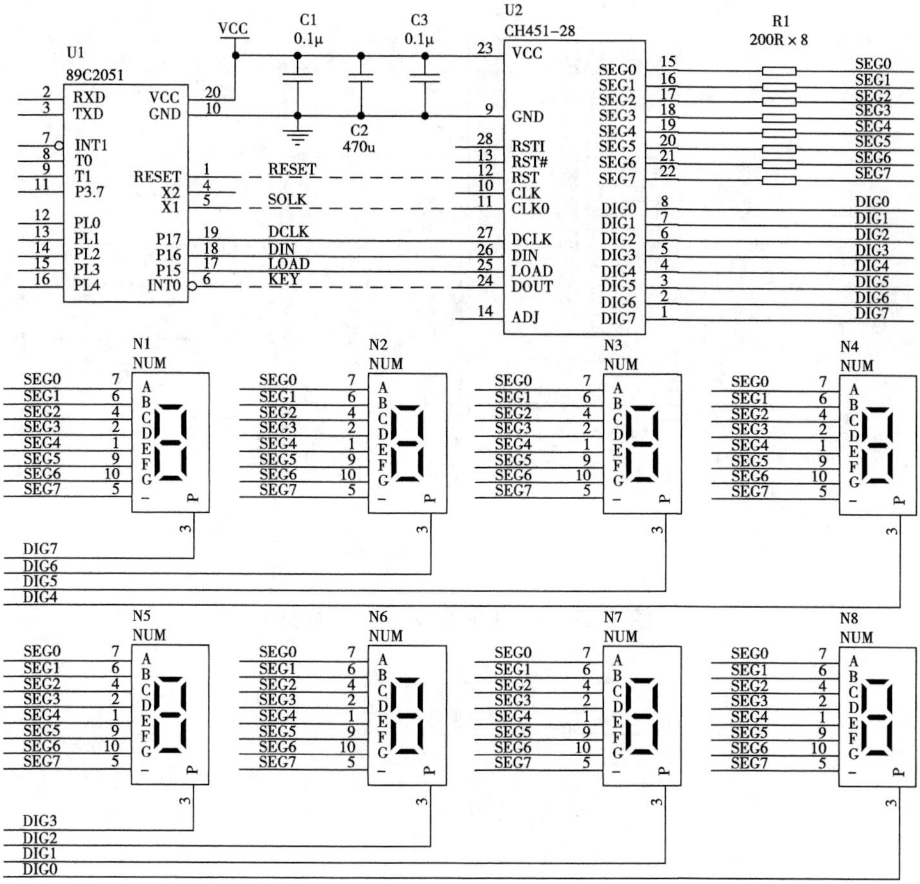

图 2-13　CH451 与 CPU、LED 显示连接电路图

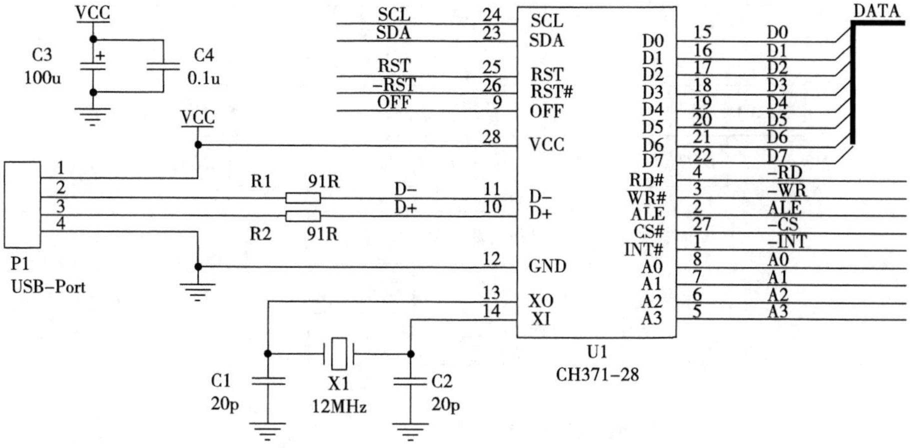

图 2-14　芯片与 USB 总线的连接图

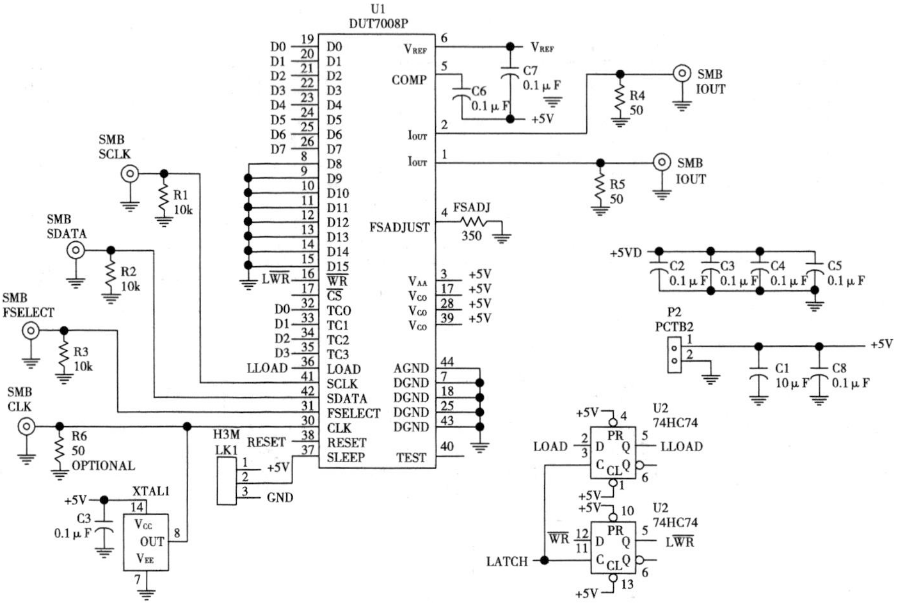

图 2-15　AD7008 与微机接口电路图

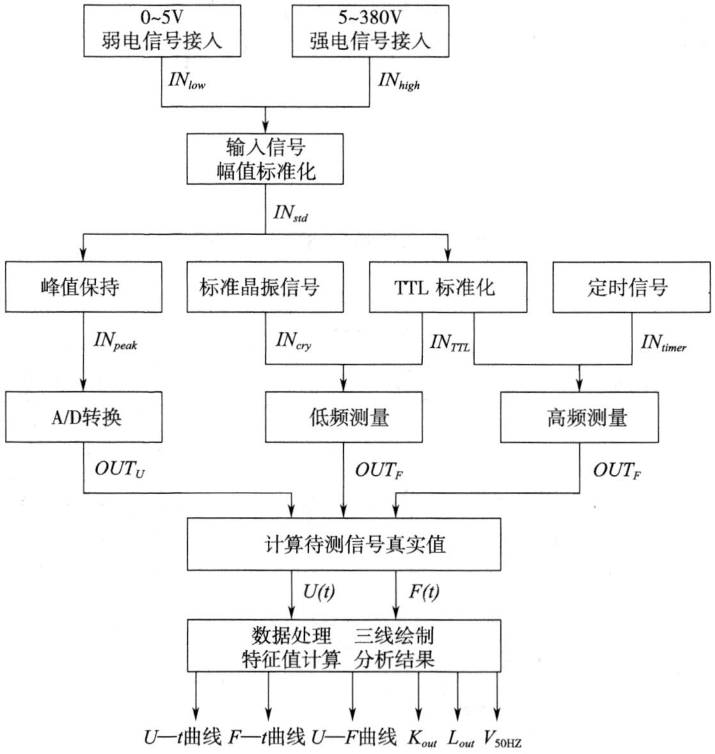

图 2-16　复用式电压频率测量分析方法信号流图

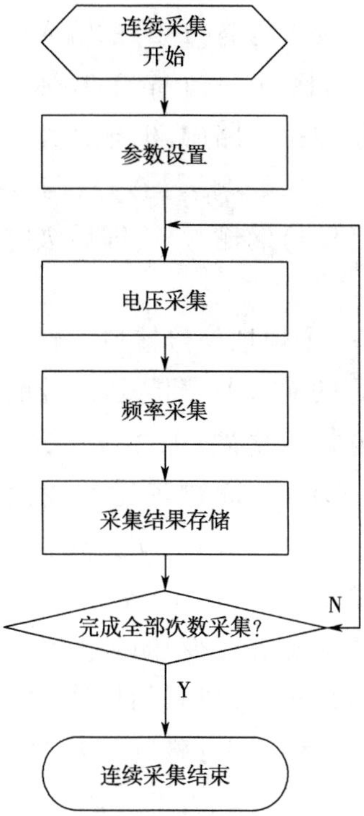

图 2-17 采集程序软件流程图

2.6 具体实施方式

本实例首先对电压频率测量分析装置硬件电路、连接关系及具体工作原理以及待测信号在装置中传递、转换和处理的过程进行详细描述,接下来对主程序进行描述,最后采用时间序列电压频率分析方法对上述采集的数据绘制特征曲线并计算特征值。

2.6.1 硬件电路连接关系、工作原理和信号处理

本实例的硬件电路主要包括信号处理电路(1)、频率测量电路(2)、A/D 转换电路(3)、CPU 控制电路(4)、键盘显示电路(5)、通讯电路(6)、自检校正电路(7)、电源电路(8),见图 2-1。

信号处理电路(1),见图 2-2,其作用是将输入信号接入,处理成频率测量电路(2)和 A/D 转换电路(3)可以接收的信号形式。信号处理电路(1)有一个

复用的模拟信号输入接口,既可以作为弱电接入电路(1.1)的输入(接入0~5 V待测信号),又可以作为强电接入电路(1.2)的输入(接入5~300 V待测信号)。信号处理电路(1)有两个输出接口,一个是TTL标准化电路(1.5)输出给频率测量电路(2),另一个是峰值保持电路(1.6)输出给A/D转换电路(3)。

弱电接入电路(1.1)有一个模拟信号接口,与0~5 V待测信号IN_{low}相连接,输出接在稳压跟随电路(1.4)的输入上,即后级电压跟随器运算放大器的输入管脚。

强电接入电路(1.2)有一个模拟信号接口,与5~300 V待测信号IN_{high}相连接,输出接在降压电路(1.3)的输入上,即降压芯片的输入高压管脚(+HT)。

降压电路(1.3)将强电接入电路(1.2)送来的5~300 V待测信号IN_{high}保持其输入信号的波形形状不变,通过等比例放大或缩小电路的幅值,得到新信号的幅值范围为0~5 V。由于IN_{high}电压幅值最高达±300 V左右,因此我们需将所测试的线电压降成幅值在10 V以内的弱电信号,需要注意的是我们所需测量的是波形,这就要求在变压的过程中,波形不能失真。而我们通常所用的变压器是对于50 Hz周波所设计,不适用于我们的测试。因此,我们选用了瑞士LEM公司的最新技术:磁补偿原理——LEM电流电压传感器模块。

LEM模块的电路连接见图2-4。其中+HT、-HT为强电输入端,+、-为电源,M为输出端。需测量PWM脉宽调制波电压最大峰值通常情况下在±300 V,可用电源为±15 V(±5%)。

降压比可使幅值为300 V的PWM脉宽调制波降压为幅值为6.25 V的PWM脉宽调制波,也就是说,采用LV28变压模块所得的变压比为300∶6.25即48∶1。被降压的信号,在CPU控制电路(4)计算过程中,通过乘以上述降压倍率的方式,得到强电待测信号电压的真实值。

降压电路(1.3)输出IN_{LEM}接在稳压跟随电路(1.4)的输入上。

稳压跟随电路(1.4)将输入信号IN_{low},IN_{LEM}通过5 V稳压电路,将电压限幅在0~5 V,通过电压跟随进行阻抗匹配后输出信号IN_{std},分别接在TTL标准化电路(1.5)和峰值保持电路(1.6)的输入上。

TTL标准化电路(1.5)将输入信号IN_{std}波形一级一级处理,即对测试系统中的模拟信号进行处理,直至成为测试系统的电压、频率测量电路能够接受的形式,见图2-5。首先,输入信号先经过一次稳压,目的在于防止输入信号过大烧毁后级电路,然后再将其进行电压追随,使前后级阻抗隔离,输出在送下一级处理的同时送到峰值保持电路(1.6)。然后经过一个开环集成运算放大器(其中正电位输入上的1 M电阻和10 k电阻是为了输入信号为TTL时,经过稳压后不存在负电位也能够被无穷放大为交流方波)。然后经过滞回比较器,除去翻转抖动,稳压后即为TTL电平。最后经过同相门(74LS07)使其变成标准的TTL信号IN_{TTL}。IN_{TTL}与频率测量电路(2)的输入端连接。

峰值保持电路(1.6)将输入信号IN_{std}通入峰值保持电路(1.6)的输入端、峰值保持电路(1.6)的复位端与CPU控制电路(4)的控制总线相连接,具体电路图见图2-6。峰值电压采样保持电路由一片采样保持器芯片LF398和一块电压比较器LM311构成。LF398的输出电压和输入电压通过LM311进行比较,当$Vi>V0$时,LM311输出高电平,送到LF398的逻辑控制端第8管脚,使LF398处于采样状态;当Vi达到峰值而下降时,$Vi<V0$,电压比较器LM311输出低电平,LF398的逻辑控制端置低电平,使LF398处于保持状态。由于LM311采用集电极开路输出,故需接上拉电阻。由过电压检测电路输出端送来的脉冲控制电路开关的导通,没有过电时采样电容放电,否则采样电路一直跟踪峰值的变化。

峰值保持电路经过复位后输出电压为零($IN_{peak}=0$),IN_{std}输入峰值保持电路后,比较IN_{std}和IN_{peak}:如果$IN_{std}>IN_{peak}$,则$IN_{peak}=IN_{std}$并且锁定IN_{peak}电压值;如果$IN_{std}<IN_{peak}$,则IN_{peak}输出电压值保持不变,得到$IN_{peak}=IN_{std}$峰值IN_{peak}的模拟输出;峰值保持电路的输出IN_{peak}接在A/D转换电路(3)的输入上。

频率测量电路(2)的输入与信号处理电路(1)的TTL标准化电路(1.5)的输出IN_{TTL}相连接,作为待测频率信号的输入;测量结果输出$OUT_F(t)$通过数据总线、地址总线和控制总线与CPU控制电路(4)连接。

低频测量原理。

频率信号IN_{TTL}的测量采用了纯硬件实现的方法,四级快速74F161串联形成74F161计数器组,测量分辨率高达2^{16}。对于1 kHz以下的低频信号和1 kHz以上的中高频信号,采用了完全不同的方法:测量低频信号时,捕捉一个周期的长度,用标准的1 MHz有源晶振作为串联计数芯片组CLK输入信号,也就是在输入待测信号一个周期内,测量通入74F161计数器组的1 MHz高频信号的个数。

捕捉电路只有在触发脉冲来的时候,捕捉待测信号相邻的两个上升沿,在此期间输出高电平,使74F161计数器组通入1 MHz高频信号,其他时间均保持低电平,除非再有触发电平输入,再捕捉待测信号相邻的两个上升沿……

巧用74F161实现上述逻辑,见图2-10。74F161始终输入CLK为信号源,当CLR低电平清零时,计数器次低位P1为0,计数器可以工作,于是信号源接下来的一个上升沿，将计数器低位 P0 由低变高，此时由于计数器次低位 P1 依然为 0，所以计数器可以继续工作；于是信号源接下来的一个上升沿，将计数器低位 P0 由高变低，此时计数器次低位 P1 为 1，计数器自锁，P0 保持低，完成了信号源一个周期长度的捕捉，直到下一次 CLR 信号到来时才重复上述捕捉过程。

相对于 1 kHz 以下的输入信号来讲，使用 1 MHz 的高频信号进行测量具有很高的准确性和精度。假设在输入信号的一个周期内，经过计数器的已知频率信号的周期数为 N，则待测低频信号的频率值为：

$$f=\frac{10^6\mu s}{1\mu s\times N}$$

图 2-11 为 74F161 组及其与数据总线连接的电路图，计数单元由 4 个 74F161 快速计数器串接构成，每个 74F161 可以计 4 位，因此可实现共 16 位计数，低 8 位和高 8 位分别接一个 75LS245 与数据总线相连，每个 74LS245 都有自己独立的片选地址，从而实现与 CPU 数据的交换。

高频测量原理。

对于 1 kHz 以上的中高频信号，采用了截然不同的测量方法——测量定时期间内信号源脉冲数：将四个快速计数器 74F161 按照后一个计数器的时钟 CLK 端连接前一个计数器的进位端 TC 的办法首尾相连，89C51 单片机某一管脚产生一固定的定时信号（分为几挡），接在计数器 74F161 的使能端上，将高频信号接在第一个计数器的时钟端。将计数器的计数输出通过总线收发器 74F245 送到数据总线上传回单片机。这样，单片机定时信号在高电平期间，计数器将会记录高频信号脉冲数，汇总四个计数器的数据，就可以知道在定时信号高电平期间有多少高频信号周期经过计数器。

图 2-9 是高频测量电路的时序图。

假设定时脉冲的周期为 T，在脉冲高电平期间通过计数器的高频信号周期数为 N，则可以得到高频信号的频率为：

$$\frac{f}{10^6\mu s}=\frac{N}{T}\qquad f=\frac{10^6\times N}{T}\,(\mathrm{Hz})$$

由于电路工作的频带仅仅由参与计数的四个计数器的工作频率决定，而与单片机和总线缓冲器无关，因此只要选择频带宽的计数器，就完全可以实现高频信号的计数。我们选用的 74F161 的标称工作频率为 143 MHz，所以理论上来说我们的电路对高频信号的测量可以达到百兆以上，但是由于实验条件的限制，我们的测量值只能达到 50 MHz 的频率（信号源产生的上限频率仅有 15 MHz，我们用 50 MHz 有源晶振来充当信号源），在这个频率以下的高频信号测量完全正常。表 2-1 给出了测量不同频率时,定时器的最佳定时长度。

表 2-1 不同频率下定时器的最佳定时长度

频率范围	定时长度	单片机定时器初值	此频段计数器峰值
10 kHz~1 MHz	50 ms	3CB0H	50 000 次<65 535 次
1 MHz~10 MHz	5 ms	0EC78H	50 000 次<65 535 次
10 MHz~100 MHz	0.5 ms	0FE0CH	50 000 次<65 535 次

高频/低频测量复用电路。

为了能够使频率测量更加准确,频带更宽,对高、低频段的输入信号采取了不同的测量方法,并且在两种方法所能够测量的频率范围之间设定了重叠区域,以保证系统的完整性,不使频率测量出现断档区域。

对于高频信号测量电路和低频信号测量电路来讲,串联的计数器组是相同的,所不同的只是两种方案中计数器所接收的时钟信号和使能信号不同。高频测量时时钟信号为输入待测信号,而低频测量时为已知频率晶振的输出波形;高频测量时使能信号为单片机定时脉冲,低频测量时为输入信号经过波形变换和频率变换后的波形。

为保证信号通路切换不影响信号质量,不选用模拟开关(例如 CD4051),而使用两个继电器,第一个继电器的常开、常闭端分别接高频输入信号 IN_{TTL} 和晶振的输出管脚 IN_{cry} ,公共的输出端接在计数芯片组的计数输入端,由一位数字信号的高低控制磁片吸合端实现两路信号的切换;第一个继电器的常开、常闭端分别接产生定时脉冲的单片机管脚 IN_{timer} 和低频输入 IN_{TTL} 信号经过处理后的波形,公共的输出接到四个计数芯片的使能端。由相同的一位数字信号控制其切换。这样通过数字信号的控制(该控制信号可以来自单片机的某个管脚),就可以实现频率测量中高频通道和低频通道的切换,并且大幅度节约了设计成本。经过我们的实践,它具有良好的稳定性。但要注意继电器可靠吸合磁片需要足够吸合电流(用 74LS07 加小电阻上拉实现),同时还要保证吸合时间(程序中用延时保证),图 2-12 是频率通道的电路图。

A/D 转换电路(3)的 MAX153 模拟信号输入管脚与信号处理电路(1)的峰值保持电路(1.6)的 LF398 采样保持输出管脚相连接,作为待测电压信号的输入;测量结果 $OUT_U(t)$ 输出通过数据总线、地址总线和控制总线与 CPU 控制电路(4)连接。

由于使用 AT89C51 单片机进行控制,使用 12 M 的晶振,则单片机每条指令用 1μs,因此可以采用读—写模式(MODE=1),利用$\overline{WR}$信号启动转换,$\overline{RD}$信号读取转换结果。两条指令间隔 1μs,满足控制要求。

选用 Maxim 公司的高速 A/D MAX153 芯片。将 LEM 模块的输出电阻 RM200Ω 用两个精密电阻 100Ω 代替,形成分压。电路图参见图 2-7。

CPU 控制电路(4)的作用是控制所有电路的工作,包括数据的处理、移动和存储;CPU 外部总线由数据总线和地址总线构成;通过数据总线、地址总线和控制总线控制其他各电路工作。Flash 和 RAM 通过数据总线和地址总线与 CPU 相连,扩展程序、地址空间。

在装置中 CPU 选用 AT89C51 单片机,地址分配方案为:P0 口接数据总线,专门用于芯片间数据的传输;P2 口接地址总线,专门用于分配地址,这种接法大大化简了经典的 P0 口接 74LS373 通过 ALE 锁存的方式,电路稳定性提高,但寻址范围缩小,但 P2 口所提供的地址范围已经充分满足了我们的需求。

按照以下三个原则分配地址。

(1)用 P2.7 来选中 CH371 芯片,同时接 74LS138 的 GA 使能端:P2.7=0 时,CH371 被选中,74LS138 关闭(即 CH371 进行 USB 通讯,其他设备全都不被选中);而当 P2.7=1 时,CH371 闲置,74LS138 便可以选中其他设备;换言之,P2.7 决定了测试系统只能在 CH371 和 74LS138(即其他芯片)中选其一。这样的设计实现了 USB 通讯(上位机的命令)的优先级高于一切功能模块(下位机)的控制策略。

(2)第 1 片 74LS138 的 Y5~Y7 作为与键盘显示芯片通讯的接口,通过 LOAD,DIN,DCLK 三条数据线的配合,实现键盘显示芯片与 CPU 的通讯。

(3)P2 口工作于两种方式,一种是常见的 P2 口配合 RD,WR 的读写操作;另一种是利用 P2 口平时本身带锁存的输入输出口的特点,实现长时间选中一片芯片的操作方式。

地址分配如表 2-2 所示。

表 2-2　地址分配

地址	8000H	8100-8105H	8200H	8300H	<8000H
芯片	AD	预留	频率模块高八位	频率模块低八位	USB(CH371)

译码电路接线,见图 2-3。

在测试系统中,P1 口的 6 个管脚也派上了重要的用途,如表 2-3 所示。

表 2-3 管脚的作用

管脚号 P1.x	P1.x = 0 时	P1.x = 1 时
P1.0	继电器不吸合,低频采集状态	继电器吸合,高频采集状态
P1.1	AD 掉电、峰值保持、频率采集	AD 上电、启动峰值保持、频率采集
P1.2	定时器输出电平	
P1.5	CH451 键盘显示芯片 LOAD(键盘中断信号)	
P1.6	CH451 键盘显示芯片 DIN(数据内容信号)	
P1.7	CH451 键盘显示芯片 DCLK(数据时钟线信号)	

键盘显示电路(5)中的键盘接口与 4X4 键盘连接,现实接口与现实装置通过现实数据线连接。其数据端、地址端和控制端分别接到 CPU 控制电路(4)的数据总线、地址总线和控制总线上。

选用 CH451 键盘显示驱动芯片,它是一个整合了数码管显示驱动和键盘扫描控制以及 μP 监控的多功能外围芯片。CH451 内置 RC 振荡电路,可以动态驱动 8 位数码管或者 64 位 LED,具有 BCD 译码、闪烁、移位等功能;同时还可以进行 64 键的键盘扫描;CH451 通过可以级联的串行接口与单片机等交换数据;并且提供上电复位和看门狗等监控功能。单片机与 CH451 有 3 条位数据线和 1 条中断线连接。

CH451 与键盘 LED 电器连接图如图 2-13 所示。

通讯电路(6)与计算机通过数据线连接,通讯电路的发送端、地址端和控制端分别接到可编程的 CPU 控制电路(4)的数据总线、地址点线和控制点线上。

USB 通讯选用 CH371 智能 USB 通讯芯片。CH371 是一个 USB 总线的通用接口芯片。在本地端,CH371 具有 8 位数据总线和读、写、片选控制线以及中断输出,可以方便地挂接到单片机、DSP、MCU 等控制器的系统总线上;在计算机系统中,CH371 的配套软件提供了简洁易用的操作接口,与本地端的单片机通讯就如同读写硬盘中的文件。CH371 屏蔽了 USB 通讯中的所有协议,在计算机应用层与本地端控制器之间提供端对端的连接。基于 CH371,不需要了解任何 USB 协议或者固件程序甚至驱动程序,就可以实现 USB 通讯。CH371 与 CPU 之间通过数据总线连接,通过地址译码选通,配合 RD#、WR#向 CH371 读取、写入数据,CPU、CH371 与 USB 总线的连接如图 2-14 所示。

自检校正电路(7)数据端、地址端和控制端分别接到线可编程 CPU 控制电路(4)的数据总线、地址总线和控制总线上。AD7008 产生的自检波形输出管脚与信号处理电路(1)的弱电接入电路(1.1)输出接口连接,即直接连在稳压跟随运算放大器的输入管脚上,参见图 2-15。

在设备自检中,往往需要频率、幅度都能由测试系统自动调节的信号源。采用直接数字合成芯片 AD7008 及外加 D/A 转换芯片 AD7520 构成的可控信号源,可产生正弦波、调频波、调幅波及方波等,并且其信号的频率和幅度可由微机来精确控制,调节非常方便。

电源电路(8)的作用是为各模块提供 5 V 和±12 V 电源供电;电源电路(8)的输入与 220 V 电源连接,通过整流、滤波、限幅、稳压和过载保护电路,得到标准电压,通过电压总线,与其他 7 个部分连接。

2.6.2 本实例分析方法的实现

2.6.2.1 数据采集

第 1 步:通过键盘显示电路(5)中的键盘设置采集时间间隔 T_{sample} 和对电压、频率的连续采集次数 t_{sample} ,设置当前采集次数 $t_{once} = 1$,将上述参数存入 CPU 控制电路(4)的 RAM 中,CPU 控制电路(4)执行连续采集子程序。

第 2 步:CPU 控制电路(4)通过 A/D 转换电路(3)得到当前接入信号电压的采集值 OUT_U ,乘以降压倍率得出当前电压的真实值 $U(t_{once})$,并存入 RAM 中。

第 3 步:CPU 控制电路(4)通过频率测量电路(2)得到当前接入信号频率的采集值 OUT_F ,计算得出当前频率的真实值 $F(t_{once})$,并存入 RAM 中。

第 4 步:当前采集次数 t_{once} 自增 1,如果 $t_{once} \leqslant t_{sample}$,则重复执行第 2 步至第 4 步。

第 5 步:采集完成。

于是产生了时间序列电压值 $(U(t),t)$ 和时间序列频率值 $(F(t),t)$ 。其中,t 是采样时间, $t = 1,2,\cdots,t_{sample}$, t_{sample} 是正整数,表示采样时间的终值;$U(t)$ 、$F(t)$ 分别表示 t 时刻的电压值和频率值。

2.6.2.2 数据预处理

第 1 步:从 CPU 控制电路(4)的 RAM 中读出连续采集次数 t_{sample} ,设置当前计算次数 $t_{prc} = 6$,计算比对结束次数 $t_{prcend} = t_{sample} - 5$,其中与 $U(t_{sample})$ 和 $F(t_{sample})$ 对比的电压值的个数为 5。

对数据采集步骤中得到的 $(U(t),t)$ 和 $(F(t),t)$ 进行修正处理,即把明显偏离相邻数据的值删除。修正原则是:如果 t 时刻的电压值 $U(t)$ 与之前或之后的 5 个时刻电压值平均值的差值的绝对值,大于 t 时刻之前或之后 5 个时刻电压值之间差值绝对值的平均值,则需要修正,即:

$$\left| U(t) - \frac{\sum_{i=1}^{5} U(t-i)}{5} \right| \times \alpha > \frac{\sum_{i=1}^{4} |U(t-i) - U(t-i-1)|}{4} \tag{2-5}$$

或

$$\left| U(t) - \frac{\sum_{i=1}^{5} U(t+i)}{5} \right| \times \alpha > \frac{\sum_{i=1}^{4} |U(t+i) - U(t+i+1)|}{4} \tag{2-6}$$

式(2-5)中，$t-i$ 表示时刻 t 之前 i 个时刻，则 $U(t-i)$ 表示采样时刻 $t-i$ 时的电压值，$U(t)$ 是 t 时刻的电压值，$U(t-i-1)$ 表示 $t-i-1$ 时刻的电压值；α 是界定强度，取值范围为 0%～100%。

式(2-6)中，$U(t)$ 是 t 时刻的电压值，则 $U(t+i)$ 表示采样时刻 $t+i$ 时的电压值，$U(t+i+1)$ 表示 $t+i+1$ 时刻的电压值；α 是界定强度，取值范围为 0%～100%。

如果 t 时刻的电压值 $U(t)$ 满足式(2-5)或式(2-6)，则修正为：

$$U(t) = \frac{U(t-1) + U(t+1)}{2}$$

其中，$U(t-1)$ 为 $t-1$ 时刻的电压值，$U(t+1)$ 为 $t+1$ 时刻的电压值。

频率值 $F(t)$ 的修正原则与 $U(t)$ 的修正原则相同：如果 t 时刻的频率值 $F(t)$ 与之前或之后的 5 个时刻频率值平均值的差值的绝对值，大于 t 时刻之前或之后 5 个时刻频率值之间差值绝对值的平均值，需要修正，即：

$$\left| F(t) - \frac{\sum_{i=1}^{5} F(t-i)}{5} \right| \times \alpha > \frac{\sum_{i=1}^{4} |F(t-i) - F(t-i-1)|}{4} \tag{2-7}$$

或

$$\left| F(t) - \frac{\sum_{i=1}^{5} F(t+i)}{5} \right| \times \alpha > \frac{\sum_{i=1}^{4} |F(t+i) - F(t+i+1)|}{4} \tag{2-8}$$

式(2-7)中，$t-i$ 表示时刻 t 之前 i 个时刻，则 $F(t-i)$ 表示采样时刻 $t-i$ 时的频率值，$F(t)$ 是 t 时刻的频率值，$F(t-i-1)$ 表示 $t-i-1$ 时刻的频率值；α 是界定强度，取值范围为 0%～100%。

式(2-8)中，$F(t)$ 是 t 时刻的频率值，则 $F(t+i)$ 表示采样时刻 $t+i$ 时的频率值，$F(t+i+1)$ 表示 $t+i+1$ 时刻的频率值；α 是界定强度，取值范围为 0%～100%。

如果 t 时刻的频率值 $F(t)$ 满足式(2-7)或式(2-8)，则修正为：

$$F(t)=\frac{F(t-1)+F(t+1)}{2}$$

其中，$F(t-1)$ 为 $t-1$ 时刻的频率值，$F(t+1)$ 为 $t+1$ 时刻的频率值。

第 2 步：当前计算次数 t_{prc} 自增 1，如果 $t_{prc} \leqslant t_{prcend}$，则重复执行第 1 步。

第 3 步：数据预处理完成。

2.6.2.3　三线分析法及特征值计算

第 1 步：压频曲线拟合。

应用最小二乘法将 $U-F$ 曲线中的点拟合为一直线，并计算拟合参数 a、b 和压频特征值，即压频曲线线性度 L_{out}、压频比 K_{out} 和压频基点 $V_{50\ \mathrm{Hz}}$。

为了表示方便，将 $U(t)$ 记为 u_t，将 $F(t)$ 记为 f_t，将 t_{sample} 记为 n，具体步骤如下：

设电压—频率直线函数为 $f=au+b$，其中 a、b 是待定常数。

记 $\varepsilon_t=f_t-(au_t+b)$，它反映了用直线 $f=au+b$ 来描述 $u=u_t$，$f=f_t$ 时，计算值 f 与实际值 f_t 产生的偏差；用 $\sum_{t=1}^{n}\varepsilon_t^2$ 度量总偏差。

确定 $f=au+b$ 中的常数 a 和 b，使 $F(a,b)=\sum_{t=1}^{n}\varepsilon_t^2=\sum_{t=1}^{n}(f_t-au_t-b)^2$ 为最小。

由极值原理得　$\frac{\partial F}{\partial a}=\frac{\partial F}{\partial b}=0$，即

$$\begin{cases}\dfrac{\partial F}{\partial a}=-2\sum_{t=1}^{n}u_t(f_t-au_t-b)=0\\[2ex]\dfrac{\partial F}{\partial b}=-2\sum_{t=1}^{n}(f_t-au_t-b)=0\end{cases}$$

解此联立方程得

$$\begin{cases}a=\dfrac{n\sum_{t=1}^{n}u_tf_t-\sum_{t=1}^{n}u_t\sum_{t=1}^{n}f_t}{n\sum_{t=1}^{n}u_t{}^2-\left(\sum_{t=1}^{n}u_t\right)^2}\\[3ex]b=\dfrac{1}{n}\sum_{t=1}^{n}f_t-\dfrac{a}{n}\sum_{t=1}^{n}u_t\end{cases}$$

第 2 步：电压、频率特征值计算。

压频比 $K_{out}=a$，用来表示电压和频率值的线性关系。

压频曲线线性度 $L_{out}=\sum_{t=1}^{n}\varepsilon_t^2$，用来衡量压频曲线上的点偏离拟合出来直线的程度。

压频基点 $V_{50\ \mathrm{Hz}}=50a+b$，用来衡量工作频率 50 Hz 时的工作电压。

第 3 步：绘制三条曲线。

绘制电压时间即 $U-t$ 曲线：将修正后的时间序列（$U(t)$，t）每个时刻 t 与对应的电压值 $U(t)$ 绘制到 $U-t$ 坐标系中，得到电压时间 $U-t$ 曲线。

绘制频率时间 $F-t$ 曲线：将修正后的时间序列（$F(t)$，t）每个时刻 t 与对应的频率值 $F(t)$ 绘制到 $F-t$ 坐标系中，得到频率时间 $F-t$ 曲线；

绘制电压频率 $U-F$ 曲线：将修正后的时间序列变量（$U(t)$，t）和（$F(t)$，t），构成三元组（$U(t)$，$F(t)$，t），把每个时刻 t 对应的 $U(t)$、$F(t)$ 两个值作为一个点(U,F)的坐标，绘制到 $U-F$ 坐标系中，得到 $U-F$ 曲线。

第 4 步：性能指标分析。

根据上述三条曲线和三个特征值，工程师就可以得出所测量的电压频率值是否满足工程实际项目指标的要求，以及满足程度。

3 网络参数测量系统

3.1 引言

随着中国信息技术的飞速发展,人们对网络的使用和依赖越来越大。数以亿计的用户在庞大的网络系统中游转,网络参数的测量和分析诊断成了发展的关键。本案例的创新特色是:针对目前存在的网络路径可用带宽的测量技术的两种模型 PGM(Probe Gap Model)及 PRM(Probe Rate Model),本发明能够克服前者受到假设限制、后者影响正常的网络数据传输且因测量周期长导致实时精度低的缺陷,并且专门对可用带宽进行测量计算。本案例的创业要点是:目前市场上没有专门对可用带宽进行测量的仪器,相关技术和仪器有 Smartbits 等网络性能测试和分析的大型网络测试仪,但是这类设备缺少针对间接测量网络参数、指标进行测量、分析、诊断的功能,特别是对可用带宽进行计算的功能,而且价格昂贵。本产品不但弥补了市场空缺,而且体积小便于手持,设备成本更为低廉,在性价比上有很大优势。本案例的课程思政元素是:本发明能够帮助运营商、消费者和监管部门对网络参数进行实时跟进,以便了解测量和分析诊断,更好地合理规划和优化网络状况。在网络多媒体、网络应用和网络安全等多个领域,为解决可用带宽计算问题做出一份贡献。

3.2 技术领域

本实用新型提出了一种网络参数测量系统,可应用到网络性能测量、分析、诊断,网络多媒体,网络应用和网络安全等领域。

3.3 背景技术

目前,网络路径可用带宽的测量技术主要基于两种模型:PGM 和 PRM。

前者是基于对网络路径数据流统计的直接计算方法；后者是高速发送不同速率的数据包流以迭代检测拥塞临界点。但是PGM是基于待测网络路径中网络窄链路与紧链路为同一链路及当测量包对应的第二个包到达时第一个包还没有离开的前提假设，这样它所需要的网络容量参数可以由现有的容量测量工具来测量，但是这种假设在实际网络中是很难满足的，因此，该模型在可用带宽测量中有其固有的不足；而PRM模型不断高速发送大量数据流阻塞网络，在真实网络测量时必然会影响正常的网络数据传输，而且该方法很难准确地捕捉到转折点，由于不断迭代，在一次测量中可能需要较长的测量周期。

目前市场上没有专门对可用带宽进行测量的仪器，相关技术和仪器有Smartbits等网络性能测试和分析的大型网络测试仪，这类设备缺少针对间接测量网络参数、指标进行测量、分析、诊断的功能，特别是对可用带宽进行计算的功能，而且价格昂贵。

3.4 实用新型内容

本实用新型的目的是克服现有测量方法的上述缺陷，提供一种网络参数测量系统，解决PRM模型本身在测量过程中产生的测量数据包对网络造成影响、算法迭代导致的周期过长和实时测量精度低的问题。

为了实现上述目的，本实用新型采取了如下技术方案。网络参数测量系统包括外部控制器(1)、源测试器(2)、待测网络(3)和目标测试器(4)。其中，源测试器(2)包括中央处理器(2.5)和与中央处理器(2.5)相连接的显示器(2.3)，目标测试器(4)与源测试器(2)的电路结构相同。

外部控制器(1)的串口(1.1)与源测试器(2)的串口(2.1)相连，外部控制器(1)向源测试器(2)发送控制命令，接收源测试器(2)的测试数据和分析结果。

源测试器(2)的以太网口(2.2)用于与待测网络(3)的接入点(3.1)相连，源测试器(2)向待测网络(3)发送测试数据包，并接收待测网络(3)反馈的数据包。

待测网络(3)接入点(3.1)收到的测试数据包通过待测网络(3)传到接出点(3.2)；同理，接出点(3.2)发送的反馈数据包通过待测网络(3)传回接入点(3.1)。

目标测试器(4)的以太网口(4.2)用于与待测网络(3)的接出点(3.2)相

连,接收源测试器(2)发送来的测试数据包,并通过以太网口(4.2)将处理结果发送至待测网络(3)的接出点(3.2),返回源测试器(2)。源测试器(2)对数据进行处理后,最终返回外部控制器(1),从而构成闭环的网络参数测量系统。

对点接入时间序列可用带宽分析方法,是按如下步骤实现的。

步骤1:发送测量控制命令。外部控制器(1)向源测试器(2)发送测量控制命令,测量控制命令包括目标测试器(4)的 IP 地址和测量策略;测量数据流的条数 $n(12 \leqslant n \leqslant 20)$,每个测量数据流包含的数据包的个数 $M(30 \leqslant M \leqslant 120)$ 和每个数据包的大小 $L(64 \leqslant L \leqslant 1500)$,这三个参数的取值范围是由正交试验确定的。

步骤2:生成、发送测试数据。源测试器(2)接收到测量控制命令后,对测量控制命令进行分析,以递增速率 $R_i(i=1,\cdots,n)$ 向待测网络(3)发送 n 条测量数据流,每条测量数据流包含如下参数:目标测试器(4)的 IP 地址、数据包的个数 M、每个数据包的大小 L、测量数据流 $ID(ID=1,\cdots,n)$、每条测量数据流内相邻数据包间隔 $\Delta Tin^i(i=1,\cdots,n)$、发送速率 $R_i(i=1,\cdots,n)$。测量数据流通过待测网络(3)到达目标测试器(4)。

步骤3:数据采集。对每条测量数据流内数据包到达时间采样,得到时间序列 $T_j^i(i=1,\cdots,n;j=1,\cdots,m)$,其中 i 为测量数据流的 ID 号,j 为第 i 条测量数据流内第 j 个数据包,由于在待测网络(3)传输过程中,会有数据包丢失,所以 $j \leqslant M$;T_j^i 即表示第 i 条测量数据流内第 j 个数据包的到达时间。通过接收的时间序列数据,计算接收的每条测量数据流内相邻数据的时间间隔 $Tout_j^i$。

$$\Delta Tout_j^i = T_{j+1}^i - T_j^i(i=1,\cdots,n;j=1,\cdots,m-1) \tag{3-1}$$

步骤4:数据预处理。对接收的每条测量数据流内相邻数据包的时间间隔 $Tout_j^i$ 进行检验,对震动过大的噪音数据进行处理,删除明显偏离相邻数据的异常值。删除原则为:对第 j 个 $Tout_j^i$ 与之前或之后各 a 个时间间隔的平均值进行求差,其中,$(j-a) \geqslant 0$ 或 $(j+a) \leqslant (m-1)$,如果差值的绝对值大于之前或之后 a 个时间间隔的相邻间隔之差绝对值的平均值,则删除第 j 个 $Tout_j^i$,即:

$$\left| Tout_j^i - \frac{\sum_{p=1}^{a} Tout_{j-p}^i}{a} \right| \times \beta > \frac{\sum_{p=1}^{a-1} \left| Tout_{j-p}^i - Tout_{j-p-1}^i \right|}{a-1} \tag{3-2}$$

或

$$\left| Tout_j^i - \frac{\sum_{p=1}^{a} Tout_{j+p}^i}{a} \right| \times \beta > \frac{\sum_{p=1}^{a-1} \left| Tout_{j+p}^i - Tout_{j+p+1}^i \right|}{a-1} \tag{3-3}$$

式(3-2)及式(3-3)中的$\beta(0 \leqslant \beta \leqslant 1)$为界定强度。如果第$j$个$Tout_j^i$满足式(3-2)或式(3-3),则删除该值。

对接收的数据进行检验后,由式(3-4)计算出第i条测量数据流内的数据包的时间间隔的均值$\overline{\Delta Tout^i}$。

$$\overline{\Delta Tout^i} = \frac{1}{m-1}\sum_{j=1}^{m-1}(\Delta Tout_j^i) \tag{3-4}$$

根据测量数据包流数据ΔTin^i,通过式(3-5)得到ΔT_i。

$$\Delta T_i = \overline{\Delta Tout^i} - \Delta Tin^i (i = 1, \cdots, n) \tag{3-5}$$

该数据与测量数据流速率R_i作为曲线拟合的待拟合数据(R_i,ΔT_i)。

步骤5:曲线拟合。使用非线性最小二乘数据拟合方法对预处理得到(R_i,ΔT_i)的数据进行曲线拟合,得到曲线拟合方程$F(x)$。

步骤6:估计可用带宽值A。目标测试器(4)使用拐点收敛计算方法,对数据拟合函数的拟合曲线进行计算,最终得到拟合曲线的唯一拐点值,即待测网络的路径可用带宽参数的测量估计值A。

步骤7:返回测量结果。目标测试器(4)通过待测网络(3)将A返回源测试器(2),然后源测试器(2)将测量结果返回外部控制器(1)。

与现有技术相比,本实用新型具有以下优势。

(1)网络参数测试系统采用了嵌入式硬件电路设计,体积小便于手持,具有针对间接测量网络参数、指标进行测量、分析、诊断的功能,同时作为一个低成本的专项测量仪器,其在性价比上有很大的优势。

(2)对点接入时间序列可用带宽分析方法,采用"黑箱"模型,克服了PGM模型因假设限制而导致的模型与实际网络情况不符的问题。

(3)对点接入时间序列可用带宽分析方法,通过单次发送测试流,对经过网络路由的测试流进行曲线拟合,然后再对拟合的曲线进行拐点的求值以估计可用带宽,克服了PRM模型本身在测量过程中产生的测量数据包对网络造成影响、算法迭代导致的周期过长和实时测量精度低的问题。

3.5 附图说明

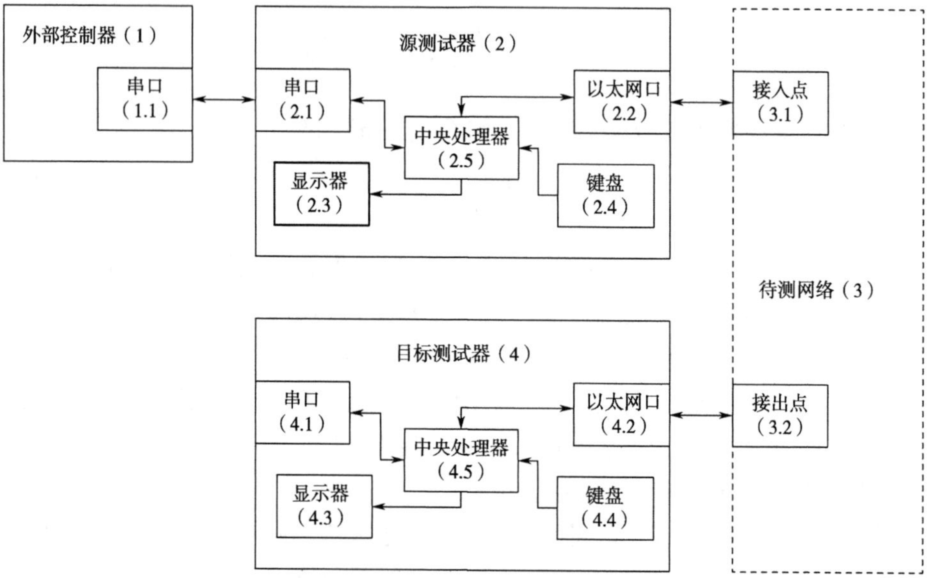

图 3-1 网络参数测量系统连接图

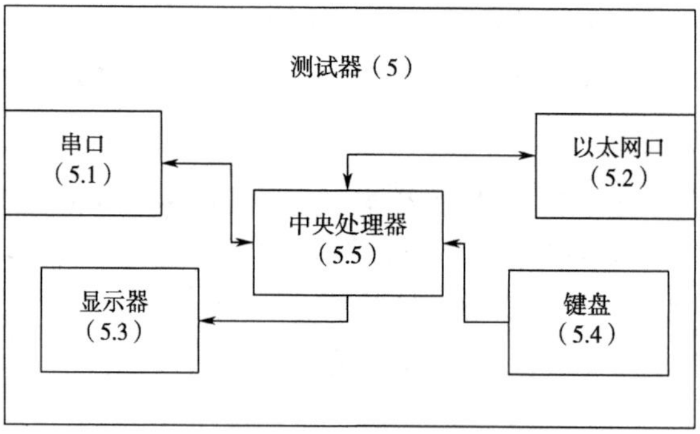

图 3-2 测试器硬件框图

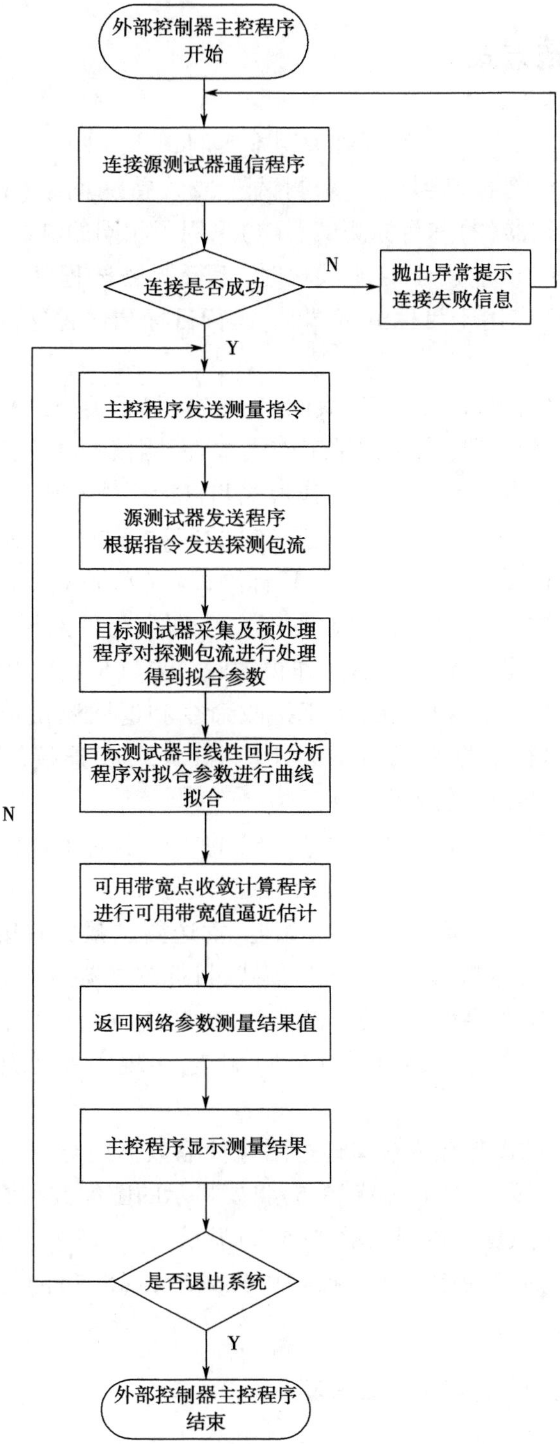

图 3-3　网络参数测量系统软件流程图

3.6 具体实施方式

下面结合图 3-1 至图 3-3 详细说明本实例。

本实例包括外部控制器(1)、源测试器(2)、待测网络(3)和目标测试器(4)。其中,源测试器(2)和目标测试器(4)采用了相同的测试器(5)硬件电路,区别是:当测试器(5)应用于源测试端时,运行源测试程序,称之为源测试器(2);当测试器(5)应用于目标测试端时,运行目标测试程序,称之为目标测试器(4)。

测试器(5)包括串口(5.1)、以太网口(5.2)、显示器(5.3)、键盘(5.4)和中央处理器(5.5)。测试器(5)有四种工作模式:源测试器独立工作模式、源测试器主从工作模式、目标测试器独立工作模式和目标测试器独立主从工作模式。

串口(5.1)的连接方法根据测试器(5)的四种不同工作模式而定:当测试器(5)工作于源测试器独立工作模式、目标测试器(4)独立工作模式、目标测试器独立主从工作模式时,串口(5.1)无须连接,即不与外部控制器(1)相连接;当测试器(5)工作于源测试器主从工作模式时,串口(5.1)即串口(2.1)与外部控制器(1)的串口(1.1)相连接,用于接收命令和返回测量数据及分析结果。串口(5.1)通过串行数据总线与中央处理器(5.5)相连接,实现中央处理器(5.5)与外部控制器(1)的通讯。

以太网口(5.2)的连接根据测试器(5)的四种不同工作模式而定:当测试器(5)工作于源测试器独立工作模式、源测试器主从工作模式时,以太网口(5.2)与待测网络(3)的接入点(3.1)相连,发送测试数据并接收反馈数据;当测试器(5)工作于目标测试器独立工作模式、目标测试器独立主从工作模式时,以太网口(5.2)与待测网络(3)的接出点(3.2)相连,接收测试数据并发送反馈数据;以太网口(5.2)与中央处理器(5.5)相连,实现中央处理器(5.5)与待测网络(3)的通讯。

显示器(5.3)的图像输入接口通过图像传输数据线与中央处理器(5.5)的图像输出接口相连接,中央处理器(5.5)将要显示的图像数据置于显示缓存中,通过上述图像传输数据线传到显示器(5.3)显示。

键盘(5.4)通过位控制总线直接与中央处理器(5.5)的位控制引脚连接,实现开关量的输入。

3.6.1 网络参数测量系统的实现方案

如图 3-1 所示,网络参数测量系统由外部控制器(1)、源测试器(2)、待测网络(3)和目标测试器(4)四个主要部分构成。以下是这四个部分的连接关系。

外部控制器(1)的串口(1.1)与源测试器(2)的串口(2.1)相连,外部控制器(1)向源测试器(2)发送控制命令,接收源测试器(2)的测试数据和反馈数据。

源测试器(2)的以太网口(2.2)和待测网络(3)的接入点(3.1)相连,源测试器(2)向待测网络(3)发送测试数据包,并接收待测网络(3)反馈的数据包。

待测网络(3)接入点(3.1)收到的测试数据包通过待测网络(3)传到接出点(3.2);同理,接出点(3.2)发送的反馈数据包通过待测网络(3)传回接入点(3.1)。

目标测试器(4)的以太网口(4.2)与待测网络(3)的接出点(3.2)相连,接收源测试器(2)发送来的测试数据包,并通过以太网口(4.2)将处理结果发送至待测网络(3)的接出点(3.2),返回源测试器(2)。源测试器(2)对数据进行处理后,最终返回外部控制器(1),从而构成闭环的网络参数测量系统。

本实施例中选用PC机作为外部控制器(1),PC机的串口与源测试器(2)的串口(2.1)连接,设置工作方式及控制命令。

源测试器(2)和目标测试器(4)采用相同的硬件电路——测试器(5)。测试器(5)的串口(5.1)、以太网口(5.2)、显示器(5.3)、键盘(5.4)、中央处理器(5.5)分别对应源测试器的串口(2.1)、以太网口(2.2)、显示器(2.3)、键盘(2.4)、中央处理器(2.5);同理,也分别对应目标测试器(4)的串口(4.1)、以太网口(4.2)、显示器(4.3)、键盘(4.4)、中央处理器(4.5)。

测试器(5)选用ADI的BlackFin537芯片作为中央处理器(5.5)。BlackFin537自带两个UART接口,其中,UART1的RX、TX分别与通讯芯片MAX232的输入端Rin、Tin连接,MAX232的输出Rout、Tout分别与串口端子2、3脚连接,串口端子5脚与系统共地,构成测试器的串口(5.1)。UART2预留用于接串口LCD显示器。BlackFin537自带CAN接口,预留用于连接工业设备。

BlackFin537自带一个MAC层网络控制器,通过数据总线、地址总线、控制总线与网卡芯片LAN83C185输入端连接。网卡输出端Txp、Txn、Rxp、Rxn接RJ45底座,构成以太网口(5.2),通过网线与网络设备相连。

BlackFin537的位控制总线P0~P7与8只LED连接,构成了显示器(5.3);P8~P11与4个按键连接,构成了键盘(5.4)。由此实现了工作模式、测试器状态的人机交互操作。

待测网络(3)由路由器、交换机、防火墙等网络设备构成,在实际应用中设备情况更为复杂，待测网络（3）的接入点（3.1）与源测试器（2）的以太网口（2.2）通过网线连接；待测网络（3）的接出点（3.2）与目标测试器（4）的以太网口（4.2）通过网线连接。网络参数测量系统与对点接入时间序列可用带宽分析方法测量的参数即为待测网络（3）的接入点（3.1）与接出点（3.2）之间的情况。

3.6.2 对点接入时间序列可用带宽分析方法的实现

网络参数测量系统与对点接入时间序列可用带宽分析方法是按如下步骤实现的。

步骤1：发送测量控制命令。外部控制器（1）向源测试器（2）发送测量控制命令，测量控制命令包括目标测试器（4）的IP地址和测量策略。其中测量策略包括以下参数：测量数据流的条数 $n(12 \leqslant n \leqslant 20)$，每个测量数据流包含的数据包的个数 $M(30 \leqslant M \leqslant 120)$ 和每个数据包的大小 $L(64 \leqslant L \leqslant 1\,500)$，这三个参数的取值范围是由正交试验确定的，本实施例中 n 取20，M 取90，L 取128。

步骤2：生成、发送测试数据。源测试器（2）接收到测量控制命令后，对测量控制命令进行分析，以递增速率 $R_i(i=1,\cdots,n)$ 向待测网络（3）发送 n 条测量数据流，每条测量数据流包含如下参数：目标测试器（4）的IP地址、数据包的个数 M、每个数据包的大小 L、测量数据流 $ID(ID=1,\cdots,n)$、每条测量数据流内相邻数据包间隔 $\Delta Tin^i(i=1,\cdots,n)$、发送速率 $R_i(i=1,\cdots,n)$。测量数据包流通过待测网络（3）到达目标测试器（4）。

步骤3：数据采集。采集每条测量数据流内数据包的到达时间 T_j^i 序列 $T_j^i(i=1,\cdots,n;j=1,\cdots,m)$，其中 i 为探测流的ID号，j 为第 i 条探测流内第 j 个数据包，由于在待测网络（3）传输过程中，会有数据包丢失，所以 $j \leqslant M$。T_j^i 即表示第 i 条测量数据包流内第 j 个数据包的到达时间。通过接收的时间序列数据，计算接收的每条测量数据包流内相邻数据包的时间间隔 $Tout_j^i$：

$$\Delta Tout_j^i = T_{j+1}^i - T_j^i(i=1,\cdots,n;j=1,\cdots,m-1) \tag{3-6}$$

步骤4：数据预处理。对接收的每条测量数据包流内相邻数据包的时间间隔 $Tout_j^i$ 进行检验，对震动过大的噪音数据进行处理，删除明显偏离相邻数据的异常值。删除原则为：对第 j 个 $Tout_j^i$ 与之前或之后 a 个时间间隔的平均值进行求差，其中 $(j-a) \geqslant 0$ 或 $(j+a) \leqslant (m-1)$，如果差值的绝对值大于之前或之后 a 个时间间隔的相邻间隔之差绝对值的平均值，则删除第 j 个 $Tout_j^i$，即：

$$\left| Tout_j^i - \frac{\sum_{p=1}^{a} Tout_{j-p}^i}{a} \right| \times \beta > \frac{\sum_{p=1}^{a-1} \left| Tout_{j-p}^i - Tout_{j-p-1}^i \right|}{a-1} \tag{3-7}$$

或

$$\left| Tout_j^i - \frac{\sum_{p=1}^{a} Tout_{j+p}^i}{a} \right| \times \beta > \frac{\sum_{p=1}^{a-1} \left| Tout_{j+p}^i - Tout_{j+p+1}^i \right|}{a-1} \tag{3-8}$$

式(3-7)及式(3-8)中的 $\beta(0 \leqslant \beta \leqslant 1)$ 为界定强度。如果第 j 个 $Tout_j^i$ 满足式(3-7)或式(3-8),则删除该值。

对接收的数据进行检验后,由式(3-9)计算出第 i 条测量数据包流内的数据包的时间间隔的均值 $\overline{\Delta Tout^i}$ 。

$$\overline{\Delta Tout^i} = \frac{1}{m-1} \sum_{j=1}^{m-1} (\Delta Tout_j^i) \tag{3-9}$$

根据测量数据包流数据 ΔTin^i ,通过式(3-10)得到 ΔT_i ,该数据与测量数据包流速率 R_i 一起作为曲线拟合的待拟合数据。

$$\Delta T_i = \overline{\Delta Tout^i} - \Delta Tin^i (i = 1, \cdots, n) \tag{3-10}$$

步骤 5:曲线拟合。

使用非线性最小二乘数据拟合方法对预处理得到(R_i , ΔT_i)的数据进行曲线拟合。具体步骤如下:

首先,建立网络可用带宽非线性回归模型。

经过我们的实验分析,在不同网络环境和不同网络背景流模式(包括随机数据包背景流模式及模拟 Internet 数据包背景流模式),通过实验对接收测量数据包流相邻数据时间间隔平均值与该测量数据流初始的时间间隔之差 ΔT_i 关于发送速率 R_i 进行数据拟合,发现当发送速率 R_i 大于及等于当前可用带宽时,在接收端, ΔT_i 具有相似的表示形式;相对的,当 R_i 小于当前可用带宽时, ΔT_i 同样具有相似的表示形式,每个表达式对应一组不同的参数,这些表达式就是我们所要建立的非线性回归模型。表达式为:

$$F_1(x) = e^{(-x+\lambda_1)} + \varepsilon_1 \tag{3-11}$$

$$F_2(x) = \lambda_2 \times \frac{1}{x} + \varepsilon_2 \tag{3-12}$$

$$F = \max(F_1, F_2) \tag{3-13}$$

式(3-11)和式(3-12)中的 x 为测量数据流的发送速率 R_i ,F 为 ΔT_i 、λ_1、λ_2、ε_1、ε_2 为待估计的参数,用一般的非线性回归模型形式可写为:

$$F_i = \phi(x_i; \lambda_1, \lambda_2, \varepsilon_1, \varepsilon_2) + e_i (i = 1, 2, \cdots, n) \tag{3-14}$$

式(3-14)中的 ϕ 为非线性函数, e_i 为回归误差,用简写矩阵形式表示该模型为:

$$F = \phi(X; \theta) + e \tag{3-15}$$

式(3-15)中，$F=(F_1,F_2,\cdots,F_n)^T$；$X=(x_1,x_2,\cdots,x_n)^T$；$\theta=(\lambda_1,\lambda_2,\varepsilon_1,\varepsilon_2)^T$；$e=(e_1,e_2,\cdots,e_n)^T$。

其次,采用非线性最小二乘估计牛顿法进行曲线拟合。

该可用带宽测量模型具有一个回归自变量 x_i，四个回归参数 λ_1，λ_2，ε_1，ε_2 组成回归参数向量。通过对可用带宽测量模型进行拟合,估计其参数,最终通过求拟合曲线的拐点估计出当前可用带宽值。我们采用了最小二乘原则拟合该模型,该模型的总平方误差可表示为:

$$E(\theta)=\sum_{i=1}^{n}[F_i-\phi(x_i;\theta)] \tag{3-16}$$

在 E 为最小的条件下求得估计参数 λ_1、λ_2、ε_1、ε_2。由于估计参数是 x 的非线性参数,我们无法由 E 对 λ_1、λ_2、ε_1、ε_2 的导数为零来解出最佳的参数值。高斯—牛顿法是基于对非线性回归模型的近似线性化的方法,所以我们采用非线性最小二乘数据拟合(牛顿法)来进行拟合。在初值 θ_0 处将可用带宽测量参数回归函数扩展成泰勒级数,并取其一阶近似:

$$\begin{aligned}\phi(x_i;\theta)=\phi(x_i;\theta_0)&+\frac{\partial\phi(x_i;\theta)}{\partial\lambda_1}\mid\theta_0(\lambda_1-\lambda_{1,0})+\\&\frac{\partial\phi(x_i;\theta)}{\partial\lambda_2}\mid\theta_0(\lambda_2-\lambda_{2,0})+\\&\frac{\partial\phi(x_i;\theta)}{\partial\varepsilon_1}\mid\theta_0(\varepsilon_1-\varepsilon_{1,0})+\\&\frac{\partial\phi(x_i;\theta)}{\partial\varepsilon_2}\mid\theta_0(\varepsilon_2-\varepsilon_{2,0})(i=1,2,\cdots,n)\end{aligned} \tag{3-17}$$

在式(3-17)中，$\lambda_{1,0}$、$\lambda_{2,0}$、$\varepsilon_{1,0}$、$\varepsilon_{2,0}$ 分别是参数的初值。定义 $\phi(x_i;\theta)$ 对 θ 的梯度为:

$$g_i=\left(\frac{\partial\phi(x_i;\theta)}{\partial\lambda_1},\frac{\partial\phi(x_i;\theta)}{\partial\lambda_2},\frac{\partial\phi(x_i;\theta)}{\partial\varepsilon_1},\frac{\partial\phi(x_i;\theta)}{\partial\varepsilon_2}\right)^T \tag{3-18}$$

其灵敏系数矩阵为:

$$G=\begin{bmatrix}\frac{\partial\phi(x_1;\theta)}{\partial\lambda_1}&\frac{\partial\phi(x_1;\theta)}{\partial\lambda_2}&\frac{\partial\phi(x_1;\theta)}{\partial\varepsilon_1}&\frac{\partial\phi(x_1;\theta)}{\partial\varepsilon_2}\\\frac{\partial\phi(x_2;\theta)}{\partial\lambda_1}&\frac{\partial\phi(x_2;\theta)}{\partial\lambda_2}&\frac{\partial\phi(x_2;\theta)}{\partial\varepsilon_1}&\frac{\partial\phi(x_2;\theta)}{\partial\varepsilon_2}\\\cdots&\cdots&\cdots&\cdots\\\frac{\partial\phi(x_n;\theta)}{\partial\lambda_1}&\frac{\partial\phi(x_n;\theta)}{\partial\lambda_2}&\frac{\partial\phi(x_n;\theta)}{\partial\varepsilon_1}&\frac{\partial\phi(x_n;\theta)}{\partial\varepsilon_2}\end{bmatrix} \tag{3-19}$$

当 $\theta=\theta_0$ 时，$G=G_0$,将式(3-17)代入式(3-14)中,这时:

$$F = \phi(X;\theta_0) + G_0(\theta - \theta_0) + e \tag{3-20}$$

令$\mu_0 = F - \phi(X;\theta_0)$，由式(3-20)可求得参数$\theta$与初值之差$\mu$的线性化最小二乘估计为$\hat{\mu} = (G_0^T G_0)^{-1} G_0^T \mu_0$。按如下的迭代格式逐次接近$\theta$：

$$\hat{\mu}_{m-1} = (G_{m-1}^T G_{m-1})^{-1} G_{m-1}^T \mu_{m-1}$$

$$\theta_m = \theta_{m-1} + \mu_{m-1}$$

迭代过程直到$\|\mu_{m-1}\| < \sigma$，其中σ为精度设定值，从而获得λ_1、λ_2、ε_1、ε_2的最小二乘估计值。

步骤6：估计可用带宽值A。目标测试器(4)使用拐点收敛计算方法，对数据拟合函数的拟合曲线进行计算，最终得到拟合曲线的唯一拐点值，即待测网络的路径可用带宽参数的测量估计值A。

步骤7：返回测量结果。目标测试器(4)通过待测网络(3)将A返回源测试器(2)，然后源测试器(2)将测量结果返回外部控制器(1)。

4 专家模糊增量式自适应的参数在线整定优化系统及方法

4.1 引言

目前,中国工业自动化技术正不断向广度和深度发展,各种相关技术高度融合,以发挥出整体的最佳效能。未来,大量智能制造技术将会被运用到中国工业领域。其中,模拟控制起着不可或缺的作用。本案例的创新特色是:本发明找到了一种方法,该方法使控制系统在运行前经过初步配置,能够根据系统运行后的加热炉和环境的差异自动将控制参数调整到最佳值。本发明解决了经典控制方法存在的三个问题,实现了应对不同工作环境、被控对象存在差异和反复进行控制参数整定下的在线自整定优化。本案例的创业要点是:本发明紧跟自动化生产灵、敏、准的要求,破除了传统控制方法的局限性,可行性极高,在各种控制、人工智能等领域有巨大的应用潜力。本案例的课程思政元素是:在中国现代化工厂的生产工艺越来越复杂的背景下,本发明为自动控制系统达到预期的控制目标提供了全新思路与可靠保障,帮助中国企业提高产品精度和自控投用率,从而提升中国企业的竞争力。

4.2 技术领域

本发明提出了一种专家模糊增量式自适应的参数在线整定优化系统及方法,可应用到控制、人工智能等领域。

4.3 背景技术

目前,模拟控制主要以 PID 控制等经典控制方法为代表,也有一部分系统采用了模糊控制和神经网络控制等智能控制算法。这些针对确定被控对象、确定工作环境的控制方法被称为经典控制方法,而采用的具体算法被称为经典控制算法。经典控制算法在不同方面各有所长,但也存在着应用的局限性。经典控制算法存在着如下共性。

(1)控制器参数的整定工作是在系统投入使用之前进行的。在开发阶段,工程师凭借经验和现场试验完成对控制器参数的整定,参数配置的完成往往伴随着项目的完成和交付而终结。因此,系统控制参数在实际运行中不会改变,即被控对象无法根据运行过程中得到的环境信息调整和优化算法及算法参数。

(2)对于很多同样的调试单元,例如,在一个项目中多路相同的被控对象,由于对象之间或多或少地存在差异,因此重复调试工作不可避免;特别是对于带有延迟、滞后或大惯性的被控对象来说,针对每一个被控对象的调试都会消耗大量的时间,占用大量的人力、物力。

(3)即使对于多路同样的调试单元,由于其工作环境有所差别,因此在系统运行前进行了分别的调试,系统运行后被控对象的工作环境发生了变化,控制参数却不能随之改变,使得控制效果变差、误差增加,甚至导致系统不稳定。

以 PID 控制器参数整定方法为例,现有的最好的在线整定优化算法是模糊自适应整定 PID 控制方法,该算法采用以 PID 参数初始值为中心点通过模糊控制对中心点进行修正的方法,实现 PID 控制器参数的在线整定优化。这种方法适用于那些工程中工程师可以对 PID 参数的初始值做出较为准确估算的情况。不足之处是,由于受 PID 初始值的限制,如果控制回路差异大、工程师对参数整定的经验不足或者控制器的最优参数超出模糊控制器的输出范围,该方法将无法实现对控制器参数的有效整定优化。

4.4　发明内容

本发明的目的是找到一种方法,使控制系统在运行前经过初步配置,能够根据系统运行后的加热炉和环境的差异自动将控制参数调整到最佳值。本发明解决了经典控制方法存在的三个问题:

(1)物理结构相似的多个控制回路由于工作环境变化或存在差异,控制器参数无法根据工作环境的差异和不确定性在线自整定优化。

(2)物理结构相似的多个控制回路由于被控对象存在差别,控制器参数无法根据被控对象的差异和不确定性在线自整定优化。

(3)物理结构相似的多个控制回路需要反复进行控制参数整定,控制器参数无法自动完成这一重复的工作,并在线自整定优化。

为了实现上述目的,本发明采取了如下技术方案。

本发明中的专家模糊增量式自适应的参数在线整定优化系统由控制单元(100)、控制总线(110)和主工作站(120)三个部分组成。系统共有 S 个控制单元(100),每个控制单元(100)的通讯接口均通过控制总线(110)与主工作站(120)相连接,主工作站(120)通过控制总线(110)与 S 个控制单元(100)进行通讯。其中,S 取值为大于等于1的整数。每个控制单元(100)包括 L 个传感器(101)、N 个变送器(102)、1个控制器(103)、L 个执行单元(104)和 L 个被控对象(105)。其中,每个变送器(102)连接 M 个传感器(101),每个控制器(103)连接 N 个变送器(102),$L = M \times N$,L、M、N 均为大于等于1的整数。

本发明中的专家模糊增量式自适应的参数在线整定优化系统,使用1个主工作站(120),通过控制总线(110)控制 S 个控制单元(100),实现对系统中的 T 个被控对象(105)的控制,其中,$T = L \times S$,S 取值为大于等于1的整数。

对于每个控制单元(100),存在如下连接关系:传感器(101)的感应端与被控对象(105)的待测点连接,将待测点的待测信息转换成模拟信号。传感器(101)的输出端与变送器(102)的一个输入端相连,变送器(102)将传感器(101)采集的模拟信号转换成标准化的待测信号。变送器(102)的输出端与控制器(103)的一个输入端相连接,控制器(103)根据变送器(102)变送的标准化的待测信号计算得到控制量。控制器(103)的一个输出端与执行单元(104)的输入端相连。执行单元(104)根据控制器(103)给出的控制量,产生相应的控制输出。执行单元(104)的输出端与被控对象(105)的输入端相连,使得执行单元(104)产生的控制输出作用在被控对象(105)上。

这里的控制器(103)可以为计算机、工控机、服务器、单片机系统、嵌入式系统或硬件电路。

专家模糊增量式自适应的参数在线整定优化系统进行优化的方法包括如下步骤。

步骤1:系统配置,在系统运行前首先进行系统配置,配置系统中将要用到的参数和公式。

步骤2:系统初始化,将参与计算的变量赋值或清零。

步骤3:输入输出采样,得到被控对象当前时刻的采样值 $y(k)$ 。

步骤4:误差计算,根据被控对象当前时刻的采样值 $y(k)$ 与被控对象的目标值 $r(k)$ 计算出当前时刻的误差 $e(k)$,其中,$e(k) = r(k) - y(k)$ 。

步骤5:误差变化率计算,计算当前时刻的误差 $e(k)$ 与前一时刻的误差 $e(k-1)$ 之间的误差变化率 $ec(k)$,其中,$ec(k) = e(k) - e(k-1)$ 。

步骤6:在线整定优化,根据当前时刻误差 $e(k)$ 和误差变化率 $ec(k)$ 整定优化计算出新的控制参数 $K_X(k)$ 。

步骤 7：计算控制量，根据当前误差 $e(k)$ 、误差变化率 $ec(k)$ 和新的控制参数 $K_X(k)$ 计算出新的控制量 $u(k)$ 。

步骤 8：被控对象运行，根据控制量 $u(k)$ 产生相应的模拟量 $U(k)$ ，作用在被控对象上，得到控制对象新的输出 $y(k+1)$ 。至此完成了一个控制周期，令 $k=k+1$，重复步骤 3 至步骤 8。

在步骤 1 中，系统启动运行前，主工作站（120）通过控制总线（110）对控制器（103）进行参数配置，本步骤只需进行一次，配制好的参数保存在控制器（103）的存储器里，下次运行时能够直接读取，或修改参数配置。配置的参数包括被控对象的控制目标值 $r(k)$ 。

在步骤 3 进行输入输出采样时，传感器（101）将被控对象（105）待测点的待测信息转换成模拟信号 $a(k)$ ，经过变送器（102）转换成标准化的待测信号 $r(k)$ ；变送器（102）将变送结果 $r(k)$ 传给控制器（103）；控制器（103）通过控制总线（110）将 $r(k)$ 传给主工作站（120）。

本发明的创新点在于：

（1）系统和装置设计方面，在主工作站和被控对象之间设计了较多的控制器，每个控制器分担较少的被控对象，这样的结构大大缩短了硬件维修的时间，当局部某硬件发生故障时，直接更换相应的模块即可快速排除故障，不必影响其他控制通路的工作。这种多控制器的技术方案，便于多种控制方法在同一个控制系统中的实验和应用。

（2）专家模糊增量式自适应的参数在线整定优化方法，改变了传统控制方法的设计结构。通过增加优化器［主工作站（120）］，控制系统可以根据当前输入输出和工作状态对控制器参数进行在线整定优化。控制器根据当前的输入输出、工作状态和整定优化后的控制参数产生控制量，对被控对象进行控制。

（3）专家模糊增量式自适应的参数在线整定优化方法，采用增量的方式在线整定优化控制器参数。这样的设计避免了传统方法中存在的控制系统运行前控制参数对工程师经验的依赖问题，降低了工程师的参数初始配置要求；增量式方法的提出，使得专家模糊增量式自适应的参数在线整定优化方法具有了自动寻找最优控制参数的功能。

与现有技术相比，本发明具有如下优点：

（1）本发明设计的专家模糊增量式自适应的参数在线整定优化系统，提出了采用增量式修正的方法对控制参数进行整定，克服了中心点修正式参数在线整定优化方法无法解决的控制回路差异大、工程师对参数整定的经验不足或者控制器的最优参数超出模糊控制器的输出范围的问题。

(2)本发明设计的专家模糊增量式自适应的参数在线整定优化系统，整个控制器参数调整优化的过程都是由算法自身实现的，在线参数优化整定的过程没有人的参与，控制系统能够根据自身硬件特点和工作环境自动整定调适参数。

(3)本发明提出的专家模糊增量式自适应的参数在线整定优化方法，解决了物理结构相似的多个控制回路由于工作环境变化或存在差异，控制器参数无法根据工作环境的差异和不确定性在线自整定优化的问题；解决了物理结构相似的多个控制回路由于被控对象存在差别，控制器参数无法根据被控对象的差异和不确定性在线自整定优化的问题；解决了物理结构相似的多个控制回路需要反复进行控制参数整定，控制器参数无法自动完成这一重复的工作并在线自整定优化的问题。

4.5 附图说明

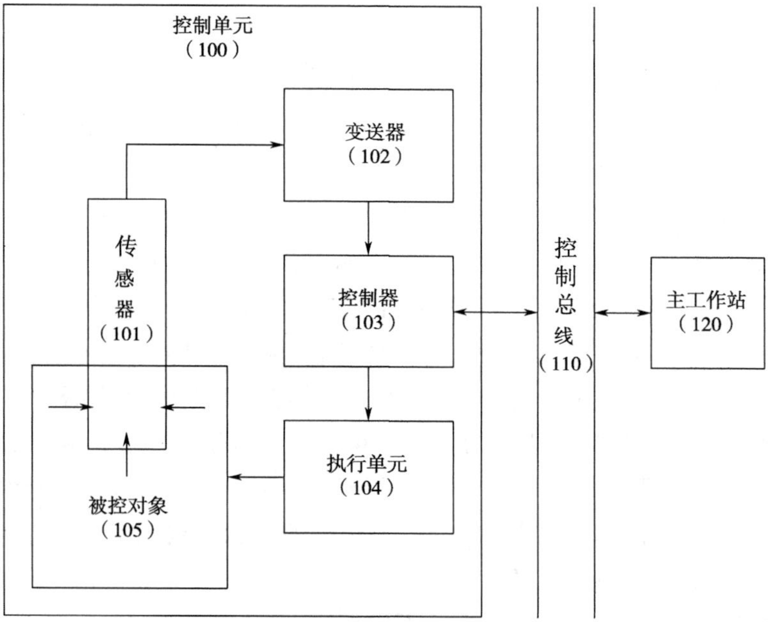

图 4-1　专家模糊增量式自适应的参数在线整定优化系统框图

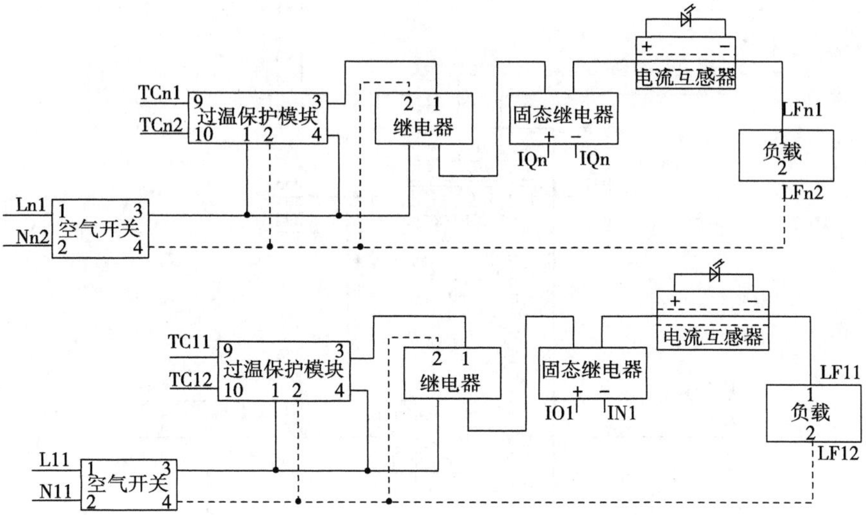

图 4-2 执行单元和被控对象实施例原理图

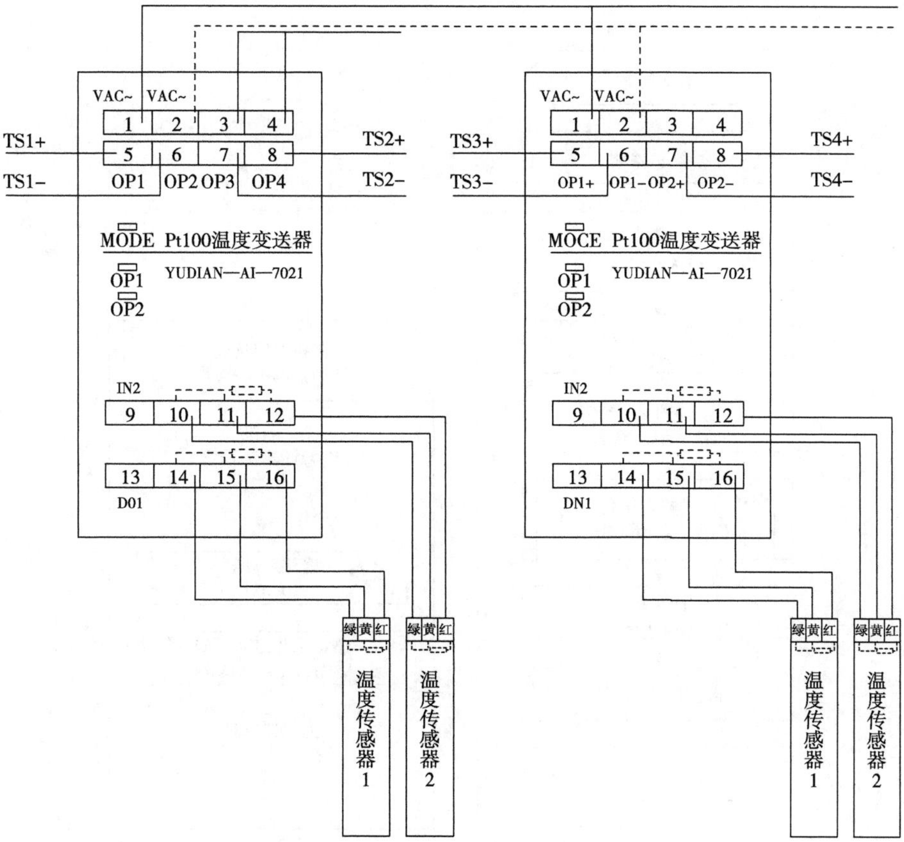

图 4-3 传感器和变送器实施例原理图

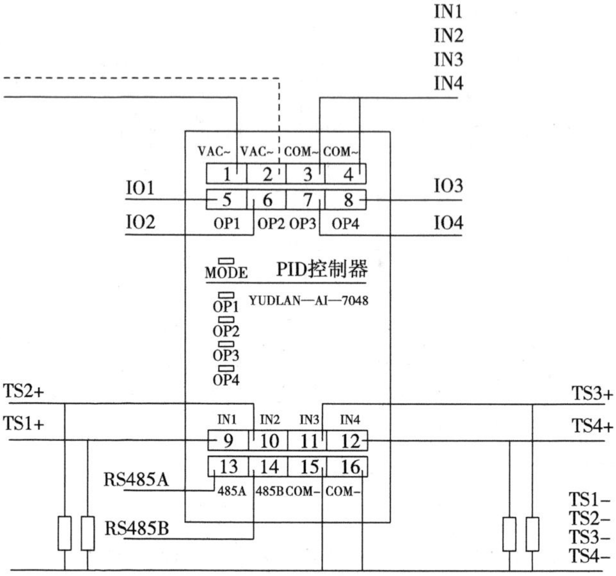

图 4-4　控制器实施例原理图

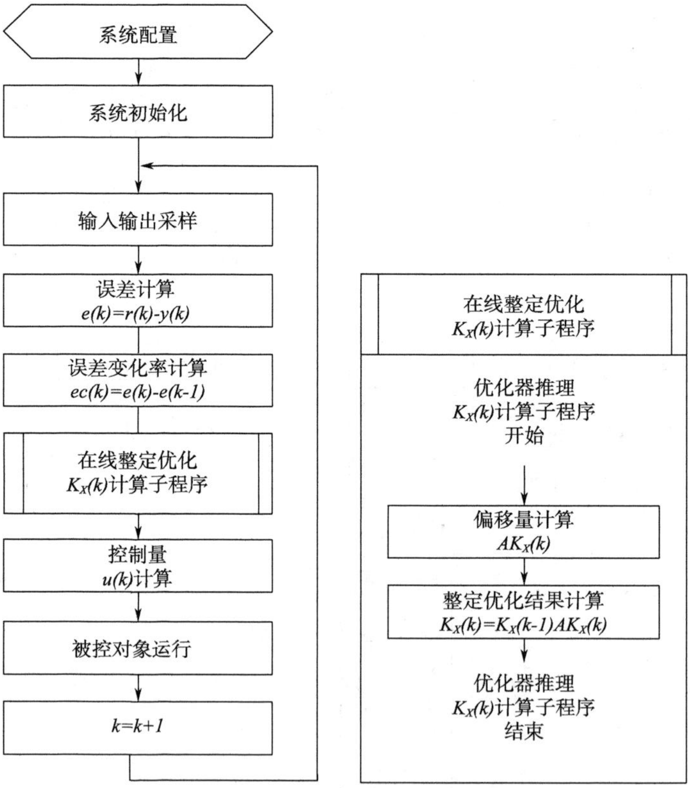

图 4-5　专家模糊增量式自适应的参数在线整定优化方法流程图

4.6 具体实施方式

下面结合图 4-1～图 4-5 详细说明本实施例。

本发明中的专家模糊增量式自适应的参数在线整定优化系统由控制单元(100)、控制总线(110)和主工作站(120)三个部分组成。

系统共有 S 个控制单元(100)，每个控制单元(100)的通讯接口与控制总线(110)相连接，主工作站(120)的通讯接口也与控制总线(110)相连接，主工作站(120)通过控制总线(110)与 S 个控制单元(100)进行通讯。其中，S 取值为大于等于 1 的整数。

每个控制单元由 L 个传感器(101)、N 个变送器(102)、1 个控制器(103)、L 个执行单元(104)和 L 个被控对象(105)构成。其中，传感器和执行单元分别与被控对象一一对应连接，1 个变送器(102)接 M 个传感器(101)，1 个控制器(103)接 N 个变送器(102)，$L = M \times N$，L 个执行单元均与控制器(103)相连。L、M、N 取值为大于等于 1 的整数。

专家模糊增量式自适应的参数在线整定优化系统，使用 1 个主工作站(120)，通过控制总线(110)控制 S 个控制单元(100)，实现对系统中的 T 个被控对象(105)的控制，其中 $T = L \times S$，S 取值为大于等于 1 的整数。

对于每一个被控对象(105)回路，存在如下连接关系。

传感器(101)的感应端与被控对象(105)的待测点连接，将待测点的待测信息转换成模拟信号。传感器(101)的输出端与变送器(102)的一个输入端相连，变送器(102)将传感器(101)采集的模拟信号转换成标准化的待测信号。变送器(102)的输出端与控制器(103)的一个输入端相连接，控制器(103)根据变送器(102)变送的标准化的待测信号，采用专家模糊增量式自适应的参数在线整定优化方法得到新的控制量。控制器(103)的一个输出端与执行单元(104)的输入端相连，执行单元(104)根据控制器(103)给出的控制量，产生相应的控制输出。执行单元(104)的输出端与被控对象(105)的输入端相连，使得执行单元(104)产生的控制输出作用在被控对象(105)上。

控制器(103)可以是计算机、工控机、服务器、单片机系统、嵌入式系统或硬件电路。控制器可以进行数据输入、指令输入，根据输入的参数改变系统的工作状态，可以显示当前系统的工作参数、工作状态，可以通过通讯端口与数据总线连接，与主工作站进行通讯和数据交换。

执行单元(104)由主回路保护装置、被控对象异常保护装置、控制执行装置、主回路监控装置和被控对象（负载）接入装置五部分组成，这五部分依次串联构成主回路。

专家模糊增量式自适应的参数在线整定优化方法，由系统配置、系统初始化、输入输出采样、误差计算、误差变化率计算、在线整定优化、计算控制量、被控对象运行八个步骤构成。

这八个步骤的关系是：在系统运行前首先进行系统配置，配置系统中将要用到的参数和公式。然后进行系统初始化，将参与计算的变量赋值或清零。接下来循环执行下列步骤，每执行一个循环即完成了一个控制周期：输入输出采样，得到当前时刻的输出 $y(k)$ 。误差计算，根据系统配置的 $r(k)$ 和采样得到的 $y(k)$ 计算出当前误差 $e(k)$ 。误差变化率计算，根据当前误差 $e(k)$ 计算出误差变化率 $ec(k)$ 。在线整定优化，根据当前误差 $e(k)$ 和误差变化率 $ec(k)$ 整定优化计算出新的控制参数 $K_X(k)$ 。计算控制量，根据当前误差 $e(k)$ 、误差变化率 $ec(k)$ 和新的控制参数 $K_X(k)$ 计算出新的控制量 $u(k)$ 。被控对象运行，根据控制量 $u(k)$ 产生相应的模拟量 $U(k)$ ，作用在被控对象上，得到控制系统新的输出 $y(k+1)$ ；至此完成了一个控制周期，令 $k=k+1$，重复步骤输入输出采样至被控对象运行。详细步骤如下。

步骤1：系统配置。在系统启动运行前，主工作站（120）通过控制总线（110）对控制器（103）进行参数配置，参数配置也可以通过控制器（103）的键盘和显示装置进行，系统配置只需进行一次，配制好的参数保存在控制器（103）的存储器里，下次运行时可以直接读取，也可以修改参数配置。

配置控制目标值 TR ，配置控制参数初始值 $K0_X$ ，其中，X 表示参数的编号或含义，配置专家模糊增量式自适应的参数在线整定优化规则如式（4-1）所示。

$$A_X(e(k),ec(k)) =
\begin{cases}
A_X(h,h) & ,when \quad |e(k)| \geq E_{high} \quad and \quad |ec(k)| \geq EC_{high} \\
A_X(h,m) & ,when \quad |e(k)| \geq E_{high} \quad and \quad EC_{low} \leq |ec(k)| < EC_{high} \\
A_X(h,l) & ,when \quad |e(k)| \geq E_{high} \quad and \quad 0 \leq |ec(k)| < EC_{low} \\
A_X(m,h) & ,when \quad E_{low} \leq |e(k)| < E_{high} \quad and \quad |ec(k)| \geq EC_{high} \\
A_X(m,m) & ,when \quad E_{low} \leq |e(k)| < E_{high} \quad and \quad EC_{low} \leq |ec(k)| < EC_{high} \\
A_X(m,l) & ,when \quad E_{low} \leq |e(k)| < E_{high} \quad and \quad 0 \leq |ec(k)| < EC_{low} \\
A_X(l,h) & ,when \quad 0 \leq |e(k)| < E_{low} \quad and \quad |ec(k)| \geq EC_{high} \\
A_X(l,m) & ,when \quad 0 \leq |e(k)| < E_{low} \quad and \quad EC_{low} \leq |ec(k)| < EC_{high} \\
A_X(l,l) & ,when \quad 0 \leq |e(k)| < E_{low} \quad and \quad 0 \leq |ec(k)| < EC_{low}
\end{cases} \tag{4-1}$$

其中，$e(k)$ 表示当前时刻 k 采集值 $y(k)$ 与目标值 $r(k)$ 的误差；$A_X(e(k),ec(k))$ 表示 X 参数的值根据当前误差 $e(k)$ 和误差变化率 $ec(k)$ 所决定的修正量；E_{high}、E_{low} 分别表示划分当前误差 $e(k)$ 和误差变化率 $ec(k)$ 的组合处于那个状态的边界值；h、m、l 分别表示 $e(k)$ 和 $ec(k)$ 与 E_{high}，E_{low} 比较后决定的取值所在的状态。

配置参数整定优化公式如式(4-2)所示。其中，k 表示当前时刻，$k-1$ 表示上一个整定优化周期的采样时刻，$K_X(k-1)$ 表示 X 参数在本次整定优化前的值。

$$K_X(k) = F(K0_X, K_X(k-1), A_X(e(k), ec(k))) \tag{4-2}$$

专家模糊增量式自适应的参数在线整定优化方法中，控制输出公式如式(4-3)所示。其中 $\Delta u(k)$ 为控制量的增量。

$$u(k) = u(k-1) + \Delta u(k) \tag{4-3}$$

配置控制输出公式如式(4-4)所示。其中，$u(k)$ 表示当前整定周期(第 k 个整定周期)的控制输出，$u(k-1)$ 表示前一个整定周期(第 $k-1$ 个整定周期)的控制输出。

$$u(k) = G(u(k-1), K_X(k)) \tag{4-4}$$

步骤 2：系统初始化。

令 $k=0$；

令 $e(-1)=0$，$e(-2)=0$；

令 $u(0)=0$，$u(-1)=0$；

令 $K_X(k)=K0_X$。

步骤 3：输入输出采样。

传感器(101)将被控对象(105)待测点的待测信息转换成模拟信号 $a(k)$，经过变送器(102)转换成标准化的待测信号 $r(k)$；变送器(102)将变送结果 $r(k)$ 传给控制器(103)；控制器(103)通过控制总线(110)将 $r(k)$ 传给主工作站(120)。

步骤 4：误差计算。

主工作站(120)中，令 $r(k)=TR$，按照式(4-5)计算当前误差 $e(k)$。

$$e(k) = r(k) - y(k) \tag{4-5}$$

步骤 5：误差变化率计算。

主工作站(120)中，按照式(4-6)计算当前误差变化率 $ec(k)$。

$$ec(k) = e(k) - e(k-1) \tag{4-6}$$

步骤 6：在线整定优化。

主工作站(120)中，根据式(4-1)计算 $A_X(e(k),ec(k))$；接下来，按照

式(4-2)计算控制参数 $K_X(k)$;最后,按照式(4-7)至式(4-9),对本周期计算结果进行保存。

$$e(k-2)=e(k-1) \tag{4-7}$$

$$e(k-1)=e(k) \tag{4-8}$$

$$u(k-1)=u(k) \tag{4-9}$$

通过控制总线(110)将 $K_X(k)$ 传给控制器(103)。

步骤 7:计算控制量。

控制器(103)按照式(4-3)和式(4-4)计算控制量 $u(k)$ 。

步骤 8:被控对象运行。

$u(k)$ 通过控制总线(110)从主工作站(120)传回控制器(103);控制器(103)将 $u(k)$ 输出给执行单元(104);执行单元(104)根据控制量 $u(k)$ 产生相应的模拟量 $U(k)$,作用在被控对象(105)上;被控对象(105)在 $U(k)$ 做出响应,得到控制系统输出值 $y(k)$ 。

按照式(4-10),当前时刻自增 1 个采样周期。

$$k=k+1 \tag{4-10}$$

跳转到步骤 3,重复步骤 3 至步骤 8。

实施例

下面以采用了专家模糊增量式自适应的参数在线整定优化方法的石油化工 60 路温控生产线系统为例,在详细描述系统硬件连接关系和实施过程后,通过实际演算说明本发明提出的专家模糊增量式自适应的参数在线整定优化方法在其他领域应用时的具体实施过程,以便加深读者对本发明内容的理解。

采用了专家模糊增量式自适应的参数在线整定优化方法的石油化工 60 路温控生产线系统的实施方案如下。

采用了专家模糊增量式自适应的参数在线整定优化方法的石油化工 60 路温控生产线系统由控制单元(100)、控制总线(110)、主工作站(120)三个部分组成。其中,主工作站(120)使用一台服务器(计算机),控制总线(110)采用 RS485 总线,共有 15 个控制单元(100)。每个控制单元(100)的通讯接口与控制总线(110)相连接,主工作站(120)的通讯接口也与控制总线(110)相连接,主工作站(120)通过控制总线(110)与 15 个控制单元(100)进行通讯。

每个控制单元由 4 个传感器(101)、2 个变送器(102)、1 个控制器(103)、4 个执行单元(104)和 4 个被控对象(105)构成。其中,1 个变送器(102)接 2 个传感器(101),1 个控制器(103)接 2 个变送器(102)。

传感器(101)选用 Pt100 温度传感器,采用三线制传感器接法,以克服传输距离过长导致的传感器信号衰减。传感器(101)的感应端与被控对象(105)的待测点连接,将待测点的待测信息转换成模拟信号。

被控对象(105)为加热炉,加热炉的内部是一根盘旋的电阻丝,当加热炉的输入加上 0~220 V 的驱动电压时,电阻丝将电能转化成热能,实现对炉子内部的加热。通过 Pt100 温度传感器采集炉体内温度,产生相应的电阻值。

变送器(102)选用型号为 YUDIAN-AI-7021 的 Pt100 温度变送器,参见图 4-3。Pt100 温度变送器的两个传感器接入端采用三线制的方式接入两只 Pt100 温度传感器,Pt100 温度变送器的两个传感器的两个标准传感器信号输出端分别与控制器(103)的标准传感器信号输入端相连接。Pt100 温度变送器的电源直接接 220 V 电源。

控制器(103)选用型号为 YUDIAN-AI-7048 的 PID 控制器,参见图 4-4。PID 控制器的四个标准传感器信号输入端分别与来自两个 Pt100 温度变送器的四个标准传感器信号输出端并联 50Ω 电阻后相连。Pt100 温度变送器输出 4~20 mA 标准传感器电流信号,通过并联 50Ω 电阻,将信号转换为 200 mV~1 V 的 PID 控制器标准电压输入信号。PID 控制器的四个控制输出端分别接到执行单元(104)中控制执行装置的控制量输入端。

执行单元(104)由主回路保护装置、被控对象异常保护装置、控制执行装置、主回路监控装置和被控对象(负载)接入装置五部分组成,这五部分依次串联构成主回路。

主回路保护装置选用空气开关,被控对象异常保护装置选用过温保护模块与继电器,控制执行装置选用固态继电器,主回路监控装置选用电流互感器,被控对象(负载)接入装置选用强电接线端子。

空气开关的输入端 1、输入端 2 分别接在主回路的火线和零线,输出端 3、输出端 4 分别为后级电路的火线和零线,作用是当回路中电流过大时切断主回路,保护其他装置。过温保护模块和继电器串联共同构成过温保护电路,过温保护模块的输入端 1、输入端 2 分别与火线和零线连接用于给过温保护模块供电;过温保护模块的输出端 3 和继电器的输入端 2 与零线相连,构成参考零点;过温保护模块的输出端 4 与继电器的输入端 1 相连,实现过温保护模块对继电器的开关控制;过温保护模块的输入端 9、输入端 11 连接来自被控对象的温度传感器,当温度超过设定值时,其输出端 3 和输出端 4 输出关断信号;继电器的输出端 3、输出端 4 串联在火线上,根据过温保护模块的输出对主回路进行通断控制。固态继电器的控制量输入端"+"、输入端"-"与控制器(103)的控制量输出相连接,实现控制器通过 PWM 通断的形式对主回路的控制。主回路传入电流互感器的原边,电流互感器的副边与发光二极管相连,实现对主回路通断的监控。强电接线端子串联在主回路中,实现将被控对象(105)接入执行单元(104)。

专家模糊增量式自适应的参数在线整定优化方法由系统配置、系统初始化、输入输出采样、误差计算、误差变化率计算、在线整定优化、计算控制量和被控对象运行八个步骤构成。这八个步骤的关系是:在系统运行前首先进行系统配置,配置系统中将要用到的参数和公式。然后进行系统初始化,将参与计算的变量赋值或清零。接下来循环执行下列步骤,每执行一个循环即完成了一个控制周期:输入输出采样,得到当前时刻的输出 $y(k)$;误差计算,根据系统配置的 $r(k)$ 和采样得到的 $y(k)$ 计算出当前误差 $e(k)$;误差变化率计算,根据当前误差 $e(k)$ 计算出误差变化率 $ec(k)$;在线整定优化,根据当前误差 $e(k)$ 和误差变化率 $ec(k)$ 整定优化计算出新的控制参数 $K_X(k)$;计算控制量,根据当前误差 $e(k)$ 、误差变化率 $ec(k)$ 和新的控制参数 $K_X(k)$ 计算出新的控制量 $u(k)$;被控对象运行,根据控制量 $u(k)$ 产生相应的模拟量 $U(k)$,作用在被控对象上,得到控制系统新的输出 $y(k+1)$ 。至此完成了一个控制周期,令 $k=k+1$,重复步骤输入输出采样至被控对象运行。本实例中,专家模糊增量式自适应的参数在线整定优化方法应用对象是对经典 PID 控制,即专家模糊增量式自适应的 PID 参数在线整定优化方法,下文提到的 X 参数指的是 K_p 、K_i 、K_d 三个参数。详细步骤如下。

步骤 1:系统配置。在系统启动运行前,主工作站(120)通过控制总线(110)对控制器(103)进行参数配置,参数配置也可以通过控制器(103)的键盘和显示装置进行,系统配置只需进行一次,配制好的参数保存在控制器(103)的存储器里,下次运行时可以直接读取,也可以修改参数配置。

配置控制目标值:$TR=200(℃)$。

配置控制参数初始值:

$$\begin{cases} K0_p = 1 \\ K0_i = 0.1 \\ K0_d = 0 \end{cases}$$

配置专家模糊增量式自适应的参数在线整定优化规则公式,如式(4-11)至式(4-13)所示。

$$A_{K_p}(e(k),ec(k))=\begin{cases}1, & when \quad |e(k)|\geqslant E_{high} \quad and \quad |ec(k)|\geqslant EC_{high}\\ 1.002, & when \quad |e(k)|\geqslant E_{high} \quad and \quad EC_{low}\leqslant |ec(k)|<EC_{high}\\ 1.004, & when \quad |e(k)|\geqslant E_{high} \quad and \quad 0\leqslant |ec(k)|<EC_{low}\\ 0.998, & when \quad E_{low}\leqslant |e(k)|<E_{high} \quad and \quad |ec(k)|\geqslant EC_{high}\\ 1, & when \quad E_{low}\leqslant |e(k)|<E_{high} \quad and \quad EC_{low}\leqslant |ec(k)|<EC_{high}\\ 1.002, & when \quad E_{low}\leqslant |e(k)|<E_{high} \quad and \quad 0\leqslant |ec(k)|<EC_{low}\\ 0.998, & when \quad 0\leqslant |e(k)|<E_{low} \quad and \quad |ec(k)|\geqslant EC_{high}\\ 1, & when \quad 0\leqslant |e(k)|<E_{low} \quad and \quad EC_{low}\leqslant |ec(k)|<EC_{high}\\ 1, & when \quad 0\leqslant |e(k)|<E_{low} \quad and \quad 0\leqslant |ec(k)|<EC_{low}\end{cases} \tag{4-11}$$

$$A_{K_i}(e(k),ec(k))=\begin{cases}1.002, & when \quad |e(k)|\geqslant E_{high} \quad and \quad |ec(k)|\geqslant EC_{high}\\ 1.002, & when \quad |e(k)|\geqslant E_{high} \quad and \quad EC_{low}\leqslant |ec(k)|<EC_{high}\\ 1.002, & when \quad |e(k)|\geqslant E_{high} \quad and \quad 0\leqslant |ec(k)|<EC_{low}\\ 1, & when \quad E_{low}\leqslant |e(k)|<E_{high} \quad and \quad |ec(k)|\geqslant EC_{high}\\ 1, & when \quad E_{low}\leqslant |e(k)|<E_{high} \quad and \quad EC_{low}\leqslant |ec(k)|<EC_{high}\\ 1, & when \quad E_{low}\leqslant |e(k)|<E_{high} \quad and \quad 0\leqslant |ec(k)|<EC_{low}\\ 0.998, & when \quad 0\leqslant |e(k)|<E_{low} \quad and \quad |ec(k)|\geqslant EC_{high}\\ 0.998, & when \quad 0\leqslant |e(k)|<E_{low} \quad and \quad EC_{low}\leqslant |ec(k)|<EC_{high}\\ 0.998, & when \quad 0\leqslant |e(k)|<E_{low} \quad and \quad 0\leqslant |ec(k)|<EC_{low}\end{cases} \tag{4-12}$$

$$A_{K_d}(e(k),ec(k))=\begin{cases}1.002, & when \quad |e(k)|\geqslant E_{high} \quad and \quad |ec(k)|\geqslant EC_{high}\\ 1, & when \quad |e(k)|\geqslant E_{high} \quad and \quad EC_{low}\leqslant |ec(k)|<EC_{high}\\ 0.998, & when \quad |e(k)|\geqslant E_{high} \quad and \quad 0\leqslant |ec(k)|<EC_{low}\\ 1.002, & when \quad E_{low}\leqslant |e(k)|<E_{high} \quad and \quad |ec(k)|\geqslant EC_{high}\\ 1, & when \quad E_{low}\leqslant |e(k)|<E_{high} \quad and \quad EC_{low}\leqslant |ec(k)|<EC_{high}\\ 0.998, & when \quad E_{low}\leqslant |e(k)|<E_{high} \quad and \quad 0\leqslant |ec(k)|<EC_{low}\\ 1.002, & when \quad 0\leqslant |e(k)|<E_{low} \quad and \quad |ec(k)|\geqslant EC_{high}\\ 1, & when \quad 0\leqslant |e(k)|<E_{low} \quad and \quad EC_{low}\leqslant |ec(k)|<EC_{high}\\ 1, & when \quad 0\leqslant |e(k)|<E_{low} \quad and \quad 0\leqslant |ec(k)|<EC_{low}\end{cases} \tag{4-13}$$

令:

$E_{high}=0.5$

$E_{low}=0.2$

$EC_{high}=0.002$

$EC_{low}=0.001$

其中，$A_X(e(k),ec(k))$ 表示 X 参数的值根据当前误差 $e(k)$ 和误差变化率 $ec(k)$ 所决定的修正量；X 表示参数的编号或含义；$e(k)$ 表示当前时刻 k 采集值 $y(k)$ 与目标值 $r(k)$ 的误差；E_{high}、E_{low} 分别表示划分当前误差 $e(k)$ 和误差变化率 $ec(k)$ 的组合状态的边界值。

配置参数整定优化公式 $K_X(k) = F(K0_X, K_X(k-1), A_X(e(k), ec(k)))$，其中 k 表示当前时刻，$k-1$ 表示上一个整定优化周期的采样时刻，$K_X(k-1)$ 表示 X 参数在本次整定优化前的值。专家模糊增量式自适应的参数在线整定优化方法中，参数整定优化公式如式(4-14)至式(4-16)所示。

$$K_p(k) = K_p(k-1) \cdot A_{K_p}(e(k), ec(k)) \tag{4-14}$$

$$K_i(k) = K_i(k-1) \cdot A_{K_i}(e(k), ec(k)) \tag{4-15}$$

$$K_d(k) = K_d(k-1) \cdot A_{K_d}(e(k), ec(k)) \tag{4-16}$$

配置控制输出公式 $u(k) = G(u(k-1), K_X(k))$，其中，$u(k)$ 表示当前整定周期（第 k 个整定周期）的控制输出，$u(k-1)$ 表示前一个整定周期（第 $k-1$ 个整定周期）的控制输出。专家模糊增量式自适应的参数在线整定优化方法中，控制输出公式为

$$u(k) = u(k-1) + \Delta u(k) \tag{4-17}$$

其中，$\Delta u(k)$ 为控制量的增量，其计算公式为：

$$\Delta u(k) = k_P(e(k) - e(k-1)) + k_i \cdot e(k) + k_d \cdot (e(k) - 2 \cdot e(k-1) + e(k-2)) \tag{4-18}$$

其中，$e(k)$ 表示当前整定周期（第 k 个整定周期）的误差，$e(k-1)$ 表示上一个整定周期（第 $k-1$ 个整定周期）的误差，$e(k-2)$ 表示第 $k-2$ 个整定周期的误差。

步骤 2：系统初始化。

令 $k = 0$；

令 $e(-1) = 0$，$e(-2) = 0$；

令 $u(0) = 0$，$u(-1) = 0$；

令 $K_p(k) = K0_p$，$K_i(k) = K0_i$，$K_d(k) = K0_d$。

步骤 3：输入输出采样。

传感器（101）将被控对象（105）待测点的待测信息转换成模拟信号 $a(k)$，经过变送器（102）转换成标准化的待测信号 $r(k)$；变送器（102）将变送结果 $r(k)$ 传给控制器（103）；控制器（103）通过控制总线（110）将 $r(k)$ 传给主工作站（120）进行处理。

步骤 4：误差计算。

令 $r(k) = TR$，按照式（4-19）计算当前误差 $e(k)$。

$$e(k) = r(k) - y(k) \tag{4-19}$$

步骤 5:误差变化率计算。

按照式(4-20)计算当前误差变化率 $ec(k)$ 。

$$ec(k) = e(k) - e(k-1) \tag{4-20}$$

步骤 6:在线整定优化。

根据式(4-11)至式(4-13)计算 $A_X(e(k), ec(k))$;接下来,按照式(4-14)至式(4-16)计算控制参数 $K_p(k)$, $K_i(k)$, $K_d(k)$;最后,按照式(4-21)至式(4-23),对本周期计算结果进行保存。

$$e(k-2) = e(k-1) \tag{4-21}$$

$$e(k-1) = e(k) \tag{4-22}$$

$$u(k-1) = u(k) \tag{4-23}$$

步骤 7:计算控制量。

按照式(4-17)和式(4-18)计算控制量 $u(k)$ 。

步骤 8:被控对象运行。

$u(k)$ 通过控制总线(110)从主工作站(120)传回控制器(103);控制器(103)将 $u(k)$ 输出给执行单元(104);执行单元(104)根据控制量 $u(k)$ 产生相应的模拟量 $U(k)$,作用在被控对象(105)上;被控对象(105)在 $U(k)$ 做出响应,得到控制系统输出值 $y(k)$ 。

按照式(4-24),当前时刻自增 1 个采样周期。

$$k = k + 1 \tag{4-24}$$

跳转到步骤 3,重复步骤 3 至步骤 8。

5 基于情感监护与实时互动的身临其境教学方法与系统

5.1 引言

目前,全球计算机编程教育普及度相当高,中国创新创业教育蓬勃发展,其中,减少教师重复工作量、提高学生兴趣成为提高教学质量和效率的关键。本发明提供一种基于情感监护与实时互动的身临其境教学方法与系统,可以应用到备课、授课等领域。本案例的创新特色是:本发明基于高校编程教学的真实需求创建,打破了教师与学生间的沟通壁垒,提出了新一代针对编程教学的、学生端和教师端实时交互反馈的教学方法与系统。本案例的创业特点是:目前教育领域存在教师精力不足、学生上课兴趣不高、教师与学生之间缺乏沟通反馈的问题。本发明直击痛点,推动各大高校解决上述问题,提高教学质量和效率。本案例的课程思政元素是:实现中国教育的突破,我们不光要转变教育理念,还要运用科学的教育手段,调整教育模式,提高学生学习的自主性。本发明通过提供上述有效可靠的方法与系统,为中国教育教学方法的完善提供新思路。

5.2 技术领域

本发明涉及一种基于情感监护与实时互动的身临其境的教学方法与系统,可以应用到备课、授课等领域。

5.3 背景技术

在创新创业蓬勃发展、计算机编程教育普及的当今,编程类课程的备课教学明显占用教师大量的时间与精力。课程签到等事务性工作占用了大量的上课时间,上机课大多数学生需要老师的单独辅导,个体指导工作量繁重;课程期末需要教师出题阅卷,一份完美的试卷需要花费大量的工作时间,批改卷子工作量更是繁重。

大多数学生上课只关心该课程最后的所得分数以及该课程是否对自己未来就业有直接的帮助，故学生上完课后不知所学课程的实用性在哪里，对自我感觉不实用的内容不感兴趣；编程教学理论与实操分开进行，学生上课注意力不集中、不听讲现象时有发生，导致学生在理论课程部分听不懂，实操时无法完成既定目标，无法获得成就感，因此对课程失去兴趣，对自己失去信心，形成恶性循环。

教师与学生之间缺乏沟通反馈机制。在教师给学生上课过程中，学生没有就教师讲得不明白的课程内容提供反馈信息，从而导致学生边听课边走神直至放弃；教师缺乏对学生情绪的监控，无法及时地针对学生情况调整教学模式。

现今的教学模式有两种，一是以传统的手段授课，教师在讲台前讲课，学生在下面听课，此种教学方式最大的问题是容易导致学生厌学；二是以慕课等为主的网络课程，此种教学模式课程没有规范模式，学生上课没有统一的学分认定，学生线下学习缺乏自主性，学习过程容易因缺乏自制力而失控，教师无法做到统一管理。

基于以上问题以及高校编程教学的真实需求，我们提出了新一代针对编程教学的学生端同步显示教师端内容，实时交互反馈，教师能够监控学生情绪的基于情感监护与实时互动的身临其境的教学方法与系统。

5.4 发明内容

本发明的目的在于克服现有编程教学模式的上述缺陷并满足监控学生情绪的需求，提供一种超前的基于情感监护与实时互动的身临其境的教学方法与系统。

具体来说，本发明的目的之一是解决教师精力不足问题，实现新课备课、跟随授课、实境自学，以解决高校编程教学目前存在的理论与实践脱节、编程实践缺失、编程能力难以评价等问题，大幅度降低教师的工作量。

本发明的目的之二是提高学生上课的兴趣度，使学生上课能够听懂会用，帮助学生建立学习的成就感与自信心。基于情感监护与实时互动的身临其境教学方法与系统通过自带编程实践环境，为学生打造全新的实境编程学习体验。重点增加交互、即时反馈等功能，学生可以在具有双向互动特性的教学系统上进行二次编辑代码，实现即学即练，使学生熟练掌握编程知识与技巧从而增强学习的自信心与成就感。

本发明的目的之三是实现教师与学生之间的沟通反馈，帮助教师监控学生在学习期间的情绪变化。学生可以随时向老师提出问题，教师可以随时对学生的情绪进行分析,从而解决了教师授课中无法了解学生学习状况与情绪状况的问题,并能够针对学生情况及时调整授课进度与模式,改善教学效果。

为了实现上述目的,本发明采取了如下技术方案。

基于情感监护与实时互动的身临其境教学系统包括教师端(1)、学生端(2)、网络层(3)、服务层(4)和核心层(5)。教师端(1)、学生端(2)、网络层(3)、服务层(4)和核心层(5)顺次进行连接交互。

教师端(1)包括教师个人电脑(1.1)和全境编程模块教师端(1.2)。教师个人电脑(1.1)通过访问服务器网址打开全境编程模块教师端(1.2)。

学生端(2)包括内网接入设备(2.1)、教师机(2.2)、投影屏幕阵列(2.3)、学生机阵列(2.4)和全境编程模块学生端(2.5)。教师端(1)的教师个人电脑(1.1)通过内网接入设备(2.1)与教师机(2.2)、学生机阵列(2.4)相连接;教师机(2.2)接收来自教师端(1)的数据,并将数据传递给投影屏幕阵列(2.3);学生机阵列(2.4)通过访问服务器网址打开全境编程模块学生端(2.5)。

网络层(3)包括外网接入设备(3.1)和外网(3.2)。学生端(2)的内网接入设备(2.1)通过外网接入设备(3.1)与外网(3.2)相连接。

服务层(4)包括数据服务器(4.1)、内网接入设备(4.2)、应用服务器(4.3)和全境编程模块管理端(4.4)。网络层(3)的外网接入设备(3.1)通过外网(3.2)与内网接入设备(4.2)相连接;内网接入设备(4.2)与数据服务器(4.1)、应用服务器(4.3)相连接;应用服务器(4.3)通过访问网址打开全境编程模块管理端(4.4)。

核心层(5)包括大数据服务器(5.1)、编译服务器(5.2)、查重服务器(5.3)和情感分析服务器(5.4)。服务层(4)的内网接入设备(4.2)分别与大数据服务器(5.1)、编译服务器(5.2)、查重服务器(5.3)和情感分析服务器(5.4)相连接。

基于情感监护与实时互动的身临其境教学方法,是按照以下步骤实现的。

步骤1:系统开始后,用户登录,系统根据用户登录信息进行角色判断。

步骤2:用户角色为管理员,全境编程模块管理端启动,管理员选择管理教师、教室、课程、教案、视频,对所选内容进行增删改查,系统进行结束判断,如果不结束,进入步骤1中的角色判断,否则结束。

步骤3:用户角色为教师,全境编程模块教师端启动,用户选择教室,进入教师端,进行服务选择:如进行备课,选择课程,读取大数据服务器看视频,读写教案,备课结束后,进行结束判断,如果不结束,进入步骤3的服务选择,否则结束;如与学生进行互动,发起互动(签到提问),学生签到或进行提问,教师查看对话,对内容进行情感分析,将分析结果可视化,互动结束后,进行结束判断,如果不结束,进入步骤 3 的服务选择,否则结束;如对学生进行考查,教师发起考察,抽查作答,将学生作答结果提交编译服务器运行,根据文本相似度算法,提交查重服务器打分,考察结束后,进行结束判断,如果不结束,进入步骤 3 的服务选择,否则结束;如进行实境授课,教师输入内容(送缓存),对教室机多线投屏,将输入代码提交编译服务器运行,返回运行结果后,教室机多线投屏,授课结束后,进行结束判断,如果不结束,进入步骤 3 的服务选择,否则结束。

步骤 4:用户角色为学生,选择教室,全境编程模块学生端启动,进行步骤 3 的服务选择:实境授课时,学生获取内容(读缓存),看投影和接收投屏,跟随学习;实际操作实践时,学生输入内容,将内容提交编译服务器运行,返回运行结果;授课结束后,进行结束判断,如果不结束,进入学生端启动,否则结束;发起互动(签到提问)时,学生进行课堂签到,提出问题,查看对话,互动结束后,进行结束判断,如果不结束,进入学生端启动,否则结束;学生被抽查作答时,作答考察,将作答结果提交编译服务器运行,学生对编译结果进行判断,如果编译结果符合预期,作答结束,否则可返回,作答结束后,进行结束判断,如果不结束,进入学生端启动,否则结束。

利用所述的系统进行的基于卷积神经网络文本分析的情感分析方法,是按照以下步骤实现的。

步骤 1:应用程序服务器。利用 tcp 协议调用情感分析服务器后进入步骤 2. 1。该步骤的作用是采集终端评论数据,发送给情感分析服务器进行数据处理,待测样本数据集命名为 x_sample(i,j),训练建模数据集命名为 x_model(i,j),其中,i 表示样本序号,j 表述第 i 个样本各属性的索引值。例如,当 $i = N$ 时,$j = 1$ 表示第 N 个样本的微博评论,$j = 2$ 表示第 N 个样本的标签(隶属的类别)。

步骤 2:应用服务器接收到各数据 $x(i,j)$ 后进行处理。该步骤的作用是采用文本到向量映射算法,如公式 $y(i,m) = \text{Fw2v}(x(i,j))$,把终端评论样本由文字类型的数据转换成指定维数 n 的向量类型的数据。该步骤指定输出为 $y(i,m)$,$m = 1,2,3\cdots,n$,i 表示样本序号,m 表示第 i 个样本维度的索引值。例如,当 $i = N$ 时,$m = 1$ 表示第 N 个样本的第 1 维向量值大小 。步骤 2 由 5 个步骤组成。

步骤 2. 1:智能终端收到递交后的数据 x_model(i,j) 进行数据预处理,消除数据中不需要的字符,转步骤 2. 2。

步骤 2. 2:收到经过预处理后的数据进行格式规范,使之满足 Fw2v 函数的输入要求,把转换格式后的数据输入函数模型 Fw2v 中,转步骤 2. 3。

步骤 2. 3:收到递交后的数据进行词向量转化的建模,把模型 Fw2v 保存,保存 x_model(i,j) 转换后的数据 y_model (i,m);进行训练集和测试集的切分,把切分后的数据命名为：X_train(i,m)、Y_train(i,o)、X_test(k,m)、Y_test(k,o)，并保存，X_train 与 X_test 数据集代表训练数据和测试数据，Y_train 与 Y_test 代表训练数据标签与测试数据标签，i 与 k 代表样本序号，m 代表样本维度索引值，o 代表输出维度。例如，X_train(1,1) 代表测试数据第一个样本的第一个维度值，Y_train(1,1) 代表测试数据第一个样本的标签值。

步骤 2.4：智能终端再次读入终端评论最新样本 x_sample(i,j)，转步骤 2.1，从步骤 2.1 输出的数据转步骤 2.2，转步骤 2.5，步骤 2.1、步骤 2.2、步骤 2.3 中的数据皆为 x_sample(i,j)。

步骤 2.5：读入步骤 2.3 中保存的模型 Fw2v，利用该模型计算出新样本的向量化后的数据 y_sample(i,m)，转步骤 3.1。

步骤 3：利用步骤 2 中的输出数据 X_train(i,m)、Y_train(i,o)、X_test(k,m)、Y_test(k,o) 作为神经网络的输入数据，训练集训练网络模型，测试集测试精度，并利用训练好的模型对待测数据 y_sample(i,m) 进行处理。步骤 3 由 3 个步骤组成。

步骤 3.1：读入步骤 2 中的输出数据，初始化参数；用 X_train(i,m)、Y_train(i,o) 数据进行神经网络 X_NET 的训练，保存 X_NET 模型参数，转步骤 3.2。

步骤 3.2：把测试数据 X_test(k,m)、Y_test(k,o) 作为步骤 3.1 中模型的输入，如果计算结果达到要求，转步骤 3.3；未达到，则转步骤 3.1。

步骤 3.3：把待测数据 y_sample(i,m) 作为输入，计算每个样本数据所属的标签。

所述的文本相似度算法，属于自然语言处理领域公知算法，按照以下步骤实现。

步骤 1：查重服务器端的预设答案文本，作为已知文本；查重服务器接收到学生端提交的文本，作为待测文本，转到步骤 2。

步骤 2：查重服务器端接收到的数据后进行处理。该步骤的作用是将数据处理成方便后续计算文本相似度的格式，采用标点分句方法对文本进行分句处理，采用空格分词方法对文本进行分词处理，采用文本到稀疏向量映射算法得到规范化的词向量。分句/分词方法如 result(index) = text. split(sep)，index = 0，1，2…，n，该步骤把输入文本 text 转换成以分隔符 sep 切分的句子/词语列表，text 表示待处理文本，split( ) 方法通过指定分隔符对字符串进行切片，分隔符 sep 是标点或者空格等字符，result(index) 表示文本分隔处理结果(句子/分词列表)，index 表示分隔后每个句子或者词语的索引值。例如，当进行分句处理时，若 sep = ‘，’，则 index = 1 表示文本 text 以逗号分隔后的第 1 个句子；当进行分词处理时，若 sep = ‘ ’，则 index = 1 表示文本 text 以空格分隔后的第一个词语。文本到稀疏向量映射方法如公式 $Y(k,) = \text{Doc2bow}(X(k,))$，把已知文本与待测文本由文字类型的数据转换成稀疏向量类型的数据，该步骤输出为 $Y(k,v)$，$v = 1, 2, 3\cdots, n$，k 表示分词后的索引，v 表示第 k 个分词在文本中出现的频次。例如，当 $k = N$ 时，$v = 1$ 表示第 N 个词语在文本中出现过 1 次。$Y(k,)$ 表示处理后得到的稀疏向量。

步骤 2 由以下 6 个步骤组成。

步骤 2. 1：查重服务器对预设答案文本 text 进行数据预处理，用 split( ) 方法消除数据中不需要的字符，如标点、空格，并将文本切分成单个词语存放在列表 texts 中，转步骤 2. 2。

步骤 2. 2：基于步骤 2. 1 中产生的分词列表 texts，使用 Python 自然语言处理 gensim 库的 corpora. Dictionary(texts) 方法生成语料库字典 dictionary，字典是所有文本中所有词语的集合，而且记录了各词出现的次数等信息，转步骤 2. 3。

步骤 2. 3：将步骤 2. 2 中生成的词典 dictionary 通过 doc2bow( ) 方法把文本转化为稀疏向量，得到新的语料库 corpus，转步骤 2. 4。

步骤 2. 4：查重服务器端接收到学生端递交的待测文本 test 并对其进行数据预处理，转步骤 2. 1，从步骤 2. 1 输出的数据转步骤 2. 2、步骤 2. 3，得到待测文本的稀疏向量表示 test_vector，转步骤 2. 5。

步骤 2. 5：使用步骤 2. 3 生成的语料库 corpus 训练 TF-IDF 模型。TF-IDF 是一种统计方法，用以评估一个词对于一个文件集或一个语料库中的一份文件的重要程度。使用 gensim 库中的 models 对象调用 TfidfModel( ) 方法训练后得到 tfidf 模型，即 tfidf = models. TfidfModel(corpus)，转步骤 2. 6。

步骤 2. 6：将语料库 corpus 通过步骤 2. 5 训练得到的 tfidf 模型转换成 TF-IDF 模型所表示的向量，即 tfidf[corpus]，转步骤 3。

步骤 3：使用稀疏矩阵相似度方法计算已知文本和待测文本的相似度。采用 gensim 库 similarities 的 SparseMatrixSimilarity( ) 方法计算稀疏矩阵相似度从而建立索引，即：

index = similarities. SparseMatrixSimilarity (tfidf [corpus] , num _ features = len (dictionary. keys( )))

num_features 为步骤 2. 2 所生成的字典的特征数；将待测文本代入得到最终的相似度结果，计算得 similarity = index[tfidf[test_vector]]，tfidf[test_vector] 为待测文本的 TF-IDF 模型的向量表示。计算所得到的相似度 similarity 为 0~1

之间的数，越接近1表示两者越相似。

与现有技术相比，本发明具有如下优势。

(1)基于情感监护与实时互动的身临其境教学方法与系统具有新课备课、跟随授课、学生端同步显示教师端代码、实境自学作业考试等功能，可以帮助教师完成课程事务性工作，大幅降低教师工作量。

(2)对于编程类教学，学生的兴趣度与参与感尤为重要，基于情感监护与实时互动的身临其境教学方法与系统自带的编程实践环节，给学生提供了实践平台和全新的编程学习体验。学生可以根据同步显示的教师代码即学即练，熟练掌握编程技能，进而增强学习的自信心和成就感。

(3)打破了传统的课程单向输出的惯有模式，重点增加交互、即时反馈等功能。本发明对学生的反馈进行情绪分析，从而使教师及时掌握学生情绪与学习情况。

5.5 附图说明

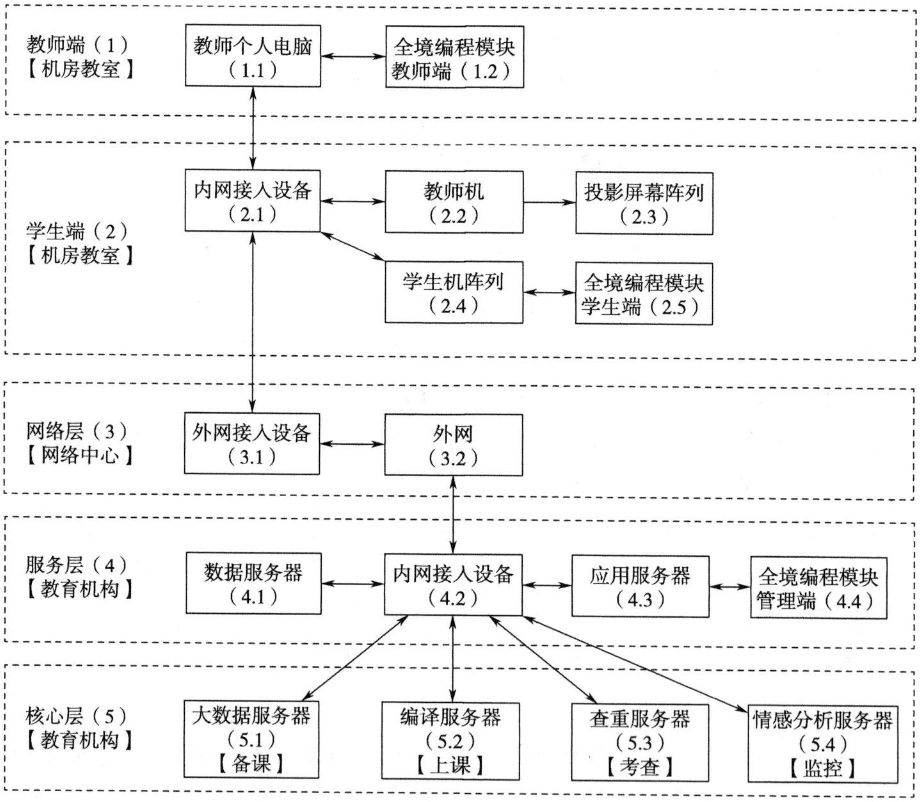

图5-1　基于情感监护与实时互动的身临其境教学系统

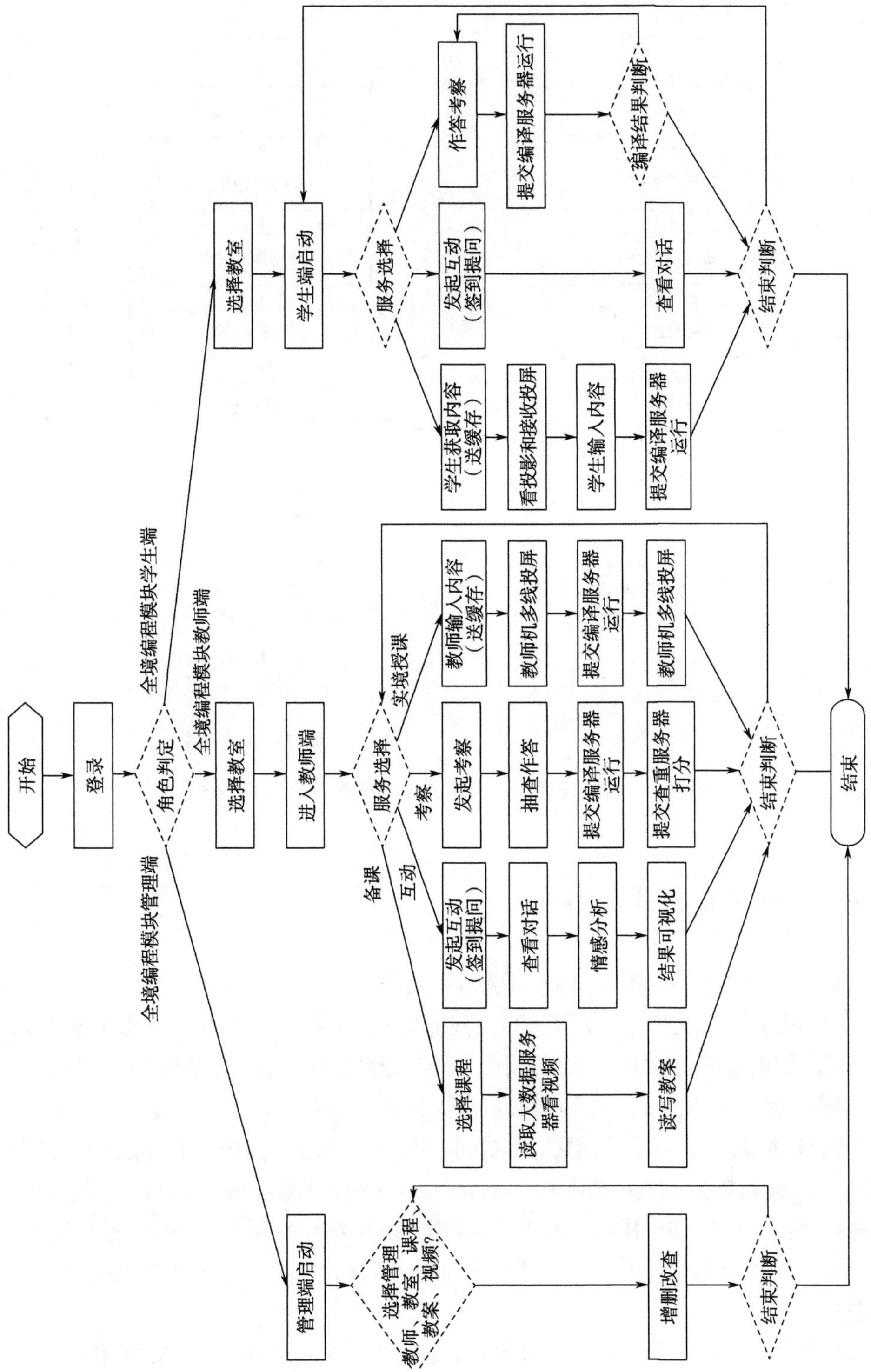

图 5-2 基于情感监护与实时互动的身临其境教学方法

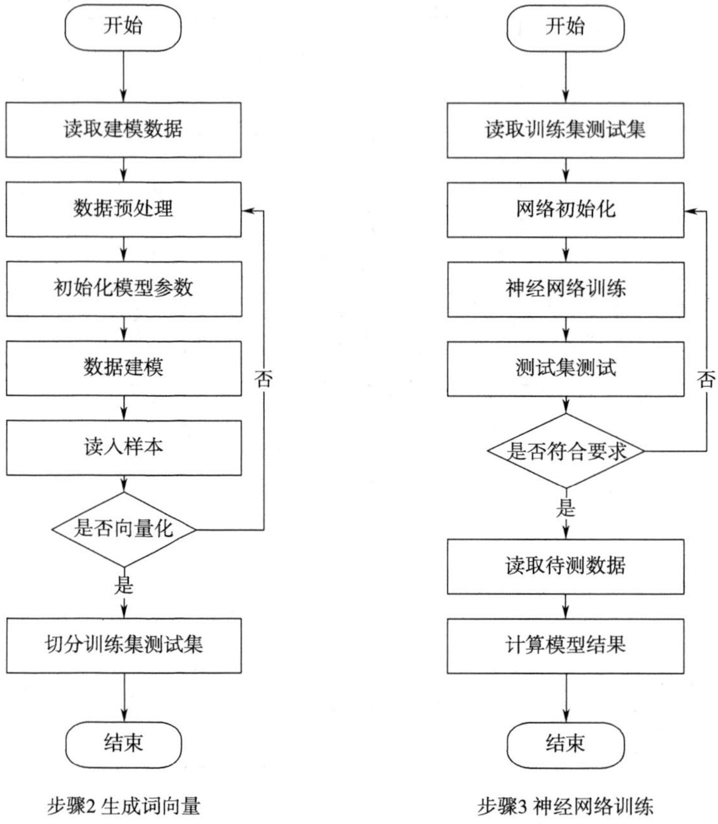

图 5-3 基于卷积神经网络文本分析的情感分析方法

5.6 具体实施方式

下面结合图 5-1～图 5-3 详细说明本实施例。

(1)基于情感监护与实时互动的身临其境教学系统实现方案。如图 5-1 所示,基于情感监护与实时互动的身临其境教学系统包括教师端(1)、学生端(2)、网络层(3)、服务层(4)和核心层(5)五个主要部分。

1)教师端(1)。本实例中选用 Apple 15 英寸 MacBookPro 作为教师个人电脑(1.1),搭载 2.2GHz 六核第八代 Intel Core i7 处理器、Radeon Pro 555X 图形处理器,配备 4GB GDDR5 显存、16GB 2400 MHz DDR4 内存、256GB 固态硬盘。

教师使用个人电脑(1.1),通过访问服务器网址进入全境编程模块教师端(1.2)。

2)学生端(2)。本实例选用锐捷(Ruijie)RG-NBS228F-E-P 交换机作为内网接入设备(1.2),配置为:接口数目为24个,传输速度为4000Mbps。

选用DELL Vostro 3670-R18N8R主机作为教师机(2.2),搭载i5-8400处理器,8G内存,128G SSD+1T硬盘,GT 1030 2GB独立显卡,DELL U2718Q显示器,装载Windows 10系统。

投影屏幕阵列(2.3)选用Optoma/奥图码X460投影仪,分辨率1024×768,4500流明亮度,俊翼120寸16∶9白玻纤投影幕布。

学生机阵列(2.4)选用60组DELL Vostro 3670-R18N8R主机作为学生机,配置为:i5-8400处理器,8G内存,128G SSD+1T硬盘,GT 1030 2GB独立显卡,DELL U2718Q显示器。学生通过打开全境编程系统登录进入全境编程模块学生端(2.5)。

教师端(1)的教师个人电脑(1.1)通过内网接入设备(2.1)与教师机(2.2)、学生机阵列(2.4)相连接。教师机(2.2)接收来自教师端(1)的数据,并将数据传递给投影屏幕阵列(2.3)。学生机阵列(2.4)通过访问服务器网址打开全境编程模块学生端(2.5)。

3)网络层(3)。本实例选用Tenda/腾达AC5型号路由器作为外网接入设备(3.1),有线传输率为百兆端口,无线传输速率为1200Mbps,网络标准为802.11b、802.11g、802.11a、802.11n、802.11ac,无线网络支持频率2.4G&5G。

外网(3.2)选用电信部门的Internet网络,传输速率为100M。

学生端(2)的内网接入设备(2.1)通过外网接入设备(3.1)与外网(3.2)相连接。

4)服务层(4)。本实例选用联想System x3650 M5型号作为数据服务器(4.1),其硬件配置为:CPU型号为Xeon E5-2650,内存类型为DDR4,内存容量为16GB,硬盘内存300G,接口类型为SAS,操作系统搭载Windows Server 2008 R2,预装软件为Windows server 2008,asp.net4.6,sql server 2014,iis8.0。

本实例选用锐捷(Ruijie)RG-NBS228F-E-P交换机作为内网接入设备(4.2),接口数目为24个,传输速度为4000Mbps。

选用联想System x3650 M5型号作为应用服务器(4.3),其硬件配置为:CPU型号为Xeon E5-2650,内存类型为DDR4,内存容量为16GB,硬盘内存300G,接口类型为SAS,操作系统搭载Windows Server 2008 R2,预装软件为Windows server 2008,asp.net4.6,sql server 2014,iis8.0。

内网接入设备(4.2)与数据服务器(4.1)、应用服务器(4.3)相连接;应用服务器(4.3)通过访问网址打开全境编程模块管理端(4.4)。

5)核心层(5)。核心层(5)包括大数据服务器(5.1)、编译服务器(5.2)、查重服务器(5.3)和情感分析服务器(5.4)。

选用联想 System x3650 M5 型号作为大数据服务器(5.1),其硬件配置为:CPU 型号为 Xeon E5-2650,内存类型为 DDR4,内存容量为 16GB,硬盘内存为 300G,接口类型为 SAS,操作系统搭载 Windows Server 2008 R2,预装软件为 Windows server 2008,asp.net4.6,sql server 2014,iis8.0。

选用联想 System x3850 X6 型号作为编译服务器(5.2),其硬件配置为:CPU 型号为 Xeon E7-4809 v2,内存类型为 DDR3,内存容量为 32GB,最大内存容量为 1536GB,硬盘接口类型为 SAS,最大硬盘容量为 8TB,操作系统搭载 Windows Server 2008,预装软件为 Windows server 2008,asp.net4.6,sql server 2014,iis8.0。

选用 DELL PowerEdge R730XD 型号作为查重服务器(5.3),其硬件配置为:CPU 型号为 Xeon E5-2603 v3,主板芯片组为 Intel C610,内存类型为 DDR4,内存容量为 4GB,最大内存容量为 768GB,硬盘接口类型为 SATA,标配硬盘容量为 1TB,操作系统搭载 Microsoft Windows HPC Server 2008,预装软件为 Windows server 2008,asp.net4.6,sql server 2014,iis8.0。

选用联想 System x3850 X6 型号作为情感分析服务器(5.4),其硬件配置为:CPU 型号为 Xeon E7-4809 v2,内存类型为 DDR3,内存容量为 32GB,最大内存容量为 1536GB,硬盘接口类型为 SAS,最大硬盘容量为 8TB,操作系统搭载 Windows Server 2008,预装软件为 Windows server 2008,asp.net4.6,sql server 2014,iis8.0。

(2)基于情感监护与实时互动的身临其境教学方法。如图 5-2 所示,基于情感监护与实时互动的身临其境教学方法是按照以下步骤实现的。

1)用户在网页上访问网址打开系统,系统开启后,用户登录,系统根据用户登录信息进行角色判断。

2)用户 admin 角色为管理员,全境编程模块管理端启动,admin 选择管理教师、教室、课程、教案、视频,对所选内容进行增删改查,系统进行结束判断,如果不结束,返回步骤 1),否则结束。

3)用户 teacher001 角色为教师,全境编程模块教师端启动,teacher001 教授 C 语言课程,选择教室,进入 C 语言课程教室,进入教师端,进行服务选择:如进行备课,选择 C 语言课程,读取大数据服务器看视频,读写教案,备课结束后,进行结束判断,如果不结束,返回步骤 3,否则结束。如与学生进行互动,课程开始时教师发起签到,学生在学生端签到,教师查看学生出席情况后开始上课;学生对课程内容进行提问,教师查看问题后进行回答,系统收集大量学生的发言内容并进行情感分析,将分析结果提供给教师,若分析结果为消极(听不懂),教师可针对听不懂的内容进行反复讲解。互动结束后,进行结束判断,如果不结束,返回步骤3,否则结束。如对学生进行考查,教师发起考查,在系统中输入题目,提交正确的编程内容和程序运行结果,预存正确,抽查作答,将学生作答结果提交编译服务器运行,提交查重服务器打分。

根据文本相似度算法,计算预设答案文本 text 与学生答案文本 test 的文本相似度,得出一个 0~1 区间的相似度,越接近 1 表示两者越相似。该算法的实施步骤如下。

步骤 1:查重服务器端的预设答案文本 text,作为已知文本;查重服务器接收到学生端提交的文本 test,作为待测文本,转到步骤 2。

步骤 2:查重服务器端接收到数据后进行处理。该步骤的作用是将数据处理成方便后续计算文本相似度的格式,采用标点分句方法对文本进行分句处理,采用空格分词方法对文本进行分词处理,采用文本到稀疏向量映射算法得到规范化的词向量。步骤 2 由 6 个步骤组成。

步骤 2. 1:使用软件 Pycharm 对预设答案文本 text 进行数据预处理,用 split()方法消除数据中不需要的字符如标点、空格,并将文本切分成单个词语存放在列表 texts 中,转步骤 2. 2。

该步骤的具体做法是:首先,定义列表 texts 存放分句后的文本;其次,用 Python 的 split()方法以标点为分隔符对预设答案文本进行分句处理,如 for t in text. split(‘;’),用 if 语句判断是否还存在其他标点,将分隔后的每一句追加(append)到定义的 texts 列表中,即 texts. append(t);最后,对分句后的文本进行分词处理,同样使用 split()方法以空格作为分隔符对前一步中得到的结果进行分词,并追加到列表 texts 中,即 texts. append(t. split(‘ ’)),最终得到分词后的数据处理结果 texts 列表。

步骤 2. 2:基于步骤 2. 1 中产生的分词列表 texts,使用 Python 自然语言处理 gensim 库的 corpora. Dictionary()方法生成语料库字典 dictionary,即 dictionary = corpora. Dictionary(texts),转步骤 2. 3。

步骤 2. 3:将步骤 2. 2 中生成的字典 dictionary 通过 doc2bow()方法把文本转化为稀疏向量,得到新的语料库 corpus,即 corpus = [dictionary. doc2bow(text) for text in texts],转步骤 2. 4。

步骤 2. 4:查重服务器端接收到学生端递交的待测文本 test 并对其进行数据预处理,转步骤 2. 1,从步骤 2. 1 输出的数据转步骤 2. 2、步骤 2. 3,得到待测文本的稀疏向量表示 test_vector,转步骤 2. 5。

步骤 2. 5:使用步骤 2. 3 生成的语料库 corpus 训练 TF-IDF 模型。TF-IDF 是一种统计方法,用以评估一个词对于一个文件集或一个语料库中的一份文件的重要程度。使用 gensim 库中的 models 对象调用 TfidfModel( )方法训练后得到 tfidf 模型,即 tfidf=models. TfidfModel(corpus),转步骤 2. 6。

步骤 2. 6:将语料库 corpus 通过步骤 2. 5 训练得到的 tfidf 模型转换成 TF-IDF 模型所表示的向量,即 tfidf[corpus],转步骤 3。

步骤 3:使用稀疏矩阵相似度方法计算已知文本和待测文本的相似度。采用 gensim 库 similarities 的 SparseMatrixSimilarity( )方法计算稀疏矩阵相似度从而建立索引,即:

index = similarities. SparseMatrixSimilarity (tfidf [corpus] , num _ features = len (dictionary. keys( )))

其中,num_features 为步骤 2. 2 所生成的字典的特征数;将待测文本代入得到最终的相似度结果,计算得 similarity = index [tfidf [test _ vector]] ,其中,tfidf [test_vector] 为待测文本的 TF-IDF 模型的向量表示。计算所得到的相似度 similarity 为 0~1 之间的数,越接近 1 表示两者越相似。

教师预设评分标准:

$$score = \begin{cases} 100, similarity = 1 \\ similarity \cdot 100, 0.5 \leqslant similarit < 1 \\ \dfrac{similarity}{0.5} \cdot 10 + 40, 0 \leqslant similarity < 0.5 \end{cases}$$

编程内容和运行结果与预存答案均一致的,给 100 分;编程内容不一致、运行结果一致的,给 100 分;运行结果不一致、程序完整的,根据编程内容与预存内容的相似度给 50~99 分,程序不完整的给 40~49 分。考察结束后,进行结束判断,如果不结束,返回步骤 3,否则结束。如教师选择进行实境授课,教师输入内容(送缓存):

```
#include <stdio. h>
int main( )
{
    /* 我的第一个 C 程序 */
    printf( "Hello, World! \n" );
    return 0;
}
```

机房投影显示内容,将输入代码提交编译服务器运行,返回运行结果:

Hello, World!

投影同步显示,授课结束后,进行结束判断,如果不结束,返回步骤 3,否则结束。

4)用户 student001 角色为学生,选择 C 语言课程教室,全境编程模块学生端启动,进行服务选择。实境授课时,学生端页面分为四小部分,左上部为接收的教师端代码,左下部为接收的教师端运行结果;右上部为学生输入代码区域,右下部为学生代码运行结果显示区域。学生获取内容(读缓存):

```
#include <stdio. h>
int main( )
{
    /* 我的第一个 C 程序 */
    printf( "Hello, World! \n" );
    return 0;
}
```

获取教师代码运行结果:

Hello, World!

学生观看投影和接收投屏,跟随学习,实际操作实践时,学生输入学习内容:

```
#include <stdio. h>
int main( )
{
    /* 我的第一个 C 程序 */
    printf( "Hello, World! \n" );
    return 0;
}
```

将内容提交编译服务器运行,返回运行结果:

Hello, World!

授课结束后,学生进行结束判断,如果不结束,返回步骤 3,否则结束。在教师发起课堂签到时,学生进行课堂签到,在听课过程中遇到问题时提出问题,查看教师回复,互动结束后,进行结束判断,如果不结束,返回步骤 3,否则结束。学生被抽查作答时,作答考察,将作答结果提交编译服务器运行,学生对编译结果进行判断,如果编译结果符合学生预期,作答结束,否则可返回继续作答。作答结束后,进行结束判断,如果不结束,返回步骤 3,否则结束。

(3)基于卷积神经网络文本分析的情感分析方法。如图 5-3 所示,基于卷积神经网络文本分析的情感分析方法是按下列步骤实现的：

步骤 1：各智能终端和外部数据源通过网络向应用服务器传输数据后进入步骤 2. 1。该步骤的作用是采集终端评论数据，发送给情感分析服务器，准备进行数据处理。

该步骤的具体做法是：首先，环境配置。本例在 Python 3. 6. 3 版本，SQL2012 版本的环境下。其次，在 Python 中 import 包 pymssql（在此之前应该在终端 cmd 下载该包），用 pymssql 中的 connect 方法，输入服务器的 IP 地址、用户名、密码、数据库名。最后，利用 cursor 方法在 Python 中生成游标，利用 execute 执行 SQL 语句，利用游标 cursor 执行 fetchall 方法保存所有数据，设样本的变量名称为 df_weibo，维数为：265 433 × 2，列名分别为 label 和 review，分别保存当前评论信息的标签和文字评论，则用 df_weibo[i,j]表示数据集，其中 $i=1,2,3\cdots$，265 433，$j=1,2$，$j=1$ 表示评论内容索引，$j=2$ 表示评论标签索引。例如，df_weibo. iloc[1,1]的内容为第二个样本的评论信息“风格 喜欢 喜欢 张”，采用 pandas 包中的 DataFrame 方法把数据 df_weibo 格式转换成数据框，维度不变。

步骤 2：应用服务器接收到数据后进行处理，产生待处理数据。该步骤的作用是把终端评论样本由文字类型的数据转换成指定维数的向量类型的数据，准备卷积神经网络的输入。步骤 2 由 5 个步骤组成。

步骤 2. 1：收到递交后的 df_weibo[i,j]数据集进行去网页标签、分词处理、去停用词、同样本词句分离，转步骤 2. 2。

该步骤的具体做法是：首先，用 Python 的 import 语句加载需要用到的包：os 输入输出包、numpy、pandas、jieba 、bs4 中的 BeautifulSoup 包；其次，用 jieba 包中的 cut 方法对 df_weibo. iloc [i,1]列即文字数据进行分词处理：引入中文停用词 stopwords（字典类型，共有 1893 对键值对），并把停用词 txt 文档中的词变为“”即 None 格式；最后，用 Python 中的 BeautifulSoup 函数去除文本中包含的 html 标签，用 split 函数初步对去除了 html 标签后的文本做词语划分，剔除在停用词之中的词语，将剔除后的词语以空格重新组合成句子，将以上步骤整合入函数 clean_Ctext()中，得出结果 df_weibo_clean[i,1] = [i,1] clean_Ctext(df_weibo[i,1])。

步骤 2. 2：收到递交的数据 df_weibo_clean[i,j]后进行样本数据的列表化，其后初始化 word2vec 模型参数，把列表化后的数据输入模型中，转步骤 2. 3。

该步骤的具体做法是：首先，用 list 中的 append 方法把每一个样本的每一个词 df_weibo_clean[i,1]，$i=1,2,\cdots,265433$ 变成列表 list 格式；其次，引入 genism 包，初始化以下参数：转换的维度 num_ features = 256、最小词频 min_ word_count = 20、参数控制训练的并行数 num_works = 4、滑动窗口 text_window = 10 以及模型的名称。

步骤 2. 3:收到递交后的数据进行 word2vec 的建模,把模型 model 保存至当前的目录下,转步骤 2. 4。

步骤 2. 4:利用 Python 再次读入终端评论最新样本 df_weibo_new[i,j],i = 1,2,…,1000,j = 1,2,从样本中提取出样本标签 df_weibo_label[i,o],i = 1,2,…,1000,o = 1。转步骤 2. 1,从步骤 2. 1 输出的数据转步骤 2. 2,转步骤 2. 5。

步骤 2. 5:Python 读入步骤 2. 3 中保存的模型 model,利用该模型计算出新样本的向量化后的数据 df_weibo_vec[i,m] = model(df_weibo_new[i,j]),其中,m 表示转换后的数据维度索引,m = 1,2,…,num_features,共有 num_features 维。进行训练集和测试集的切分,把切分后的数据存放至当前目录下,转步骤 3. 1。

该步骤的具体做法是:在 Python 中导入 sklearn 中的 train_test_split 函数,用 train_test_split 函数直接切分训练数据及其对应标签和测试数据及对应标签 x_train、x_test、y_train、y_test = train_test_split(df_weibo_vec,df_weibo_label)。

步骤 3:利用步骤 2 中的输出数据作为神经网络的输入数据,训练集训练网络模型,测试集测试精度,并利用训练好的模型对待测数据进行处理,步骤 3 由 3 个步骤组成。

步骤 3. 1:应用软件 matlab 读入步骤 2 的输出数据 x_train、x_test、y_train、y_test,初始化参数;进行神经网络的训练,保存模型参数,转步骤 3. 2。

该步骤的具体做法是:首先,利用 matlab 的 csvread 函数读入步骤 3 输出的数据,把所有数据结构变成“样本量×维数×维数”的形式,并把数据值全部映射到(0,1)。其次,定义 cnn 的基本主体结构,由输入层、卷积层(3. 2. 1)、池化层(3. 2. 2)、卷积层(3. 2. 3)和池化层(3. 2. 4)组成。其中,卷积层(3. 2. 1)的输出维度是 6,卷积核的大小是 5;池化层(3. 2. 2)的大小为 2;卷积层(3. 2. 3)的输出维度是 12,卷积核的大小是 5;池化层(3. 2. 4)的大小为 2。再次,定义学习率 0. 1,训练批次 5,训练次数 1。最后,把设定好的 cnn 结构及参数值传入 cnnsetup 函数中,再把 x_train、y_train 数据集输入 cnntrain 函数,得到训练好的模型 cnn[ ]。

步骤 3. 2:把测试数据 x_test、y_ test 作为步骤 3. 1 中模型的输入,计算出最小均方误差 MSE 和误差率 error。如果达到要求,转步骤 3. 3;未达到,则转步骤 3. 1。

该步骤的具体做法是:首先,验证集数据输入至步骤 3. 1 保存的模型中,用 cnnff 函数计算出每一类对应的结果(概率)y = cnnff(cnn,x_test);其次,取最大概率对应的类别 y 作为最终结果;最后,把计算出的类别 y 与原类别 y_test 进行比较,得出计算错误的概率 error 和最小均方误差 MSE,如果达到界定值 0. 10 与 0. 05,则转步骤 3. 3,否则转步骤 3. 1 调整 cnn[ ]参数设定。

步骤 3. 3:把待测数据作为保存的模型的输入,计算每个样本数据所属的标签。

该步骤的具体做法是:把待测数据 $x(i,j)$ 作为步骤 3. 2 保存模型的输入,用 cnntest 函数计算每个样本数据所属的标签:$y(i,o)$ = cnntest(cnn,x(i,m)),把标签结果 $y(i,o)$ 返回到数据库中。

6　基于大数据和 VR 的跨平台 3D 智能交通指挥方法及系统

6.1　引言

当下,道路交通的无序和拥堵是很多大城市面临的共同挑战。通过数字化和智慧交通加强城市交通建设和管理是未来的发展趋势。本发明提供了基于人工智能大数据和 VR 的跨平台 3D 智能交通指挥方法和系统,可以应用到城市交通智能调度系统、高速公路智能调度系统和运营车辆调度管理系统等领域。本案例的创新特色是:本发明将智能定位系统、图像回传技术和 VR 技术相互联结运用到交通管理系统中,提供了一种基于智能移动设备、物联网、多极信息传递、大数据检索分析回馈及可视化调度指挥的交通控制解决方案。本案例的创业特点是:目前部分路段依然存在警力资源不足、交通事故高发等问题,通过此系统,相关部门可以完善调度系统和改造路段,从而解决上述问题。本案例的课程思政元素是:当前经济形势下,随着人口数量的不断增多,城市交通成为发展智能高效城市的关键因素。本发明助力于发展智慧交通,推动智慧城市发展。

6.2　技术领域

本发明基于人工智能大数据和 VR 的跨平台 3D 智能交通指挥方法和系统,可以应用到城市交通智能调度系统、高速公路智能调度系统和运营车辆调度管理系统等领域。

6.3　背景技术

近年来,随着国内科技水平的快速提高,智能定位系统、图像回传技术和 VR 技术已经发展得较为完善,被人们广泛应用于各个领域。从现在市场上的智能终端设备来看,智能定位系统主要应用于运动类手表(如华为智能手表)和儿童防丢手表(如小天才电话手表),可进行准确的 GPS 定位并显示相应的地图。图像回传技术广泛应用于智能车载设备,可将实时路况信息进行摄像,同时记录经纬度,并能够进行实时回传。VR 技术主要应用于 VR 眼镜,可实时接收回传图像,产生 3D 视觉感受,使使用者真正了解实地情况。

将智能定位系统、图像回传技术和 VR 技术相互联结运用到交通管理系统中可以极大地提高交通管理工作的科学化、现代化、信息化水平,缓解警力不足,加强和保障道路交通的安全、有序和畅通,减少道路交通中违法事件的发生。为实现交通指挥方案的高度整合、集约高效,变粗略调度为精确指挥,有效解决拥堵问题并减少交通事故的发生,我们提供了智能交通指挥控制系统。

6.4 发明内容

本发明的目的在于构建一个可视化的基于人工智能大数据和 VR 的跨平台 3D 智能交通指挥方法和系统,提供一种基于智能移动设备、物联网、多极信息传递、大数据检索分析回馈及可视化调度指挥的交通控制解决方案。

为了实现上述目的,本发明采取了如下技术方案。

基于大数据和 VR 的跨平台 3D 智能交通指挥系统包括智能终端层(1)、外部数据层(2)、网络安全层(3)、接入服务层(4)、核心数据层(5)和监控指挥层(6)6 个部分。

智能终端层包括智能穿戴设备(1.1)、智能车载设备(1.2)和其他智能设备(1.3)。其中,智能穿戴设备(1.1)、智能车载设备(1.2)和其他智能设备(1.3)经由反向代理服务器(3.1)连接到应用服务器 A 类(4.1)、应用服务器 B 类(4.2)、接口服务器(5.1)。智能穿戴设备(1.1)获取佩戴者的相关数据,并通过网络将数据包装成请求,提交到应用服务器 A 类(4.1)、应用服务器 B 类(4.2)和接口服务器(5.1)上,执行服务器上预设定逻辑。智能终端层(1)获取回调数据,并根据回调数据调动相应的传感器执行操作,或将提示指令显示在终端设备的显示屏幕上。

外部数据层(2)为外部数据接口(2.1)。外部数据接口(2.1)通过反向代理服务器(3.1)与应用服务器 A 类(4.1)、应用服务器 B 类(4.2)和接口服务器(5.1)相连,并将收集到的数据包装成请求通过网络提交到应用服务器 A 类(4.1)、应用服务器 B 类(4.2)和核心数据库(5.2)上。应用服务器 A 类(4.1)、应用服务器 B 类(4.2)将接收到的数据显示、处理、接受指挥指令后,生成返回终端的数据,并返回给智能终端层(1)的智能穿戴设备(1.1)、智能车载设备(1.2)、其他智能设备(1.3)和外部数据层(2)的外部数据接口(2.1)。智能穿戴设备(1.1)、智能车载设备(1.2)、其他智能设备(1.3)和外部数据接口(2.1),根据返回数据实施显示和操作。

网络安全层(3)为反向代理服务器(3.1)。反向代理服务器(3.1)将外部数据传输到内部的应用服务器或接口服务器上,隐藏内部服务器内部地址和端口,降低服务器和数据库被攻击的风险,从而达到内网安全和负载均衡的效果。

接入服务层(4)包括应用服务器 A 类(4.1)、应用服务器 B 类(4.2)和应用数据库服务器(4.3)。其中,应用服务器 A 类(4.1)与应用服务器 B 类(4.2)的区别是,应用服务器 A 类(4.1)将接收到的数据通过接口服务器(5.1)处理后送入核心数据层(5);应用服务器 B 类(4.2)处理数据后不送入核心数据层(5),而是保存在应用数据库服务器(4.3)中。外部数据经反向代理服务器(3.1)将数据传送到应用服务器 A 类(4.1)后进行处理,将处理结果通过核心数据层(5)的接口服务器(5.1)传送到核心数据库(5.2)中。

核心数据层(5)包括接口服务器(5.1)和核心数据库(5.2)。其中,接入服务层(4)访问或读取核心数据层(5)内部的数据,必须通过接口服务器(5.1);接口服务器(5.1)为核心数据库(5.2)提供数据读写、上传、下载通道;核心数据库(5.2) 用于存储系统全部关键保密数据,也用于隔离智能终端层(1)和外部数据层(2)的数据。

监控指挥层(6)包括应用服务器 C 类(6.1)、VR 显示控制设备(6.2)、液晶屏阵列控制器(6.3)和液晶屏(6.4),液晶屏(6.4)的数量为 N 个,N 为自然数。其中,应用服务器 C 类(6.1)通过内网与核心数据库(5.2)交换数据,将结果传入液晶屏阵列控制器(6.3)和 VR 显示控制设备(6.2)中;液晶屏阵列控制器(6.3)为可视化数据显示核心控制器,它将获取到的数据处理绘制成图表后分发到液晶屏(6.4)上,监控指挥层(6)的工作人员指挥指令通过液晶屏(6.4)的触屏或外界输入设备进行输入,向系统发送控制指令,传给智能终端层(1)和外部数据层(2);VR 显示控制设备(6.2)为 VR 显示操作模块,对获取到的数据处理绘制场景后,将场景投放到 VR 显示设备上,监控指挥层(6)的工作人员指挥指令通过 VR 输入设备进行输入,向系统发送控制指令,传给智能终端层(1)和外部数据层(2)。

智能终端层(1)中的智能穿戴设备(1.1)具有 Android Wear 2.0 及以上系统,GPS、加速度传感器、摄像头模块、4G 通信模块和手机网络通讯模块;智能车载设备(1.2)具有 Android 6.0/ios11.3 及以上系统、GPS、加速度传感器、摄像头模块、4G 通信模块、手机网络通讯模块；其他智能设备(1.3)具有 Android 6.0 及以上系统、GPS、加速度传感器、摄像头模块、4G 通信模块、手机网络通讯模块。

外部数据层(2)的外部数据接口(2.1)所获取的交通数据包括：当地火车发车信息、当地火车运行状态及现火车经纬度、外地路经当地火车运行状态及现火车经纬度、当地轻轨发车信息、当地轻轨运行状态及现轻轨经纬度、外地路经当地轻轨运行状态及现轻轨经纬度、当地交通发达信息、当地交通工具运行状态及现交通经纬度、外地路经当地其他交通工具运行状态及现其他交通工具经纬度。

网络安全层(3)的反向代理服务器(3.1)具有 Microsoft Windows Server 2008 及以上系统、asp. net4.0 及以上、sqlserver2014 及以上、iis6.0 及以上，利用 nginx 代理获取和分发请求，具有如下映射关系：访问 a. vip. cueb，80 经由反向代理服务器(3.1)转发至应用服务器 A 类(4.1)；访问 b. vip. cueb，80 经由反向代理服务器(3.1)转发至应用服务器 B 类(4.2)；访问 c. vip. cueb，80 经由反向代理服务器(3.1)转发至接口服务器(5.1)。

基于人工智能大数据和 VR 的跨平台 3D 智能交通指挥方法，是按照以下步骤实现的。

步骤 1：终端数据上传服务器。各智能终端和外部数据源通过网络向应用服务器 A 类(4.1)传输数据后进入步骤 2.1，或向应用服务器 B 类(4.2)传输数据后进入步骤 2.2。该步骤的作用是采集终端数据，并发送给各服务器。

步骤 2：应用服务器接收到数据后进行处理产生待处理数据。该步骤的作用是各服务器接收到各终端的数据后进行存储，准备进行数据处理。该步骤分两步进行。

步骤 2.1：应用服务器 A 类(4.1)收到递交的数据后进行处理，将处理结果通过接口服务器(5.1)传输给核心数据库(5.2)，转步骤 3.1。

步骤 2.2：应用服务器 B 类(4.2)收到递交的数据后进行处理，并将处理结果保存在应用数据库服务器(4.3)的数据库中，转步骤 3.2。

步骤 2.1 与步骤 2.2 的区别，即应用服务器 A 类(4.1)与应用服务器 B 类(4.2)的区别在于：应用服务器 A 类(4.1)将数据处理后提交到核心数据库，应用服务器 B 类(4.2)将数据处理后保存到本地数据库。

步骤 3：各应用服务器处理数据并产生准备回传各终端的数据，存储在不同层次的存储设备中。该步骤也分两步进行。

步骤 3.1：应用服务器 C 类(6.1)从核心数据库(5.2)中提取核心数据，分析数据并通过数据可视化、虚拟现实技术将数据加工成显示场景，将显示场景通过显示数据线传送给液晶屏阵列控制器(6.3)，液晶屏阵列控制器(6.3)将显示场景和数据分别显示到液晶屏(6.4)上；系统管理员和运营人员通过显示器观察系统运行状态，向系统提交指挥命令并传输到应用服务器 C 类(6.1)，应用服务器 C 类(6.1)将控制结果写入核心数据库(5.2)中，准备通过接口服务器(5.1)被应用服务器 A 类(4.1)获取，进入步骤 4。

步骤 3.2：应用服务器 B 类(4.2)处理数据，根据预设业务逻辑产生回传数据并回传给终端设备，转步骤 4.2。

步骤 3.1 和步骤 3.2 的区别是：步骤 3.1 由监控指挥层(6)实施显示和产生控制指令，存储在核心数据库(5.2)中，应用服务器 A 类(4.1)通过接口服务器(5.1)提取指令并回传智能终端层(1)和外部数据层(2)；步骤 3.2 由应用服务器 B 类接入服务层(4)，内部处理和回传数据。

步骤 4：将存储在各层次存储设备中的回传数据向各终端和外部数据接口进行传输，实现控制命令的发送和回传数据的显示。该步骤分三步进行。

步骤 4.1：应用服务器 A 类(4.1)通过接口服务器(5.1)获取控制指令和回传数据后，将其发送给各智能终端和外部数据接口，进入步骤 5。

步骤 4.2：智能终端层(1)各设备通过接口服务器(5.1)直接获取控制指令和回传数据，转步骤 5。

步骤 4.3：智能终端通过应用服务器 B 类(4.2)将控制指令和回传数据发送给各智能终端和外部数据接口，进入步骤 5。

步骤 4.1、步骤 4.2、步骤 4.3 的区别是：控制指令和回传数据分别由应用服务器 A 类(4.1)发送、智能终端层(1)各设备主动读取、应用服务器 B 类(4.2)发送。

步骤 5：智能终端层(1)的各终端设备、外部数据层(2)的应用接收到各服务器的回传数据和控制指令，对数据进行显示更新，同时执行控制指令。

与现有技术相比，本发明具有以下优势。

(1)基于缠带设备的物联网实现实时全局监控，系统具有自动学习功能，能够识别异常现象并及时报警，基于 VR 的系统可以直观地显示和模拟监控场所和险情。

(2)本发明的智能交通指挥系统可在事故结束后，对所有信息进行数据分析，统计出事故高发地带和高发地段，为该地段的后续警力配置提供依据。

6.5 附图说明

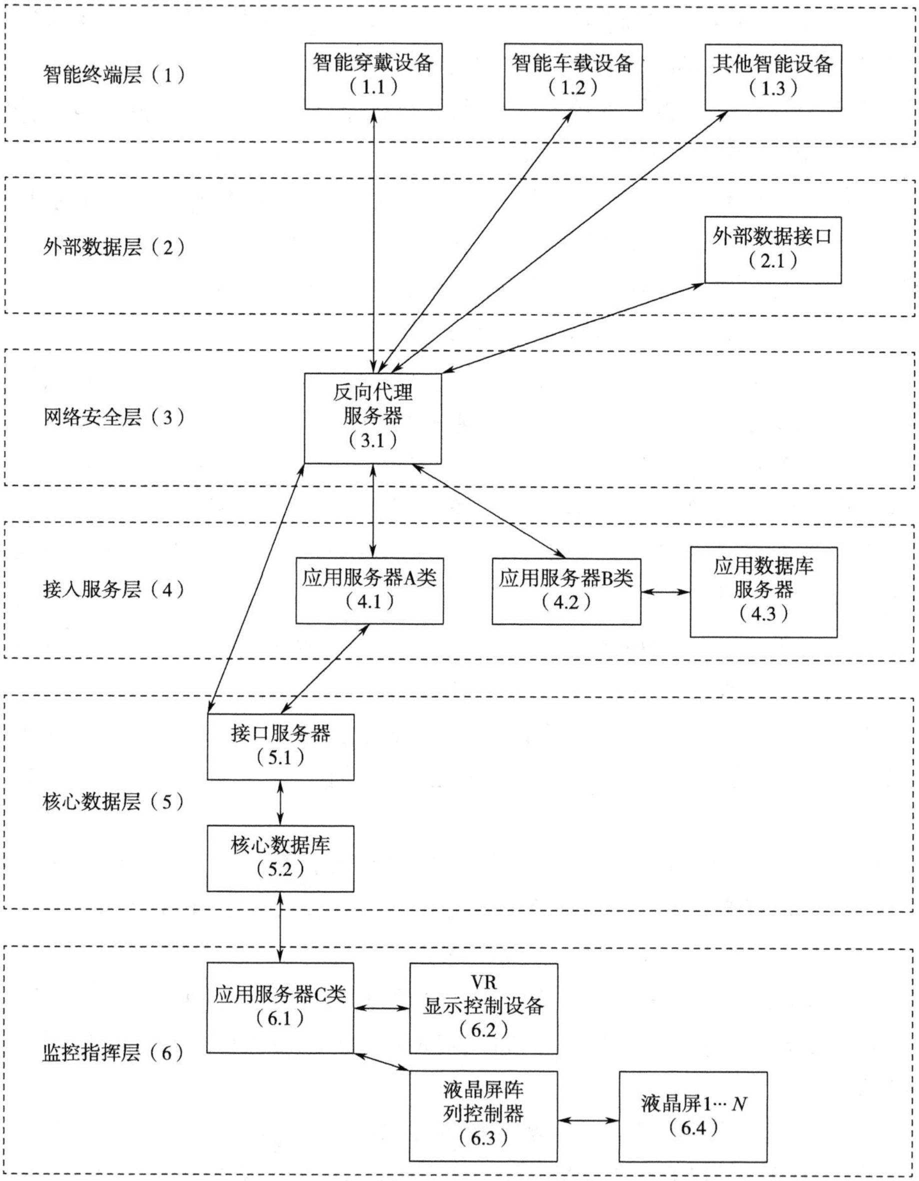

图 6-1　基于人工智能大数据和 VR 的跨平台 3D 智能交通指挥方法和系统连接关系图

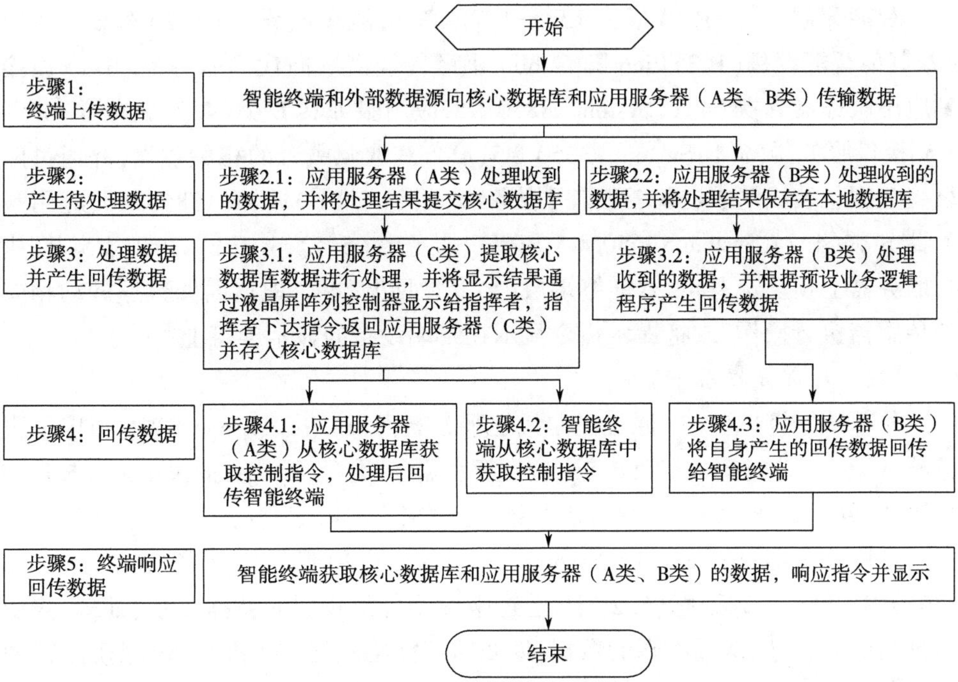

图 6-2　基于人工智能大数据和 VR 的跨平台 3D 智能交通指挥方法和系统流程图

6.6　具体实施方式

下面结合图 6-1 和图 6-2 详细说明本实施例。

6.6.1　智能交通指挥控制系统

6.6.1.1　智能终端层(1)

本实施例中选用华为 LEO-DLXXU 型号作为智能穿戴设备，其硬件配置为高通 Snapdragon 2100 四核处理器，系统内存容量为 4GB，机身内存容量为 768MB RAM，操作系统为 Android Wear 2.0；车萝卜 LJ-C2 型号作为智能车载设备，其硬件配置为 ARM64 位八核 CPU 处理器，设备支持 AUX-OUT 线声音输出设备，运行内存为 2GB，机身内存为 16GB，操作系统为 Android 6.0/ios11.3 系统，预装软件为萝卜控；Pico Goblin 小怪兽型号作为其他智能设备，其硬件设备为骁龙 820 处理器 2.2GHZ 四核处理器，内存为 LPDDR4 3GB，闪存为 EMMC5.4 16GB，支持最大 128G MicroSD 卡扩展，操作系统为 Android 6.0 / PICO SDK。

智能穿戴设备(1.1)华为 LEO-DLXXU、智能车载设备(1.2)车萝卜 LJ-C2、其他智能设备(1.3)Pico 牌 Goblin 小怪兽经由反向代理服务器(3.1)连接到应用服务器 A 类(4.1)System x3850 X6、应用服务器 B 类(4.2)System x3650 M5、接口服务器(5.1)System x3650 M5,设备获取佩戴者的相关数据,并通过网络将数据包装成请求,提交到应用服务器 A 类(4.1) System x3850 X6、应用服务器 B 类(4.2) System x3650 M5 和接口服务器(5.1) System x3650 M5 上,执行服务器上预设定逻辑,智能终端层(1)获取回调数据,根据回调数据调动相应的传感器执行操作,或将提示指令显示在终端设备的显示屏幕上。

6.6.1.2　外部数据层(2)

外部数据接口(2.1)通过反向代理服务器(3.1) PowerEdge R730 与应用服务器 A 类(4.1)System x3850 X6、应用服务器 B 类(4.2)System x3650 M5 和接口服务器(5.1) System x3650 M5 相连,通过网络将收集到的数据包装成请求提交到应用服务器 A 类(4.1) System x3850 X6、应用服务器 B 类(4.2) System x3650 M5 和核心数据库(5.2)上,上述服务器将接收到的数据显示、处理、接受指挥指令后,生成返回终端的数据,返回给智能终端层(1)和外部数据层(2)的各设备,上述设备根据回传数据实施显示和操作。

6.6.1.3　网络安全层(3)

本实施例中选用某品牌 PowerEdge R730 型号作为反向代理服务器,其硬件配置为:CPU 型号为 Xeon E5-2603 v3,内存类型为 DDR4,内存容量为 8GB,最大内存容量为 768GB,主板芯片组为 Intel C612,硬盘接口类型为 SATA / SAS,硬盘容量为 1.2TB。PowerEdge R730 预装软件为 nginx1.13.10。

反向代理服务器(3.1) PowerEdge R730 将外部数据传输到内部的应用服务器或接口服务器上,隐藏内部服务器内部地址和端口,降低服务器和数据库被攻击的风险,从而达到内网安全和负载均衡的效果。

6.6.1.4　接入服务层(4)

本实施例中选用某品牌 System x3850 X6 型号作为应用服务器 A 类,其硬件配置为:CPU 型号为 Xeon E7-4809 v2;内存类型为 DDR3;内存容量为 32GB;最大内存容量为 1536GB;硬盘接口类型为 SAS;最大硬盘容量为 8TB;操作系统支持 Windows Server 2008, Red Hat Enterprise Linux, SUSE Enterprise Linux (Server 和 Advanced Server), VMware ESX Server/ESXi 4.0;预装软件为 Windows server 2008, asp.net4.6, sqlserver 2014, iis8.0。选用品牌 System x3650 M5 型号作为应用服务器 B 类,其硬件配置为:CPU 型号为 Xeon E5-2650;内存类型为 DDR4;内存容量为 16GB;硬盘接口类型为 SAS;操作系统支持 Windows

Server 2008 R2,Microsoft Windows Server 2012/2012 R2,Red Hat Enterprise Linux 5 Server Edition/Server x64 Edition,SUSE Enterprise Linux Server (SLES) 12/12 with XEN, SUSE LINUX Enterprise Server 11 for AMD64/EM64T/11 for x86, Toshiba 4690 Operating System V6,VMware vSphere 5. 1(ESXi)/5. 5(ESXi);预装软件为 Windows server 2008,asp. net4. 6,sqlserver 2014,iis8. 0。选用品牌 System x3650 M5 型号作为应用数据库服务器,其硬件配置为:CPU 型号为 Xeon E5-2650;内存类型为 DDR4;内存容量为 16GB;硬盘接口类型为 SAS;操作系统支持 Windows Server 2008 R2, Microsoft Windows Server 2012/2012 R2, Red Hat Enterprise Linux 5 Server Edition/Server x64 Edition,SUSE Enterprise Linux Server (SLES) 12/12 with XEN,SUSE LINUX Enterprise Server 11 for AMD64/EM64T/11 for x86, Toshiba 4690 Operating System V6, VMware vSphere 5. 1 (ESXi)/5. 5 (ESXi);预装软件为 Windows server 2008,asp. net4. 6,sqlserver 2014,iis8. 0。

应用服务器 A 类(4. 1) System x3850 X6 与应用服务器 B 类(4. 2) System x3650 M5 的区别是:前者将接收到的数据通过接口服务器(5. 1) System x3650 M5 处理后送入核心数据层(5);后者处理数据后不送入核心数据层(5),而是保存在应用数据库服务器(4. 3) System x3650 M5 中。外部数据经反向代理服务器(3. 1) PowerEdge R730 将数据传送到应用服务器 A 类(4. 1) System x3850 X6 后进行处理,并将处理结果通过核心数据层(5)的接口服务器(5. 1) System x3650 M5 传送到核心数据库(5. 2)中。

6. 6. 1. 5 核心数据层(5)

本实施例中选用某品牌 System x3650 M5 型号作为接口服务器,其硬件配置为:CPU 型号为 Xeon E5-2650;内存类型为 DDR4;内存容量为 16GB;硬盘接口类型为 SAS;操作系统支持 Windows Server 2008 R2,Microsoft Windows Server 2012/2012 R2,Red Hat Enterprise Linux 5 Server Edition/Server x64 Edition,SUSE Enterprise Linux Server (SLES) 12/12 with XEN,SUSE LINUX Enterprise Server 11 for AMD64/EM64T/11 for x86, Toshiba 4690 Operating System V6, VMware vSphere 5. 1(ESXi)/5. 5(ESXi);预装软件为 Windows server 2008,asp. net4. 6,sqlserver 2014,iis8. 0。

接入服务层(4)访问或读取核心数据层(5)内部的数据,必须通过接口服务器(5. 1) System x3650 M5;接口服务器(5. 1) System x3650 M5 为核心数据库(5. 2)提供数据读写、上传、下载通道;核心数据库(5. 2) 用于存储系统全部关键保密数据,也用于隔离智能终端层(1)和外部数据层(2)的数据。

6. 6. 1. 6 监控指挥层(6)

本实施例中选用某品牌 PowerEdge R730XD 型号作为应用服务器 C 类,其硬件配置为:CPU 型号为 Xeon E5-2603 v3;主板芯片组为 Intel C610;内存类型为 DDR4;内存容量为 4GB;最大内存容量为 768GB;硬盘接口类型为 SATA;标配硬盘容量为 1TB;操作系统支持 Microsoft Windows Server 2008/2012 SP2,x86/x64(x64 含 Hyper-VTM),Microsoft Windows Server 2008/2012 R2,x64(含 Hyper-VTM v2),Microsoft Windows HPC Server 2008,Novell SUSE Linux Enterprise Server,Red Hat Enterprise Linux,VMware ESX;预装软件为 Windows server 2008,asp. net4. 6,sqlserver 2014,iis8. 0。选用品牌 HDMI8T8 型号作为液晶屏阵列控制器,其硬件配置为:CPU 为 E5-2630V4;内存类型为 ECC;硬盘总容量为 1T-2T;硬盘接口类型为 SATA;操作系统为 DOS;预装软件为 Windows server 2008,asp. net4. 6,sqlserver 2014,iis8. 0。选用品牌 C27F390FHC 型号作为液晶屏,其分辨率为 1920×1080。选用大朋 VR 品牌 M2Pro 型号作为 VR 显示控制设备,其硬件配置为:处理器为 Exynos7420,图形处理器为 Mail-T760@ MP8,内存为 32GB ROM 和 3GB RAM,VR 显示设备为 M2Pro 头显模块,分辨率为 2650×1440。选用雷蛇品牌蝰蛇 2000 型号作为外界输入设备,选用 M2Pro 蓝牙手柄和雷柏品牌 V500PRO 作为外界输入设备。

应用服务器 C 类(6. 1) PowerEdge R730XD 通过内网与核心数据库(5. 2)交换数据,并将结果传入液晶屏阵列控制器(6. 3) HDMI8T8 和 VR 显示控制设备(6. 2)大朋 VR M2Pro 中;液晶屏阵列控制器(6. 3) HDMI8T8 为可视化数据显示核心控制器,将获取到的数据处理绘制成图表后分发到液晶屏(6. 4) C27F390FHC 上,监控指挥层(6)的工作人员指挥指令通过液晶屏(6. 4) C27F390FHC 的触屏或外界输入设备进行输入,向系统发送控制指令,传给智能终端层(1)和外部数据层(2);VR 显示控制设备(6. 2)大朋 VR M2Pro 为 VR 显示操作模块,将获取到的数据处理绘制场景后,投放到 VR 显示设备上,监控指挥层(6)工作人员的指挥指令通过 VR 输入设备进行输入,向系统发送控制指令,传给智能终端层(1)和外部数据层(2)。

6. 6. 2 基于人工智能大数据和 VR 的跨平台 3D 智能交通指挥方法和系统

如图 6-2 所示,该方法的原理是将不同种类(1. 1~1. 3)的智能终端层(1),通过网络安全层(3),再通过接入服务层(4)的接入设备接入单一的核心数据层(5)上,不同的接入方式通过核心数据层(5)处理为相同的控制命令,发向监控指挥层(6)执行,执行结果返回核心数据层(5),再由网络安全层(3)处理为适应于不同设备的返回值,通过不同方式接入智能终端层(1),并返回不同种类的智能终端层(1)处理显示。

该方法主要由以下 5 个步骤构成。

步骤 1:终端数据上传服务器。各智能终端和外部数据源通过网络向应用服务器 A 类(4.1)传输数据后进入步骤 2.1,或向应用服务器 B 类(4.2)传输数据后进入步骤 2.2。该步骤的作用是采集终端数据,并发送给各服务器。

步骤 2:应用服务器接收到数据后进行处理产生待处理数据。该步骤的作用是各服务器接收到各终端的数据后进行存储,准备进行数据处理。该步骤分两步进行。

步骤 2.1:应用服务器 A 类(4.1)收到递交的数据后进行处理,将处理结果通过接口服务器(5.1)传输给核心数据库(5.2),转步骤 3.1。

步骤 2.2:应用服务器 B 类(4.2)收到递交的数据后进行处理,并将处理结果保存在应用数据库服务器(4.3)的数据库中,转步骤 3.2。

步骤 2.1 与步骤 2.2 的区别,即应用服务器 A 类(4.1)与应用服务器 B 类(4.2)的区别在于:应用服务器 A 类(4.1)将数据处理后提交到核心数据库,应用服务器 B 类(4.2)将数据处理后保存到本地数据库。

步骤 3:各应用服务器处理数据并产生准备回传各终端的数据,存储在不同层次的存储设备中。该步骤也分两步进行。

步骤 3.1:应用服务器 C 类(6.1)从核心数据库(5.2)中提取核心数据,分析数据并通过数据可视化、虚拟现实技术将数据加工成显示场景,将显示场景通过显示数据线传送给液晶屏阵列控制器(6.3),液晶屏阵列控制器(6.3)将显示场景和数据分别显示到液晶屏(6.4)上;系统管理员和运营人员通过显示器观察系统运行状态,向系统提交指挥命令并传输到应用服务器 C 类(6.1),应用服务器 C 类(6.1)将控制结果写入核心数据库(5.2)中,准备通过接口服务器(5.1)被应用服务器 A 类(4.1)获取,进入步骤 4。

步骤 3.2:应用服务器 B 类(4.2)处理数据,根据预设业务逻辑产生回传数据并回传给终端设备,转步骤 4.2。

步骤 3.1 和步骤 3.2 的区别是:步骤 3.1 由监控指挥层(6)实施显示和产生控制指令,存储在核心数据库(5.2)中,应用服务器 A 类(4.1)通过接口服务器(5.1)提取指令并回传智能终端层(1)和外部数据层(2);步骤 3.2 由应用服务器 B 类接入服务层(4),内部处理和回传数据。

步骤 4:将存储在各层次存储设备中的回传数据向各终端和外部数据接口进行传输,实现控制命令的发送和回传数据的显示。该步骤分三步进行。

步骤 4.1:应用服务器 A 类(4.1)通过接口服务器(5.1)获取控制指令和回传数据后,将其发送给各智能终端和外部数据接口,进入步骤 5。

步骤 4. 2:智能终端层(1)各设备通过接口服务器(5. 1)直接获取控制指令和回传数据,转步骤 5。

步骤 4. 3:智能终端通过应用服务器 B 类(4. 2)将控制指令和回传数据发送给各智能终端和外部数据接口,进入步骤 5。

步骤 4. 1、步骤 4. 2、步骤 4. 3 的区别是:控制指令和回传数据分别由应用服务器 A 类(4. 1)发送、智能终端层(1)各设备主动读取、应用服务器 B 类(4. 2)发送。

步骤 5:智能终端层(1)的各终端设备、外部数据层(2)的应用接收到各服务器的回传数据和控制指令,对数据进行显示更新,同时执行控制指令。

7 基于智能终端和大数据分析的协同养老服务方法和系统

7.1 引言

当前,养老问题已成为各国不得不面对的难题。本发明提供了一种基于智能终端和大数据分析的协同养老服务方法和系统。本案例的创新特色是:本发明通过进行大规模的数据分析来满足老年人全方位个性化需求,实现养老服务从点对点、包对包到包对点的转变。本案例的创业特点是:本发明填补了我国智能养老领域产品单一、只侧重于数据监测,没有对数据进行深度分析的空白,解决了子女不能随时陪伴在老人身边的问题。本案例的课程思政元素是:当前中国已步入老龄化社会,养老问题成为百姓关心的热点问题。本发明在监测老人身体数据的同时,方便子女及时了解老人的健康状况以及时采取相应措施,助力化解中国社会的养老困境。

7.2 技术领域

本发明属于大数据技术领域,尤其涉及一种基于智能终端和大数据分析的协同养老服务方法和系统。

7.3 背景技术

智慧养老是一种适应现代信息科技和老年人需求的新理念,其核心在于运用各类终端,使老人的日常生活处于远程监控状态,将老人、政府、社区等紧密联系起来,为老年人提供安全便捷、健康舒适服务的新型现代养老模式。

日本推行小规模多功能型机器人辅助养老护理,登门访问看护;美国积极推进老年人健康物联网技术的研发,建立移动医联网,为老年人提供监护。从世界智能养老产品的发展状况看,目前还处在初期研究阶段。

然而目前我国智能养老产品单一,例如,携带式心脏监护器 hoter、小天才手表实施定位、喵星科技安全镯等,这些产品或是便携式健康检测设备,往往只能获取具体应用领域的特定数据;或是一些养老手环,没有对数据进行深度分析,获得的数据只是用于日常查看或与正常情况比对,预防突发危险,且没有数据回馈业务,因而均不能满足老年人的各项需求。

目前世界养老市场上的各类产品均侧重于数据监测,还没有一种通过进行大规模的数据分析满足老年人全方位个性化需求,实现养老服务从点对点、包对包到包对点的转变的系统与方法。

7.4 发明内容

本发明设计了一种基于智能终端和大数据分析的协同养老服务系统,目的在于克服现有养老服务市场产品的缺陷,解决因当代家庭结构造成的工作约束导致子女难以全天候陪伴在老人身边,不能通过现有通信设备及时了解老人的健康状况,做出正确的反馈保护,避免造成一些无法挽回的遗憾。

本发明基于智能终端和大数据分析的协同养老服务方法,将对老年人远程监测获得的海量信息数据,包括对老年人的生活状态、身体机能和心理状态的监测数据,通过整合进行大规模的数据分析,满足老年人全方位个性化的服务需求。本发明提出的方法可以使监护人通过身边存在的各种网络实时了解老人的身体状况,并在紧急情况下(如身体不适需要救护及突然发病倒地等状态),自动向用户家人发送消息或向医院拨打电话请求救护,及时采取相应措施。

为实现上述目的,本发明采用如下的技术方案。

基于智能终端和大数据分析的协同养老服务系统包括:智能终端、第三方应用、网络服务中心、数据中心、运营中心。其中,智能终端包括智能穿戴设备、智能监控设备、其他智能设备;第三方应用即外部应用;网络服务中心包括应用服务器 A 类、应用服务器 B 类、应用数据库服务器以及反向代理服务器;数据中心包括核心数据库、应用服务器 C 类、大数据存储服务器、接口服务器;运营中心包括应用服务器 D 类、液晶屏阵列控制器、液晶屏。

智能终端通过反向代理服务器连接应用服务器 A 类、应用服务器 B 类、接口服务器,设备获取佩戴者的相关数据,并通过网络将数据包装成请求,提交到应用服务器 A 类、应用服务器 B 类和接口服务器上,执行服务器上预设定逻辑,智能终端设备获取回传数据,根据回传数据调动相应的传感器执行操作,或将提示指令显示在终端设备的显示屏幕上。

外部应用通过反向代理服务器与应用服务器A类、应用服务器B类和接口服务器相连，并通过网络将收集到的数据包装成请求提交到应用服务器A类、应用服务器B类和核心数据库、大数据存储服务器上，上述服务器将接收到的数据显示、处理、接受指挥指令后，生成返回终端的数据，返回给智能终端层和外部数据层的各设备，并根据返回的数据实施显示和操作。

外部数据经反向代理服务器传送到应用服务器A类后进行处理，并将处理结果通过接口服务器传送到核心数据库和大数据存储服务器；应用服务器B类处理数据后送到网络服务中心的应用数据服务器中；应用服务器C类用于处理大数据存储服务器中的数据，并将处理后的数据放入核心数据库中。

网络服务中心通过接口服务器访问或读取数据中心内部的数据，接口服务器为核心数据库和大数据存储服务器提供数据读写、上传、下载通道；核心数据库用于存储系统保密数据以及用于隔离各外部终端和第三方应用的数据；大数据存储服务器用于存储大数据，应用服务器C类与核心数据库和大数据存储服务器相连，将大数据存储服务器的数据处理后送入核心数据库。

运营中心中的应用服务器D类通过核心数据库交换数据，并将结果通过液晶屏阵列控制器显示在液晶屏上；液晶屏阵列控制器为可视化数据显示核心控制器，其将获取到的数据处理绘制图表后分发到液晶屏上。该运营中心的作用是对老人状况进行分析和监控，采取相应的措施并向系统发送控制指令，传给智能终端和第三方应用。

作为优选，智能终端获取佩戴者的数据包括：设备经纬度，设备载体移动速度，设备正前方视频资料，设备使用者的体表温度、心率、血压、行走步数、睡眠质量数据。

基于智能终端和大数据分析的协同养老服务方法包括以下步骤。

步骤1：终端数据上传服务器。智能终端和第三方应用向核心数据库传输数据后进入步骤2.1，或向大数据存储服务器传输数据后进入步骤2.2，或向应用服务器A类、应用服务器B类传输数据后进入步骤2.3。该步骤的作用是采集终端数据，并发送给各服务器。

步骤2：应用服务器接收到数据后进行处理，产生待处理数据。该步骤分三步进行。

步骤2.1：应用服务器A类收到递交的数据后进行处理，并将处理结果通过接口服务器传输给核心数据库，转步骤3.1。

步骤2.2：应用服务器B类收到递交的数据后进行处理，根据指令读写并操作数据库,然后将数据处理结果保存在应用服务器的数据库中,转步骤 3. 2。

对比步骤 2. 1 和步骤 2. 2 可知,应用服务器 A 类将数据处理后提交到核心数据库,应用服务器 B 类将数据处理后保存到本地数据库。

步骤 2. 3:应用服务器 C 类处理大数据存储服务器中的数据,并将处理结果传输给核心数据库,转步骤 3. 1。

步骤 3:各应用服务器处理数据并产生准备回传各终端的数据,存储在不同层次的存储设备中。该步骤分两步进行。

步骤 3. 1:应用服务器 D 类从核心数据库中提取数据,分析数据并进行数据可视化,同时传送给液晶屏阵列控制器,液晶屏阵列控制器将数据分别显示到 N 块液晶屏,系统管理员和运营人员通过显示器观察系统运行状态,向系统提交指挥命令并传输到应用服务器 D 类,应用服务器 D 类将控制结果写入核心数据库,准备通过接口服务器被应用服务器 A 类获取,进入步骤 4。

步骤 3. 2:应用服务器 B 类处理数据,根据预设业务逻辑读写应用数据库服务器的响应结果,产生回传数据并回传给终端设备,转步骤 4. 2。

在步骤 3 中,步骤 3. 1 由运营中心实施显示和产生控制指令,存储在核心数据库中,应用服务器 A 类通过接口服务器提取指令并回传智能终端和外部应用;步骤 3. 2 由应用服务器 B 类在网络服务中心内部处理并回传数据。

步骤 4:应用服务器数据处理完毕后,将存储在各层次存储设备中的回传数据向各终端和外部数据接口进行传输,实现控制命令的发送和回传数据的显示,开始回传数据。该步骤分三步进行。

步骤 4. 1:应用服务器 A 类通过接口服务器获取控制指令和回传数据指令后,读写数据库,并将其得到的数据发送给智能终端的各终端设备和第三方应用的外部应用上,进入步骤 5。

步骤 4. 2:通过应用服务器 B 类将控制指令和回传数据发送给智能终端的各终端设备和第三方应用的外部应用,进入步骤 5。

步骤 4. 3:智能终端定时从核心数据库获取控制指令,进入步骤 5。

步骤 5:终端响应回传数据。智能终端的各终端设备、第三方应用的外部应用根据接收到的各服务器回传数据和控制指令,对数据进行显示更新,同时执行控制指令,或调动传感器执行。

与现有技术相比,本发明具有以下优势。

(1)本系统的终端直接通过手机网络接入互联网络独立工作,不依赖于其他设备,减少冗余性。

(2)本系统可全方位收集老人的信息,建立实时动态数据库,并且具有自动学习功能,能够识别异常现象并及时报警,在老人遭遇险情的第一时间通知家人和运营中心。

7.5 附图说明

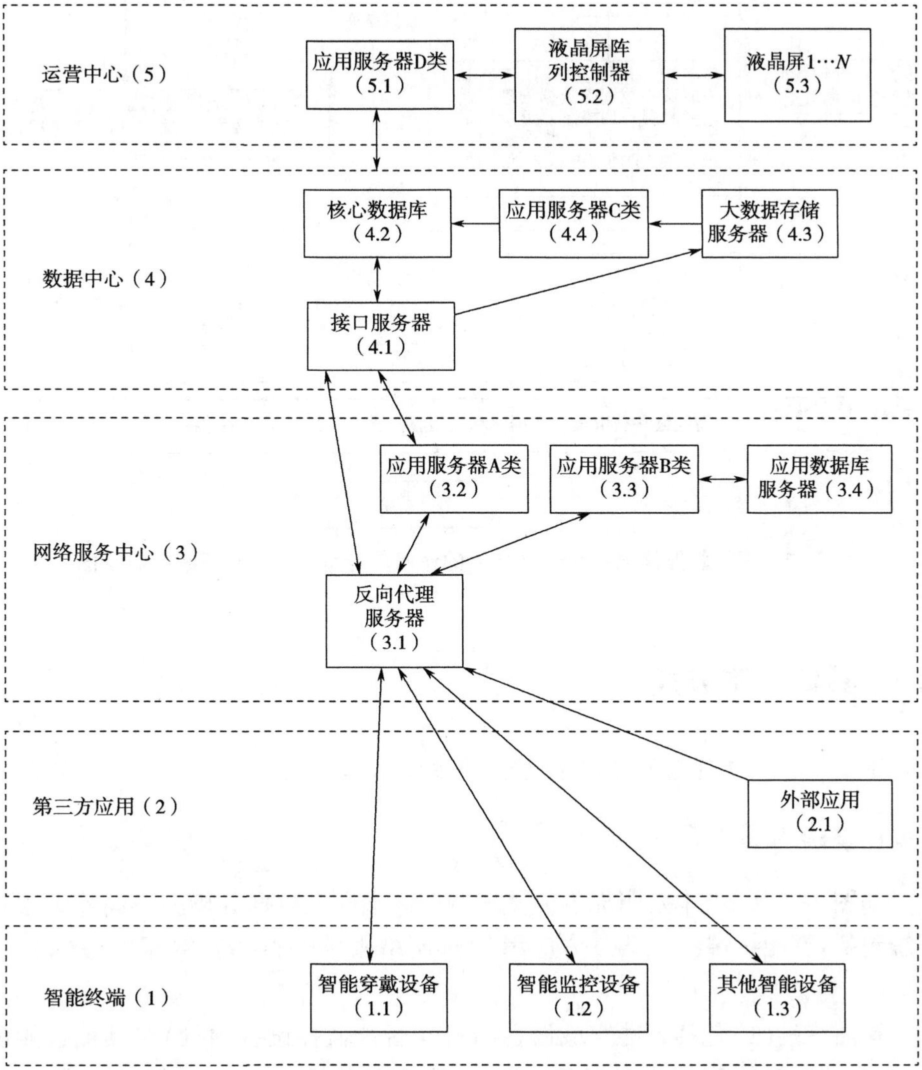

图 7-1　基于智能终端和大数据分析的协同养老服务方法的系统连接关系图

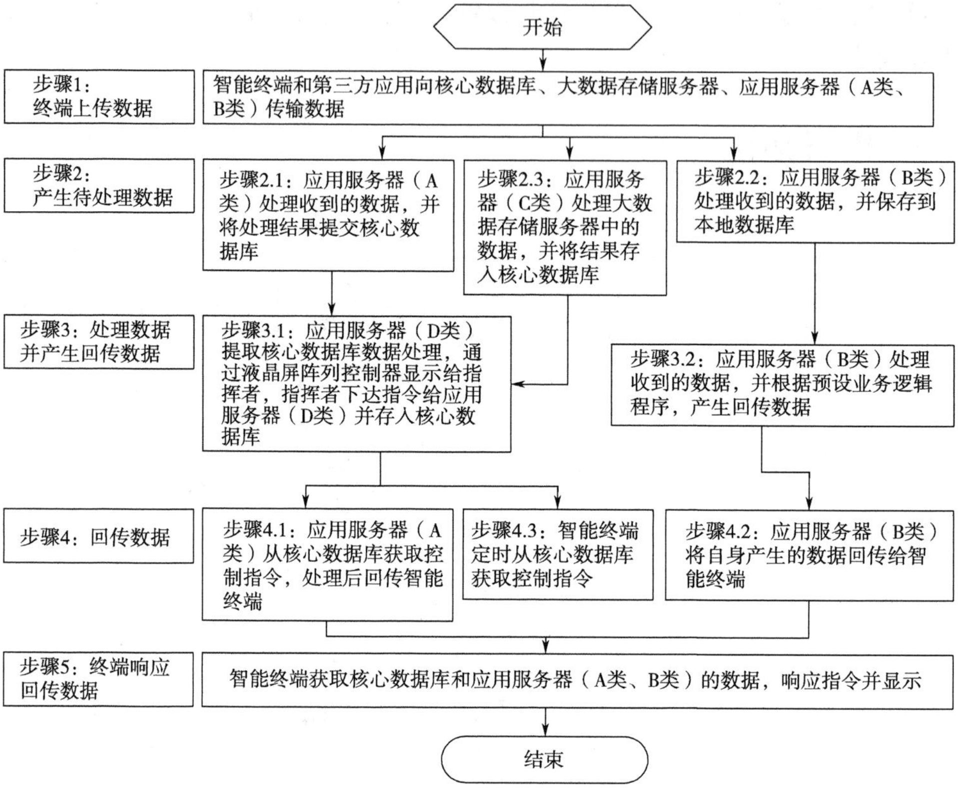

图 7-2　基于智能终端和大数据分析的协同养老服务方法和系统的流程图

7.6　具体实施方式

下面结合图 7-1 和图 7-2 详细说明本实施例。

7.6.1　系统连接关系

如图 7-1 所示，本发明提供的基于智能终端和大数据分析的协同养老服务系统包括：智能终端(1)、第三方应用(2)、网络服务中心(3)、数据中心(4)、运营中心(5)。

智能终端(1)包括智能穿戴设备(1.1)、智能监控设备(1.2)和其他智能设备(1.3)（如智能家居设备等）。其中，智能穿戴设备(1.1)、智能监控设备(1.2)和其他智能设备(1.3)经由反向代理服务器(3.1)连接到应用服务器 A 类(3.2)、应用服务器 B 类(3.3)、接口服务器(4.1)，设备获取佩戴者的相关数据，并通过网络将数据包装成请求，提交到应用服务器 A 类(3.2)、应用服务器

B 类(3.3)和接口服务器(4.1)上,执行服务器上预设定逻辑,智能终端(1)获取回传数据,并根据回传数据调动相应的传感器执行操作,或将提示指令显示在终端设备的显示屏幕上。

第三方应用(2)即外部应用(2.1),如老人智能穿戴手表。外部应用(2.1)通过反向代理服务器(3.1)与应用服务器 A 类(3.2)、应用服务器 B 类(3.3)和接口服务器(4.1)相连,通过网络将收集到的数据包装成请求提交到应用服务器 A 类(3.2)、应用服务器 B 类(3.3)和核心数据库(4.2)、大数据存储服务器(4.3)上。上述服务器将接收到的数据显示、处理、接受指挥指令后,生成返回终端的数据,返回给智能终端层和外部数据层的各设备,并根据返回的数据实施显示和操作。

网络服务中心(3)包括反向代理服务器(3.1)、应用服务器 A 类(3.2)、应用服务器 B 类(3.3)和应用数据库服务器(3.4)。其中,反向代理服务器(3.1)将外部数据传输到内部的应用服务器或接口服务器上,隐藏内部服务器内部地址和端口,降低服务器和数据库被攻击的风险,从而达到内网安全和负载均衡的效果。应用服务器 A 类(3.2)与应用服务器 B 类(3.3)的区别是:前者将接收到的数据通过接口服务器(4.1)处理后送入数据中心(4);后者处理数据后不送入数据中心(4),而是保存在网络服务中心(3)的应用数据库服务器(3.4)中。外部数据经反向代理服务器(3.1)将数据传送到应用服务器 A 类(3.2)后进行处理,将处理结果通过数据中心(4)的接口服务器(4.1)传送到核心数据库(4.2)和大数据存储服务器(4.3)。

数据中心(4)包括接口服务器(4.1)、核心数据库(4.2)、大数据存储服务器(4.3)、应用服务器 C 类(4.4)。其中,接口服务器(4.1)既为网络服务中心(3)访问或读取数据中心(4)内部的数据提供通道,也为核心数据库(4.2)和大数据存储服务器(4.3)提供数据读写、上传、下载通道。核心数据库(4.2)既用于存储系统全部关键保密数据,也用于隔离智能终端(1)和第三方应用(2)的数据。大数据存储服务器(4.3)用于存储大数据。应用服务器 C 类(4.4)通过数据中心(4)局域网与核心数据库(4.2)和大数据存储服务器(4.3)相连,将大数据存储服务器(4.3)的数据处理后送入核心数据库(4.2)。

运营中心(5)包括应用服务器 D 类(5.1)、液晶屏阵列控制器(5.2)、液晶屏 1…N(5.3)。其中,应用服务器 D 类(5.1)通过内网与核心数据库(4.2)交换数据,并将结果通过液晶屏阵列控制器(5.2)显示在液晶屏 1…N(5.3)上;液晶屏阵列控制器(5.2)为可视化数据显示核心控制器,将获取到的数据处理绘制图表后分发到液晶屏 1…N(5.3)上,供运营中心(5)的工作人员进行老人状况分析和监控,采取相应的措施并向系统发送控制指令,传给智能终端(1)和第三方应用(2)。

7.6.2 系统运行步骤

如图 7-2 所示,基于智能终端和大数据分析的协同养老服务方法包括以下步骤。

步骤 1:终端数据上传服务器。智能终端(1)和第三方应用(2)的外部应用(2.1)通过网络向核心数据库(4.2) 传输数据后进入步骤 2.1,或向大数据存储服务器(4.3) 传输数据后进入步骤 2.2,或向应用服务器(A、B 类)传输数据后进入步骤 2.3。该步骤的作用是采集终端数据,发送给各服务器。

步骤 2:应用服务器接收到数据后进行处理,产生待处理数据。该步骤分三步进行。

步骤 2.1:应用服务器 A 类(3.2)收到递交的数据后进行处理,并将处理结果通过接口服务器(4.1)传输给核心数据库(4.2),转步骤 3.1。

步骤 2.2:应用服务器 B 类(3.3)收到递交的数据后进行处理,根据指令读写并操作数据库,然后将数据处理结果保存在应用数据库服务器(3.4)的数据库中,转步骤 3.2。

步骤 2.1 与步骤 2.2 的区别,即应用服务器 A 类(3.2)与应用服务器 B 类(3.3)的区别在于:应用服务器 A 类将数据处理后提交到核心数据库,应用服务器 B 类将数据处理后保存到本地数据库。

步骤 2.3:应用服务器 C 类处理大数据存储服务器(4.3)中的数据,并将处理结果传输给核心数据库(4.2),转步骤 3.1。

步骤 3:各应用服务器处理数据并产生准备回传各终端的数据,存储在不同层次的存储设备中。该步骤分两步进行。

步骤 3.1:应用服务器 D 类(5.1)从核心数据库(4.2)中提取数据,分析数据并进行数据可视化,通过显示数据线传送给液晶屏阵列控制器(5.2),液晶屏阵列控制器(5.2)将数据分别显示到 N 块液晶屏(5.3),系统管理员和运营人员通过显示器观察系统运行状态,向系统提交指挥命令并传输到应用服务器 D 类(5.1),应用服务器 D 类(5.1)将控制结果写入核心数据库(4.2),准备通过接口服务器(4.1)被应用服务器 A 类(3.2)获取,进入步骤 4。

步骤 3.2:应用服务器 B 类(3.3)处理数据,根据预设业务逻辑读写应用数据库服务器的响应结果,产生回传数据并回传给终端设备,转步骤 4.2。

步骤 3.1 和步骤 3.2 的区别是:步骤 3.1 由运营中心层(5)实施显示和产

生控制指令，存储在核心数据库(4.2)中，应用服务器A类(4.1)通过接口服务器(4.1)提取指令并回传智能终端(1)和外部应用(2.1)；步骤3.2由应用服务器B类(3.3)在网络服务中心(3)内部处理并回传数据。

步骤4：应用服务器数据处理完毕后，将存储在各层次存储设备中的回传数据向各终端和外部数据接口进行传输，实现控制命令的发送和回传数据的显示，开始回传数据。该步骤分三步进行。

步骤4.1：应用服务器A类(3.2)通过接口服务器(4.1)获取控制指令和回传数据指令后，读写数据库，并将其得到的数据返回发送给各智能终端网络模块和外部应用(2.1)上，智能终端通过应用服务器A类(3.2)获取控制指令，进入步骤5。

步骤4.2：通过应用服务器B类(3.3)将控制指令和回传数据发送给各终端设备和外部应用(2.1)，进入步骤5。

步骤4.3：智能终端定时从核心数据库(4.2)获取控制指令，进入步骤5。

步骤4.1、步骤4.2、步骤4.3的区别是：控制指令和回传数据分别由应用服务器A类(3.2)发送、智能终端(1)各设备主动读取、应用服务器B类(3.3)发送。

步骤5：终端响应回传数据。智能终端(1)的各终端设备、外部应用(2)的应用根据接收到各服务器的回传数据和控制指令，对数据进行显示更新，同时执行控制指令，或调动传感器执行。

实施例

如图7-1所示的基于智能终端和大数据分析的协同养老服务系统由智能终端(1)、第三方应用(2)、网络服务中心(3)、数据中心(4)、运营中心(5)五个部分构成。

(1)智能终端(1)。本实施例中选用华为品牌WATCH 2 pro型号作为智能穿戴设备，其兼容平台为ANDROID、iOS，设备支持独立通话、运动监测、移动支付、GPS定位功能。选用小米品牌米家小白摄像机作为智能监控设备，其兼容平台为ANDROID、MIUI、iOS，摄像头为360°全景摄像，1080P高清摄像，可双向双工通话。其连接关系如下。

智能穿戴设备华为品牌WATCH 2 pro、智能监控设备米家小白摄像机和其他智能设备(1.3)经由反向代理服务器华为FusionServer RH2288 V3连接到应用服务器A类HP Proliant DL380 G5、应用服务器B类ThinkServer RD450 E5-2650V4、接口服务器华为FusionServer RH2288 V3。设备获取佩戴者的设备经纬度，设备载体移动速度，设备正前方视频资料，设备使用者体表温度、心率、血压、行走步数、睡眠质量等数据，并通过网络将数据包装成请求，提交到应用服务器A类HP Proliant DL380 G5、应用服务器B类ThinkServer RD450 E5-2650V4和接口服务器华为FusionServer RH2288 V3上，执行服务器上预设定逻辑，智能终端设备获取回传数据，并根据回传数据调动相应的传感器执行操作，或将提示指令显示在终端设备的显示屏幕上。

(2)第三方应用(2)。本实施例中选用嘎趣智能睡眠监测器。其连接关系如下。

外部应用嘎趣智能睡眠监测器通过反向代理服务器华为FusionServer RH2288 V3与应用服务器A类HP Proliant DL380 G5、应用服务器B类ThinkServer RD450 E5-2650V4和接口服务器相连，通过网络将收集到的数据包装成请求提交到应用服务器A类HP Proliant DL380 G5、应用服务器B类ThinkServer RD450 E5-2650V4和核心数据库HP ProLiant DL388 Gen9(719064-B21)、大数据存储服务器联想System x3850 X6(6241I23)上。上述服务器将接收到的数据显示、处理、接受指挥指令后，生成返回终端的数据，返回给智能终端和外部数据层的各设备，并根据返回的数据实施显示和操作。

(3)网络服务中心(3)。本实施例中选用HP Proliant DL380 G5型号作为应用服务器，安装Microsoft Windows Server 2016系统，采用Xeon B5405处理器，3块SATA 146TB硬盘，内存为64G。选用Dell/戴尔R730/740服务器作为应用数据库服务器，内存分配8G，CPU型号是至强E5-2600 v3，接口是SATA2，机架式服务器结构是2U。选用华为FusionServer RH2288 V3作为反向代理服务器，CPU型号是Xeon E5-2620 v2，内存容量为4GB，接口是SATA，机架式服务器结构是2U。其连接关系如下。

反向代理服务器华为FusionServer RH2288 V3将请求分发到对应外部数据并传输到内部的应用服务器或接口服务器上，隐藏内部真实服务器内部地址和端口，降低服务器和数据库被攻击的风险，从而达到内网安全和负载均衡的效果。

外部数据经反向代理服务器华为FusionServer RH2288 V3的请求传送到应用服务器A类HP Proliant DL380 G5后进行处理。处理结果通过执行预设定的逻辑代码，调取数据中心中的接口服务器华为FusionServer RH2288 V3后传送到核心数据库HP ProLiant DL388 Gen9(719064-B21)和大数据存储服务器联想System x3850 X6(6241I23)的数据库接口服务器华为FusionServer RH2288 V3。应用服务器C类ThinkServer RD450 E5-2650V4用于处理大数据存储服务器联想 System x3850 X6(6241I23)中的数据,将处理后的数据放入核心数据库 HP ProLiant DL388 Gen9(719064-B21)中,处理结果经由与反向代理服务器华为 FusionServer RH2288 V3 传送到智能终端 1 中相应的设备。

应用服务器 B 类 ThinkServer RD450 E5-2650V4 为应用数据库服务器 Dell/戴尔 R730/740 的应用和管理服务器,将反向代理服务器华为 FusionServer RH2288 V3 的请求分发到应用服务器 B 类 ThinkServer RD450 E5-2650V4 后,执行预设定的程序,将处理结果经由反向代理服务器华为 FusionServer RH2288 V3 的记录返回智能终端,将处理后的数据放入应用数据库服务器 Dell/戴尔 R730/740 的数据库中。

应用数据库服务器 Dell/戴尔 R730/740 为应用服务器 B 类 ThinkServer RD450 E5-2650V4 数据库的管理服务器,它提供应用服务器 B 类 ThinkServer RD450 E5-2650V4 数据库的管理接口,只接受应用服务器 B 类 ThinkServer RD450 E5-2650V4 的管理和调度。

(4)数据中心(4)。本实施例中选用 ThinkServer RD450 E5-2650V4 作为应用服务器,CPU 型号是 Xeon E5-2609 v3,内存容量为 4GB,接口是 SATA,刀片式服务器结构是 2U。选用 HP ProLiant DL388 Gen9(719064-B21)作为核心数据库,CPU 型号是 Xeon E5-2620 v3,内存容量为 16GB,接口是 SATA,机架式服务器结构是 2U。选用华为 FusionServer RH2288 V3 作为接口服务器,CPU 型号是 Xeon E5-2620 v2,内存容量为 4GB,接口是 SATA,机架式服务器结构是 2U。选用联想 System x3850 X6(6241I23)作为大数据存储服务器,CPU 型号是 Xeon E7-4820 v4,内存容量为 64GB,接口是 SATA,机架式服务器结构是 4U。其连接关系如下。

网络服务中心访问或读取数据中心内部的数据,必须通过接口服务器华为 FusionServer RH2288 V3;接口服务器华为 FusionServer RH2288 V3 为核心数据库 HP ProLiant DL388 Gen9(719064-B21)和大数据存储服务器联想 System x3850 X6(6241I23)提供数据读写、上传、下载通道。

核心数据库 HP ProLiant DL388 Gen9(719064-B21)用于存储系统全部关键保密数据,也用于隔离各外部终端设备和第三方应用的数据。大数据存储服务器联想 System x3850 X6(6241I23)用于存储大数据,应用服务器 C 类 ThinkServer RD450 E5-2650V4 通过数据中心局域网与核心数据库 HP ProLiant DL388 Gen9(719064-B21)和大数据存储服务器联想 System x3850 X6(6241I23)相连,将大数据存储服务器联想 System x3850 X6(6241I23)的数据处理后送入核心数据库 HP ProLiant DL388 Gen9(719064-B21)。

大数据存储服务器联想 System x3850 使用开源版的 Redhat 系统——CentOS 作为底层平台，利用 Sqoop 进行数据导入，使用 Hadoop 系列开源系统 Spark QL 进行数据预处理，再使用贝叶斯统计分类方法、协同过滤、神经网络、决策树、基因算法、区别分析、群集侦测技术进行数据建模分析，计算出最拟合结果的模型，最后将结果进行可视化（Analytic Visualizations），并传输到运营中心。

（5）运营中心（5）。本实施例中选用 ThinkServer 的 RD450 E5-2650V4 作为应用服务器，CPU 型号是 Xeon E5-2609 v3，内存容量为 4GB，接口是 SATA，刀片式服务器结构是 2U。选用达格美 KS-350CT-I1 STK350C-01 为液晶屏阵列控制器，所附 LCDC 主板是 LCDC350C-01，线缆为 KS-X7CB。选用与控制器配套的 LMTM035QVGNCB-4R 为液晶屏。其连接关系如下。

应用服务器 D 类 ThinkServer 的 RD450 E5-2650V4 通过内网与核心数据库 HP ProLiant DL388 Gen9（719064-B21）交换数据，并将结果通过液晶屏阵列控制器达格美 KS-350CT-I1 STK350C-01 显示在液晶屏 1…N 达格美 LMTM035QVGNCB-4R 上；液晶屏阵列控制器达格美 KS-350CT-I1 STK350C-01 为可视化数据显示核心控制器，其将获取到的数据处理绘制图表后分发到液晶屏 1…N 达格美 LMTM035QVGNCB-4R 上，供运营中心的工作人员进行老人状况分析和监控，采取相应的措施并向系统发送控制指令，传给智能终端和第三方应用。

8 小波卷积小波神经网络及情报分析方法与系统

8.1 引言

目前中国迎来了“大智移云”新工科时代,大数据、人工智能、移动互联网、物联网、互联网、云计算技术飞速发展。基于此,本发明提出了一种小波卷积小波神经网络及情报分析方法与系统。本案例的创新特色是:将卷积神经网络和小波分析技术深度结合,使其具有更快速度和更高精度的神经网络,即小波卷积小波神经网络。同时,本发明提出了一种通过物联网高效地采集不受控系统大数据信息的智能系统。本案例的创业特点是:本发明通过提高深度学习的速度和精度,实现了大数据的采集存储、分析监控,满足了安防、交管、维稳、智慧城市领域的不同需求。本案例的课程思政元素是:如今,深度学习技术在各国都十分火爆,一度成为研究热点,而中国取得的重大研究成果较少。本发明结合卷积神经网络和小波分析技术的优势,在模式识别、拟合预测等领域提供了新思路和新方法。

8.2 技术领域

本发明提出了一种小波卷积小波神经网络及情报分析方法与系统,可以应用到模式识别、拟合预测、智慧城市、智能警务安防和智能交管领域。

8.3 背景技术

当前中国已步入“大智移云”新工科时代,大数据、人工智能、移动互联网、物联网、互联网、云计算技术飞速发展。以深度学习为代表的人工智能方法与技术向人类提出了挑战,如计算机在围棋和电子竞技领域先后战胜了人类。

卷积神经网络(Convolutional Neural Networks,CNN)是经典的深度学习算法,在图像识别领域取得了举世瞩目的成就。小波分析被称为数学显微镜,在信号分析领域具有极强的辨识能力。

8.4 发明内容

本发明的目的在于提高深度学习的速度和精度,实现对世界中的大数据进行采集、存储、智能分析、监视和控制,从而解决安防、交管、维稳、智慧城市领域的需求。

本发明提出了一种新方法,将 CNN 和小波分析技术深度结合,使其具有更快速度和更高精度的神经网络,即小波卷积小波神经网络,简写为:wCwNN。同时,本发明提出了一种新系统,应用 wCwNN 方法,可以通过物联网高效地采集不受控系统大数据信息,快速完成训练,高精度完成智能计算。

为了实现上述目的,本发明采取了如下技术方案。

wCwNN 网络及情报分析方法(1000)参见图 8-1,包括情报处理流程(100)、wCwNN 前向计算流程(200)、wCwNN 训练流程(300)。基于 wCwNN 网络及情报分析方法的系统(2000)参见图 8-2,包括前端情报板(1)、网络安全与交换设备(2)、海量情报服务器(3)、高性能情报分析器(4)、情报监察控制器(5)、不受控系统(6)。

8.4.1 小波卷积小波神经网络及情报分析方法(1000)

8.4.1.1 情报处理流程(100)

步骤 101:情报处理流程(100)开始。前端情报板(1)和海量情报服务器(3)启动并进行通讯。如果通讯正常,则进入步骤 102;如果通讯异常,则在前端情报板(1)和海量情报服务器(3)中报警。之后进入步骤 102。

步骤 102:情报采集。前端情报板(1)通过视频图像采集装置(1.6)对监控场景(6.1)进行图像采集,并发送给海量情报服务器(3);前端情报板(1)或海量情报服务器(3)对互联网(6.2)进行文本信息抓取,并发送给海量情报服务器(3)。之后进入步骤 103。

步骤 103:情报存储。海量情报服务器(3)接收来自前端情报板(1)采集的图像信息并存储;海量情报服务器(3)接收来自前端情报板(1)和海量情报服务器(3)抓取的文本信息并存储。之后进入步骤 104。

步骤 104:特征提取。该步骤可以跳过。该步骤通过人脸检测算法将人脸照片区域图像裁剪为新的图片信息,通过自然语言特征提取算法,将文本信息映射为特征向量。之后进入步骤 105。

步骤 105：wCwNN 参数设置。该步骤是整个方法的核心步骤，定义了程序和 wCwNN 网络的关键参数。以下 wCwNN 涉及的所有权值、参数、神经元节点的值将存放在 wCwNN 模块的寄存器中，wCwNN 神经网络的输入是采集的信息，神经网络的输出是采集信息经过计算的结果和分类标签；下列各公式表示本发明将上述采集信息的输入，按照权值、参数在神经元节点中进行计算，计算的结果为输出和分类标签；神经网络各层节点的物理意义是本系统对采集信息的理解信息。

步骤 105.1：网络结构参数设置。

步骤 105.1.1：前段网络、后段网络及各层的相关定义。wCwNN 网络分为前段网络和后段网络。前段网络为卷积池化网络，其中卷积层的激活函数为小波尺度变换函数；后段网络为小波神经网络。

wCwNN 网络前段网络（卷积池化网络）第 1 层为样本的输入层，第 2 层为第 1 个卷积层，第 3 层为第 1 个池化层，第 4 层为第 2 个卷积层，第 5 层为第 2 个池化层，以此类推。

wCwNN 后段网络（小波神经网络 wNN）最后一层（第−1 层）为 wNN 输出层，倒数第 2 层（第−2 层）开始至倒数第 h−1 层（第−(h−1)层）是 wNN 隐含层，倒数第 h 层（第−h 层）是 wNN 输入层，倒数第 h+1 层（第−(h+1)层）是 wCwNN 网络前段网络（卷积池化网络）的最后一层。

步骤 105.1.2：卷积层输入输出定义。如果第 l 层是 wCwNN 前段网络的卷积层，具有 $feature^l$ 个卷积核即输出特征数，该卷积层的输入维度为 $sizeNet^l$，经过卷积计算后输出维度为 $sizeO^l$，则经过 $feature^l$ 个卷积核的卷积计算后，将会产生 $feature^l$ 个特征，每个特征的维度为 $sizeO^l$；如果定义该层卷积核的大小为 $sizeC^l \times sizeC^l$，则卷积计算后产生的 $feature^l$ 个特征中的每个特征的维度 $size\ O^l$ 的计算公式为：

$$size\ O^l = (sizeNet^l - sizeC^l + 1) \times (sizeNet^l - sizeC^l + 1) \tag{8-1}$$

步骤 105.1.3：池化层输入输出定义。如果第 l 层是 wCwNN 前段网络的池化层，该池化层的层池化窗大小为 $sizeP^l \times sizeP^l$，该层输入维度为 $sizeNet^l$；则经过池化计算后的输出维度 $size\ O^l$ 的计算公式为：

$$sizeO^l = sizeNet^l \times \left(\frac{1}{sizeP^l}\right) \times \left(\frac{1}{sizeP^l}\right) \tag{8-2}$$

步骤 105.1.4：后段网络 wNN 网络相关定义。如果第 l 层是 wCwNN 后段网络（小波神经网络 wNN）的第 1 层（输入层），则第 $l+1$ 层为小波神经网络的第 2 层（隐含层），第 $l+2$ 层为小波神经网络的第 3 层（输出层）；则 wCwNN 的后段网络 wNN 的结构参数如下：

定义在时刻 t（第 t 次训练计算中），第 l 层第 i 个神经元的输入是 $net_i^l(t)$ ，经过激活函数计算后，该第 i 个神经元的输出是 $O_i^l(t)$ 。

根据上述定义，如果 wNN 输入层一共有 M 个神经元，每个神经元的输入为 $net_i^1(t)$ ，则输出为 $O_i^1(t)$ ；如果 wNN 隐含层一共有 Q 个神经元，每个神经元的输入为 $net_j^2(t)$ ，则输出为 $O_j^2(t)$ ；如果 wNN 输出层一共有 L 个神经元，每个神经元的输入为 $net_k^3(t)(k = 1,2,\cdots,L)$ ，则每个神经元的输出为 $O_k^3(t)(k = 1,2,\cdots,L)$ 。

定义 wNN 的输入层与隐含层各神经元之间的连接权值矩阵为 $w_{ij}^2(t)$ ；隐含层与输出层各神经元之间的连接权值矩阵为 $w_{jk}^3(t)$ ；隐含层神经元的活化函数尺度变换参数矩阵为 $a_j(t)$ 和 $b_j(t)$ 。其中，$i = 1,2,\cdots,M;j = 1,2,\cdots,Q;k = 1,2,\cdots,L$ 。

i、j、k 表示各层神经网络神经元的编号，因为各神经元都是存放在数组里的，因此 i、j、k 也表示存放神经元取值的数组的列号，也就是神经网络的维度编号，神经网络输入层神经元编号对应着样本数据输入的维度编号，神经网络输出层神经元编号对应着样本数据标签值的维度编号。

步骤 105.2：网络权值初始化设置。如果第 l 层是 wCwNN 前段网络的卷积层，则初始化尺度变换参数为 AC_j^l 和 BC_j^l ，第 l 层与第 $l-1$ 层之间的卷积核为 WC_{ij}^l ；其中，$l = 1,3,5,\cdots,n$ ，此处的 n 表示最后一个卷积层的层号。如果第 l 层是 wCwNN 后段网络 wNN 的隐含层，则初始化尺度变换参数为 A_j 和 B_j ，第 l 层与第 $l-1$ 层之间的连接权值为 W_{ij}^2 ，第 $l+1$ 层与第 l 层之间的连接权值为 W_{jk}^3 。

保存生成的神经网络权值与参数，各权值和尺度变换参数均可初始化为 $RandomFloatBetween(0,1)$ ，其中，$RandomFloatBetween(0,1)$ 表示随机产生的 $(0,1)$ 区间内的随机小数。

保存上述随机生成的各权值和参数 $wab = \{WC_{ij}^l,AC_j^l,BC_j^l,W_{ij}^2,W_{jk}^3,A_j,B_j\}$ 作为训练流程的初始化参数。

步骤 105.3：训练程序参数初始化。初始化 wCwNN 前段网络的学习率为 $AlphaWC$ ，wCwNN 后段网络的学习率为 $AlphaWNN$ ，学习率决定每个训练时刻 t 参数调整量作用于参数变化量的百分比，取值范围为(0,1]。初始化 wCwNN 后段网络的惯性系数为 LA ，惯性系数决定上一个训练时刻 $t-1$ 各参数取值保持不变的比例，取值范围为(0,1]。

初始化每个训练时刻 t ，投入训练的样本数量为 $BATCHSIZE$ 个，如果样本总数量为 1 000,则 $BATCHSIZE$ 取 5 或者 10,即总样本数量的 $[\frac{1}{100},\frac{1}{10}]$ 。

初始化训练的最大周期次数为 $LOOP\_MAX$,则训练开始后,训练时刻 t 的取值范围为 $1 \leqslant t \leqslant LOOP\_MAX$ 。

初始化目标差为 $ERROR\_TARGET$,表示经过多个训练周期,误差如果下降到小于 $ERROR\_TARGET$,则训练因达到目标而停止。

步骤 106:处理流程选择。如果选择训练,则跳转至步骤 130;如果选择分析,则跳转至步骤 120;如果选择结束,则跳转至步骤 190。

步骤 130:训练。进入 wCwNN 训练流程(300)进行机器学习,结束后进入步骤 131。

步骤 131:训练结果保存。将 wCwNN 训练流程(300)结果进行保存,用于分析(120);之后跳转至步骤 106,重新进行处理流程选择。

步骤 120:分析。进入 wCwNN 前向计算流程(200)进行前向计算,计算得到结果后进入步骤 121。

步骤 121:分析结果监控。将步骤 120 的分析结果发送到情报监察控制器(5)进行显示;之后跳转至步骤 106,重新进行处理流程选择。

步骤 190:结束。情报处理流程(100)结束。

8.4.1.2　wCwNN 前向计算流程(200)

步骤 201:wCwNN 前向计算流程(200)开始。该流程的输入为:

(1)单个样本数据的输入表示为 $X^1(t)$,位于 wCwNN 第一层(第 $l=1$ 层),由 M 个元素构成,也可以表示为 $X_j^1(t)$, $j=1,2,\cdots,M$;wCwNN 的第一层神经元的输入与输出相同,且与单个样本数据的输入相对应,表示为 $O^1(t)$,也可以表示为 $O_j^1(t)$, $j=1,2,\cdots,M$, j 表示神经元节点的编号。

(2)与上述单个样本数据的输入对应的标签值表示为 $Y^{-1}(t)$,位于 wCwNN 最后一层(第 $l=-1$ 层),标签值的维度为 L ,也可以写为 $Y_k^{-1}(t)$, $k=1,2,\cdots,L$, k 表示样本的标签的维度编号。

步骤 202:初始化计算。读取 wCwNN 前段网络卷积层的卷积核参数 $wc_{ij}^l(t)=WC_{ij}^l$,小波变换中的平移因子 $bc_j^l(t)=BC_j^l$,伸缩因子 $ac_j^l(t)=AC_j^l$;其中 $l=1,3,5,\cdots,n$,此处的 n 表示最后一个卷积层的层号。读取 wCwNN 后段网络输入层与隐含层之间的连接权值 $w_{ij}^2(t)=W_{ij}^2$,隐含层尺度变换参数 $a_j(t)=A_j$ 和 $b_j(t)=B_j$,隐含层与输出层之间的连接权值 $w_{jk}^3(t)=W_{jk}^3$ 。

步骤 203:卷积计算。按照 wCwNN 前段网络的层的顺序从前向后计算每一层的输出。如果第 l 层是卷积层,则该层进行卷积计算。卷积计算的公式为:

$$net^{l}(t) = Convolution(O^{l-1}(t), wc^{l}(t)) \tag{8-3}$$

其中，函数 $z = Convolution(x,y)$ 的功能是卷积计算（Convolution Calculation）：以 y 为卷积核，将数组 x 进行卷积计算，得到的结果是 z；$net^{l}(t)$ 为第 l 层卷积计算的结果，$wc^{l}(t)$ 是第 l 层的卷积核，$O^{l-1}(t)$ 是第 $l-1$ 层的输出（第 l 层的输入）。

如果数组 x 是 $a \times b$ 的矩阵，卷积核 y 是 $c \times d$ 的矩阵，通常情况下 $a = b$，$c = d$，$a > c$（例如，$a = b = sizeNet^{l}$，$c = d = sizeC^{l}$），则卷积计算结果 $z = Convolution(x,y)$，计算中，$\mathbf{Z}$ 矩阵中 m 行 n 列的点的计算公式为：

$$\mathbf{Z}(m,n) = \sum_{i=0}^{c-1} \sum_{j=0}^{d-1} x(m+i, n+j) \cdot y(i,j) \tag{8-4}$$

其中，$m = 1,2,\cdots,a-c+1$；$n = 1,2,\cdots,b-d+1$，即卷积层输出的维度为 $(sizeNet^{l} - sizeC^{l} + 1) \times (sizeNet^{l} - sizeC^{l} + 1)$。

步骤 204：小波激活计算。将卷积计算的结果 $net^{l}(t)$ 经过激活函数计算，得到第 l 层的输出 $O^{l}(t)$ 为：

$$O^{l}(t) = \Psi_{wc}(net^{l}(t)) \tag{8-5}$$

其中，激活函数 $\Psi_{wc}(x)$ 的定义如下：在 t 时刻第 l 层第 j 个神经元经过激活函数后的输出 $O_{j}^{l}(t)$ 的计算公式为：

$$O_{j}^{l}(t) = \Psi_{wc}\left(\frac{net_{j}^{l}(t) - ac_{j}^{l}(t)}{bc_{j}^{l}(t)}\right) \tag{8-6}$$

其中，$net_{j}^{l}(t)$ 表示在 t 时刻第 l 层卷积层的第 j 个神经元的卷积计算结果（未激活）；$ac_{j}^{l}(t)$ 和 $bc_{j}^{l}(t)$ 表示第 l 层尺度变换参数 $ac^{l}(t)$ 和 $bc^{l}(t)$ 中第 j 个神经元的尺度变换参数；$\Psi_{wc}(x)$ 表示卷积层激活函数，公式是：

$$\Psi_{wc}(x) = \cos(1.75x) \cdot e^{-\frac{x^2}{2}} \tag{8-7}$$

$\Psi_{wc}(x)$ 的导数表示为：

$$\Psi'_{wc}(t) = -1.75 \cdot \sin(1.75t) \cdot e^{-\frac{t^2}{2}} - t \cdot \cos(1.75t) \cdot e^{-\frac{t^2}{2}} \tag{8-8}$$

步骤 205：池化计算。如果第 l 层是池化层，则该层进行池化计算。池化计算的公式为：

$$O^{l}(t) = Convolution(O^{l-1}(t), valueP^{l}) \tag{8-9}$$

其中，函数 $z = Convolution(x,y)$ 是卷积计算（同上），池化计算也是一种卷积计算（卷积核每个点的取值相同）；y 为池化窗（卷积核），第 l 层池化窗的尺寸为 $sizeP^{l}$，将数组 x 进行池化计算，得到的结果是 $\mathbf{Z}$；$O^{l}(t)$ 为第 l 层卷积计算的结果，$valueP^{l}$ 是第 l 层的池化窗每个元素的值，$O^{l-1}(t)$ 是第 $l-1$ 层（前一个卷积层经过激活函数后）的输出，也就是第 l 层（池化层）的输入；池化窗 $valueP^{l}$

中每一个值(池化窗每个第 i 行第 j 列的元素都相等)的计算公式为:

$$valueP^l = \frac{1}{sizeP^l \times sizeP^l} \tag{8-10}$$

步骤 206:判断前段网络计算是否结束。前段网络可能是多个卷积池化层,因此确保每个卷积池化层都按照步骤 203 至步骤 205 进行计算后,再进入步骤 207。

步骤 207:后段网络即小波神经网络前向计算。

wNN 输入层的输入和输出相同,即: $wnnNET_j^1(t) = wnnO_j^1(t)$ 。

wNN 隐含层的输入 $wnnNET_k^2(t)$ 的计算公式为:

$$wnnNET_j^2(t) = \sum_{i=1}^{M} w_{ij}^2(t) \cdot wnnO_j^1(t), (j = 1,2,\cdots,Q) \tag{8-11}$$

wNN 隐含层的输出 $O_j^2(t)$ 的计算公式为:

$$wnnO_j^2(t) = \Psi_{ab}\left(\frac{wnnNET_j^2(t) - b_j(t)}{a_j(t)}\right), (j = 1,2,\cdots,Q) \tag{8-12}$$

其中, $\Psi_{ab}(x)$ 为小波函数,即隐含层神经元的活化函数; $a_j(t)$ 、$b_j(t)$ 为 t 时刻小波函数尺度变换参数,即隐含层神经元的活化函数尺度变换参数。取满足框架条件的小波函数 $\Psi_{ab}(x)$ 为:

$$\Psi_{ab}(x) = \cos(1.75x) \cdot e^{-\frac{x^2}{2}} \tag{8-13}$$

$\Psi_{ab}(x)$ 的导数表示为:

$$\Psi'_{a,b}(t) = -1.75 \cdot \sin(1.75t) \cdot e^{-\frac{t^2}{2}} - t \cdot \cos(1.75t) \cdot e^{-\frac{t^2}{2}} \tag{8-14}$$

wNN 输出层的输入 $net_k^3(t)$ 的计算公式为:

$$wnnNET_k^3(t) = \sum_{j=1}^{Q} w_{jk}^3(t) \cdot wnnO_j^2(t), (k = 1,2,\cdots,L) \tag{8-15}$$

wNN 输出层的输出 $wnnO_k^3(t)$ 的计算公式为:

$$wnnO_k^3(t) = g(wnnNET_k^3(t)), (k = 1,2,\cdots,L) \tag{8-16}$$

其中, $g(x)$ 为输出层神经元的活化函数取非负的 Sigmoid 函数,如下式:

$$g(x) = \frac{e^x}{e^x + e^{-x}} \tag{8-17}$$

步骤 208:分类结果计算。前向计算的分类结果计算公式为:

$$labelO^3(t) = \text{argmin}_k(|wnnO_k^3(t) - Y_k^{-1}(t)|) \tag{8-18}$$

t 时刻本次前向计算的样本的输入为 $O^1(t)$; $labelO^3(t)$ 为本次前向计算的样本分类编号; $wnnO_k^3(t)$ 为该样本的前向计算结果的第 k 个维度分量; $Y_k^{-1}(t)$ 可以作为本次前向计算样本的输入 $O^1(t)$ 对应的标签值, $k = 1,2,\cdots,L$, k 表示样本标签的维度编号,也就是输出层神经元的位置号; $|wnnO_k^3(t) - Y_k^{-1}(t)|$ 表

示 wNN 样本经过前向计算后，得到的输出层的每个输出与样本标签中每个维度的差，其中，$k = 1,2,\cdots,L$，k 表示输出层神经元的位置号，L 表示输出层神经元节点的总数；$\mathrm{argmin}_k(|wnnO_k^3(t) - Y_k^{-1}(t)|)$ 表示输出层第 k 个输出与标签值第 k 个维度的数值最接近，即使 $|wnnO_k^3(t) - Y_k^{-1}(t)|$ 取值达到最小时的 k。

步骤 290：结束。wCwNN 全段网络前向计算结束。该流程的输出为样本 $x(i,j)$ 经过前向计算后，得到的 wNN 输出层的输出 $wnn\ O_k^3(t)$，以及对应的分类编号 $labelO^3(t)$。

8.4.1.3　wCwNN 训练流程(300)

步骤 301：wCwNN 训练流程(300)开始。该流程的输入为全体训练样本数据。

定义全体训练样本的输入为 $allX_n(j)$，简写为 $allX_n$。$allX_n(j)$ 表示第 n 个训练样本的输入，$n = 1,2,\cdots,N$，n 代表训练样本的编号，一共有 N 个样本；每个样本输入维度用 j 表示，其中，$j = 1,2,\cdots,M$，每个样本的输入有 M 个维度。

定义全体训练样本的标签(目标值)为 $allY_n(j)$，简写为 $allY_n$。$allY_n(j)$ 表示第 n 个训练样本标签(目标值)，$n = 1,2,\cdots,N$，n 代表训练样本的编号，一共有 N 个样本；每个样本标签的维度用 j 表示，$j = 1,2,\cdots,K$，每个样本的标签有 K 个维度。

定义第 n 个训练样本 $sample_n$ 由第 n 个训练样本的输入 $allX_n$ 和第 n 个标签 $allY_n$ 构成。

定义全体训练样本 $sampleALL$ 由所有的 $sample_n$ 构成，其中，$n = 1,2,\cdots,N$，n 代表训练样本的编号，一共有 N 个训练样本构成全体训练样本 $sampleALL$。

步骤 302：初始化计算。在本步骤之前，已经进行了 wCwNN 参数设置(已经执行过步骤 105)；设定当前训练次数计数器的时刻 $t = 1$。

步骤 302.1：训练样本数据归一化。归一化的计算公式为：

$$normX_k(j) = \frac{allX_k(j) - \min(allX_k(j))}{\max(allX_k(j)) - \min(allX_k(j))} \tag{8-19}$$

其中，k 代表训练样本的编号，一共有 N 个样本；每个样本输入的维度用 j 表示，$j = 1,2,\cdots,M$，每个样本一共有 M 个维度。

$$normY_k(j) = = \frac{allY_k(j) - \min(allY_k(j))}{\max(allY_k(j)) - \min(allY_k(j))} \tag{8-20}$$

其中，$k = 1,2,\cdots,N$，k 代表训练样本的编号，一共有 N 个样本；每个样本标签的维度用 j 表示，$j = 1,2,\cdots,K$，每个样本的标签有 K 个维度。

$max(V_k(j))$ 函数的功能是返回 $V_k(j)$ 中所有元素取值的最大值，$min(V_k(j))$ 函数的功能是返回 $V_k(j)$ 二维数组中所有元素取值的最小值。

步骤 303：判断训练次数是否达到上限。当前训练次数计数器 t 是否达到上限 $LOOP\_MAX$ ，如果 $t \leq LOOP\_MAX$ ，则跳转至步骤 304，开始第 t 次训练；如果 $t > LOOP\_MAX$ ，则跳转至步骤 321，保存权值参数和训练次数误差，准备结束第 t 次训练。

步骤 304：全段网络前向计算。

步骤 304. 1：随机挑选 $BATCHSIZE$ 个训练样本分别进行前向计算，准备用于 wCwNN 权值和参数调整。

训练过程的关键是对神经网络各参数进行调整，调整算法需要对单个样本进行前向计算，前向计算的结果与标签值之前可以计算误差，根据误差进行误差的反向传播计算，根据反向传播的误差计算神经网络参数的调整量。上述过程都是针对单个样本进行的，为了提升效率，第 t 次训练中，一次处理 $BATCHSIZE$ 个样本，其中前向计算步骤如下。

定义参加第 t 次训练的样本组合为 $sampleBATCH(t)$ 。在第 t 次训练时，首先在全体训练样本 $sampleALL$ 中，随机挑选 $BATCHSIZE$ 个样本，构成一个训练样本组合 $sampleBATCH(t)$ ，在第 t 次训练中这些随机选出的样本都参加训练。

定义训练样本组合 $sampleBATCH(t)$ ，其中，第 n 个样本的输入为 $X_n(t)$ ，$n = 1,2,\cdots,BATCHSIZE$ ，k 代表训练样本的编号，一共有 $BATCHSIZE$ 个。

定义训练样本组合 $sampleBATCH(t)$ ，其中，第 n 个样本的标签为 $Y_n(t)$ ，$n = 1,2,\cdots,BATCHSIZE$ ，n 代表训练样本的编号，一共有 $BATCHSIZE$ 个。

将训练样本组合 $sampleBATCH(t)$ 中的每一个样本 $X_n(t)$ ，$n = 1,2,\cdots,BATCHSIZE$ ，分别作为前向计算流程（200）的输入参数 $O^1(t)$ ，分别送入前向计算流程（200），前向计算流程（200）的输出为 wCwNN 最后一层的输出 $wnnO_n^3(t)$ 。

步骤 304. 2：将全体训练样本进行前向计算，准备用于计算总体误差。

训练过程中需要根据已经达成的训练效果（全体训练样本的总误差）判定算法是否可以结束。全体训练样本的总误差是全体样本的标签值和前向计算结果的差的函数，计算方法如下。

定义全体训练样本中的每个样本的输入为 $allX_n$ ，$n = 1,2,\cdots,N$ ，分别作为前向计算流程（200）的输入参数 $O^1(t)$ ，分别送入前向计算流程（200），前向计算流程（200）的输出为每个样本的前向计算结果 $allO_n^3(t)$ ，$n = 1,2,\cdots,N$ 。

步骤 305：总误差计算。根据步骤 301 wCwNN 训练流程（300）开始时的定义,全体训练样本的标签(目标值)为 $allY_n$, $allY_n$ 与训练次数 t 无关;根据步骤 304.2 全体训练样本的前向计算,可以得到在时刻 t 第 n 个训练样本输入的前向计算结果为 $allO_n^3(t)$, $n=1,2,\cdots,N$;则第 t 次训练中,样本的总误差 $L(t)$ 的计算公式为:

$$L(t) = \frac{\frac{1}{2}\sum_{n=1}^{L}(allO_n^3(t) - allY_n)^2}{N} \tag{8-21}$$

步骤 306:判断误差是否达标。如果第 t 次训练中, $L(t) < ERROR\_TARGET$,即达到目标误差的要求,则跳转至步骤 321,保存权值参数和训练次数误差,准备结束训练;否则,转至步骤 307 误差反向传播计算,准备更新权值,产生新的总误差进行算法终止判定,本步骤判定算法不结束,因此训练次数 t 更新为: $t = t + 1$。

步骤 307:误差反向传播计算。定义 $\delta_i^1(t)$ 、$\delta_j^2(t)$ 、$\delta_j^3(t)$ 、$\delta_k^4(t)$ 表示 wCwNN 后段网络各层的输出误差。其中, $\delta_i^1(t)$ 表示在 t 时刻 wNN 输入层神经元 i 的输出误差, $\delta_j^2(t)$ 表示 wNN 隐藏层神经元 j 未经过激活函数的输出误差, $\delta_j^3(t)$ 表示 wNN 隐藏层神经元 j 经过激活函数的输出误差, $\delta_k^4(t)$ 表示 wNN 输出层神经元 k 的输出误差。

步骤 307.1:wCwNN 后段网络误差反向传播。wNN 输出层输出误差计算如下:

$$\delta_k^4(t) = wnnO_k^3(t) - Y_k^{-1}(t),\ k = 1,2,\cdots,L \tag{8-22}$$

$\delta_k^4(t)$ 表示 wNN 输出层第 k 个神经元的输出误差, k 表示神经元的编号,输出层一共有 L 个神经元, $\boldsymbol{\delta_k^4(t)}$ 是一个维数为 $L\times 1$ 的矩阵;当 $BATCHSIZE$ 个样本同时计算时, $BATCHSIZE$ 个 $\boldsymbol{\delta_k^4(t)}$ 用一个维度为 $L \times BATCHSIZE$ 的矩阵表示。

wNN 隐藏层输出误差计算如下:

$$\boldsymbol{\delta_j^3(t)} = \sum_{k=1}^{L}\boldsymbol{w_{jk}^3(t)} \cdot \boldsymbol{\delta_k^4(t)},\ j = 1,2,\cdots,Q \tag{8-23}$$

$\delta_j^3(t)$ 表示 wNN 隐含层第 j 个神经元经过激活函数后的输出误差, j 表示隐含层神经元的编号,隐含层一共有 Q 个神经元,即 $\boldsymbol{\delta_j^3(t)}$ 是一个维数为 $Q\times 1$ 的矩阵; $\boldsymbol{w_{jk}^3(t)}$ 表示隐含层与输出层各神经元之间的连接权值矩阵,矩阵维度为 $Q\times L$ 。当 $BATCHSIZE$ 个样本同时计算时, $BATCHSIZE$ 个 $\boldsymbol{\delta_j^3(t)}$ 用一个维度为 $Q\times BATCHSIZE$ 的矩阵表示。

wNN 隐藏层未经过激活函数的输出误差计算如下:

$$\delta_j^2(t) = \Psi'_{a,b}\left(\frac{net_j^2(t) - b_j(t)}{a_j(t)}\right) \cdot \delta_j^3(t),\ j = 1,2,\cdots,Q \tag{8-24}$$

$\delta_j^2(t)$ 表示 wNN 隐藏层神经元 j 未经过激活函数的输出误差，j 表示隐含层神经元的编号，隐含层一共有 Q 个神经元。当 $BATCHSIZE$ 个样本同时计算时，$\boldsymbol{\delta}_j^2(t)$ 表示为一个维数为 $BATCHSIZE \times Q$ 的矩阵。$\Psi'_{a,b}$ 代表 wNN 隐含层的激活函数的导数，经过 $\Psi'_{a,b}\left(\frac{net_j^2(t) - b_j(t)}{a_j(t)}\right)$ 计算后的矩阵维度为 $BATCHSIZE \times Q$，表示 $BATCHSIZE$ 个样本反向传播计算过程中，隐藏层第 j 个神经元在未经激活函数之前的导数。

wNN 输入层第 i 个神经元的输出误差计算如下：

$$\delta_i^1(t) = \sum_{j=1}^{L} \delta_j^2(t) \cdot \left(\frac{w_{ij}^2(t)}{a_j(t)}\right),\ i = 1,2,\cdots,M \tag{8-25}$$

$\delta_i^1(t)$ 表示 wNN 输入层第 i 个神经元的输出误差，i 表示输入层神经元的编号，wNN 输入层一共有 M 个神经元；$\boldsymbol{w}_{ij}^2(t)$ 表示输入层与隐含层各神经元之间的连接权值矩阵，矩阵维度为 $Q \times M$。当 $BATCHSIZE$ 个样本同时计算时，$BATCHSIZE$ 个 $\boldsymbol{\delta}_i^1(t)$ 表示为一个维数为 $BATCHSIZE \times M$ 的矩阵。

步骤 307.2：卷积（池化）计算后的输出误差计算。如果前段网络最后一层是第 l 层，第 l 层有两种情况。

情况一：如果第 l 层是池化层，池化层没有激活函数，池化计算（池化计算也是一种卷积计算）后的输出误差为：

$$fvd_i^l(t) = \delta_i^1(t),\ i = 1,2,\cdots,M \tag{8-26}$$

情况二：如果第 l 层是卷积层，卷积计算之后还要进行激活函数计算，从而产生卷积层的输出，作为第 $l+1$ 层的输入，上述激活函数之后的输出误差为：

$$fvd_i^l(t) = \delta_i^1(t),\ i = 1,2,\cdots,M \tag{8-27}$$

激活函数之前（卷积层的卷积计算后）的输出误差的计算公式为：

$$fvd_i^l(t) = \delta_i^1(t) \cdot \Psi'_{a,b}(O_i^l(t)),\ i = 1,2,\cdots,M \tag{8-28}$$

$O_i^l(t)$ 是前向计算中得到的第 l 层卷积和激活函数计算后的输出，其中，$i = 1,2,\cdots,M$。当 $BATCHSIZE$ 个样本同时计算时，$BATCHSIZE$ 个 $\boldsymbol{fvd}_i^l(t)$、$BATCHSIZE$ 个 $\boldsymbol{O}_i^l(t)$ 和 $BATCHSIZE$ 个 $\boldsymbol{\delta}_i^1(t)$ 分别用一个维度为 $M \times BATCHSIZE$ 的矩阵表示。

情况一和情况二计算的结果 $fvd_i^l(t)$ 是卷积（池化）计算之后的输出误差。

对于前段网络的最后一层（第 $l=-1wC$ 层），每一个样本，$\boldsymbol{fvd}_i^l(t)$ 都是一个 $1 \times M$ 的矩阵，对应后段网络的输入维度 $1 \times M$；但是前段网络的输出的数据结构应该是 $sizeO^l \times sizeO^l \times feature^l, l=-1wC$，其中，$feature^l$，$l=-1wC$ 表示前段

网络最后一层的特征数，$sizeO^l \times sizeO^l$，$l = -1wC$ 表示前段网络最后一层的每个特征对应的输出矩阵，前段网络最后一层的输出与后段网络第一层的输入的对应关系是：$sizeO^l \times sizeO^l \times feature^l = 1 \times M$，$l = -1wC$ 。因此，需要将 $1 \times M$ 的数据结构映射回 $sizeO^l \times sizeO^l \times feature^l$，$l = -1wC$ 的数据结构。

使用 j 表示前段网络的最后一层的特征编号，则 $j = 1,2,\cdots,feature^l$；$l = -1wC$；使用 m，n 表示第 j 个特征输出误差的行号和列号，则 $m = 1,2,\cdots,sizeO^l$；$n = 1,2,\cdots,sizeO^l$；$l = -1wC$ 。因此，第 j 个特征第 m 行、第 n 列的输出误差映射公式为：

$$\delta_j^l(t) = \delta_j^l(t,m,n) = fvd^l_{(j-1)\cdot sizeO^l\cdot sizeO^l+(m-1)\cdot size^l+n}(t)$$
$$l = -1wC \tag{8-29}$$

步骤 307.3：wCwNN 前段网络误差反向传播。wCwNN 前段网络的第 $l = 1$ 层为样本的输入层，第 $l = 2$ 层为第 1 个卷积层，第 $l = 3$ 层为第 1 个池化层，第 $l = 4$ 层为第 2 个卷积层，第 $l = 5$ 层为第 2 个池化层，以此类推，通常情况下 $l \geqslant 3$ 。

如果第 l 层是卷积层，用变量 δ_j^l 表示第 l 层的第 j 个特征的输出误差，则 δ_i^{l+1} 表示卷积层的后一层（池化层）的第 i 个特征的输出误差，$i = 1,2,\cdots,size^{l+1}$，$i$ 表示池化层各特征的编号，第 $l+1$ 层有 $feature^{l+1}$ 个特征。

如果第 l 层是池化层，用变量 δ_i^l 表示第 l 层的第 i 个特征的输出误差，则用变量 δ_j^{l+1} 表示池化层的后一层（卷积层）的第 j 个特征的输出误差，$j = 1,2,\cdots,feature^{l+1}$，$j$ 表示卷积层各特征的编号，第 $l+1$ 层有 $feature^{l+1}$ 个特征。

步骤 307.3.1：池化层的误差反向传播。池化层的误差反向传播是指根据池化层（第 $l+1$ 层）的输出误差 δ_i^{l+1}，计算前一个卷积层（第 l 层）经过激活函数前的输出误差 δ_j^l 。计算公式为：

$$\delta_j^l = \Psi'_{wc}(t)\left(\frac{net_j^l(t) - bc_j^l(t)}{ac_j^l(t)}\right)\cdot poolExpand(\delta_i^{l+1})$$
$$j = 1,2,\cdots,size^l; i = 1,2,\cdots,size^{l+1} \tag{8-30}$$

δ_j^l 表示第 j 个特征的误差，$net_j^l(t)$ 表示第 j 个特征的输入值，$bc_j^l(t)$ 与 $ac_j^l(t)$ 表示第 j 个特征的小波变换平移因子与伸缩因子；j 表示各特征的编号，第 l 层有 $feature^l$ 个特征，δ_i^{l+1} 为池化层第 i 个特征的输出误差，i 表示池化层各特征的编号，第 $l+1$ 层有 $feature^{l+1}$ 个特征；$\Psi'_{wc}(x)$ 为激活函数导数函数；$poolExpand(x)$ 表示池化层扩展，作用是将池化层（第 $l+1$ 层）每一个点的输出误差扩展成为 $sizeP^{l+1} \times sizeP^{l+1}$ 个输出误差；$poolExpanded\_\delta_i^{l+1}(a,b)$ 表示扩展后的误差，计算公式如下，其中 $\mathrm{int}(x)$ 函数表示对 x 向下取整。

$$poolExpanded\_\delta_i^{l+1} = poolExpand(\delta_i^{l+1}) \quad i = 1,2,\cdots,sizeP^{l+1} \tag{8-31}$$

$$poolExpanded\_\delta_i^{l+1}(a,b) = \delta_i^{l+1}(\mathrm{int}\left(\frac{a-1}{sizeP^{l+1}}\right)+1,\mathrm{int}\left(\frac{b-1}{sizeP^{l+1}}\right)+1) \tag{8-32}$$

步骤 307.3.2：卷积层的卷积计算的误差反向传播计算。卷积层的卷积计算的误差反向传播，是指根据卷积层（第 $l+1$ 层）的卷积计算的输出误差 δ_j^{l+1} 计算卷积层的输入误差 δ_i^l 。δ_i^l 也是池化层（第 l 层）的输出误差，计算公式为：

$$\delta_i^l = \sum_{j=1}^{feature^{l+1}} \delta_j^{l+1} \cdot wc_{ij}^{l+1}(t) \quad i = 1,2\cdots, feature^l \tag{8-33}$$

δ_i^l 表示池化层第 i 个特征的输出误差，δ_j^{l+1} 表示池化层的后一层卷积层的第 j 个特征未经过激活函数前的输出误差，$wc_{ij}^{l+1}(t)$ 表示第 l 层的第 i 个特征向第 $l+1$ 层的第 j 个特征进行卷积计算的卷积窗（连接权值），j 表示第 $l+1$ 层各特征的编号，第 $l+1$ 层有 $feature^{l+1}$ 个特征，i 表示第 l 层池化层各特征的编号，第 l 层池化层有 $feature^l$ 个特征。

当 $BATCHSIZE$ 个样本同时计算时，该步骤依靠反卷积完成，计算公式为：

$$\delta_j^l = Convolution2(\delta_j^{l+1},Rotate(wc^{l+1}(t))) \tag{8-34}$$

函数 $Rotate(x)$ 的功能是把矩阵 $\boldsymbol{x}$ 翻转 180 度：如果原矩阵 $\boldsymbol{x}$ 是 $a \times b$ 的矩阵，通常情况下 $a=b$ ，则翻转过程如下：

$$\boldsymbol{x} = \begin{pmatrix} x_{11} & x_{12} \\ x_{21} & x_{22} \end{pmatrix};\ Rotate(\boldsymbol{x}) = \begin{matrix} x_{22} & x_{21} \\ x_{12} & x_{11} \end{matrix} \tag{8-35}$$

函数 $z = Convolution2(x,y)$ 的功能是反卷积计算（一种扩展的卷积计算）：以 y 为卷积核，将矩阵 $\boldsymbol{x}$ 进行卷积计算，得到的结果是 z ，计算公式为：

$$\begin{aligned} z &= Convolution2(x,y) \\ &= Convolution2\begin{pmatrix} x_{11} & x_{12} & y_{11} & y_{12} \\ & & , & \\ x_{21} & x_{22} & y_{21} & y_{22} \end{pmatrix} \\ &= Convolution\begin{pmatrix} 0 & 0 & 0 & 0 & & \\ 0 & x_{11} & x_{12} & 0 & y_{11} & y_{12} \\ & & & , & & \\ 0 & x_{21} & x_{22} & 0 & y_{21} & y_{22} \\ 0 & 0 & 0 & 0 & & \end{pmatrix} \end{aligned} \tag{8-36}$$

步骤 308：网络权值与参数的调整计算。

步骤 308.1：权值与参数的求导计算。

步骤 308.1.1：前段网络的权值与参数的求导计算。

如果第 l 层是卷积层，则该层权值与参数的导数方法如下：

卷积核（第 $l-1$ 层第 i 个特征的输出向第 l 层第 j 个特征的输出的卷积计算用到的卷积核）$wc_{ij}^l(t)$ 的求导计算公式为：

$$\mathrm{d}\,wc_{ij}^{l}(t) = net_{i}^{l-1}(t) \cdot \delta_{j}^{l}$$
$$i = 1,2,\cdots,feature^{l-1};\ j = 1,2,\cdots,feature^{l} \tag{8-37}$$

$net_i^{l-1}(t)$ 表示第 $l-1$ 层的第 i 个特征未经过激活函数的输出值，δ_j^l 表示第 l 层的第 j 个特征输出误差值；j 表示卷积层各特征的编号，第 l 层有 $feature^l$ 个特征，i 表示池化层各特征的编号，第 $l-1$ 层有 $feature^{l-1}$ 个特征。

$\mathrm{d}bc_j^l$、$\mathrm{d}ac_j^l$ 是第 l 层的第 j 个特征的小波变换参数 bc_j^l、ac_j^l 的导数，计算公式为：

$$\mathrm{d}bc_j^l(t) = -\frac{\delta_j^l}{ac_j^l(t)},\ j = 1,2,\cdots,feature^l \tag{8-38}$$

$$\mathrm{d}\,ac_j^l(t) = -\frac{(\delta_j^l \times (net_j^l(t) - bc_j^l(t))}{ac_j^l(t)^2},\ j = 1,2,\cdots,feature^l \tag{8-39}$$

其中，δ_j^l 表示第 l 层的第 j 个特征输出误差值，$net_j^l(t)$ 表示第 l 层的第 j 个特征未经过激活函数的输出值，$bc_j^l(t)$ 表示第 l 层的第 j 个特征的平移因子，$ac_j^l(t)$ 表示第 l 层第 j 个特征的伸缩因子。

当 $BATCHSIZE$ 个样本同时计算 $\mathrm{d}\,ac_j^l(t)$ 时：δ_j^l 的维度为 $(sizeNet^l - sizeC^l + 1) \times (sizeNet^l - sizeC^l + 1) \times feature^l$，$ac_j^l(t)$ 的维度为 $1 \times feature^l$，$\frac{\delta_j^l}{ac_j^l(t)}$ 表示特征 j 的误差除以特征 j 的 $ac_j^l(t)$ 参数，结果维度为 $(sizeNet^l - sizeC^l + 1) \times (sizeNet^l - sizeC^l + 1) \times feature^l$；将各特征的 $BATCHSIZE$ 个样本误差相加，得到特征 j 的误差和，将其除以 $BATCHSIZE$ 得到平均误差，维度为 $1 \times feature^l$。

当 $BATCHSIZE$ 个样本同时计算 $\mathrm{d}bc_j^l(t)$ 时：$net_i^l(t) - bc_j^l(t)$ 的维度与 δ_j^l 相同，$\mathrm{d}bc_j^l(t)$ 求解过程同 $\mathrm{d}\,ac_j^l(t)$。

步骤 308.1.2：后段网络的权值与参数的求导计算。后段网络的权值的导数的计算公式为：

$$\mathrm{d}w_{jk}^3(t) = (O_k^3(t) - Y_k(t)) \times O_j^2(t),\ k = 1,2,\cdots,L;\ j = 1,2,\cdots,Q \tag{8-40}$$

$$\mathrm{d}w_{ij}^2(t) = O_i^1(t) \times \frac{\delta_j^2(t)}{a_j(t)},\ j = 1,2,\cdots,Q;\ i = 1,2,\cdots,M \tag{8-41}$$

$$\mathrm{d}a_j(t) = \delta_j^2(t) \cdot \times \frac{net_j^2(t) - b_j(t)}{a_j(t)^2},\ j = 1,2,\cdots,Q \tag{8-42}$$

$$\mathrm{d}b_j(t) = \frac{\delta_j^2(t)}{a_j(t)},\ j = 1,2,\cdots,Q \tag{8-43}$$

当 $BATCHSIZE$ 个样本同时计算 $\mathrm{d}a_j(t)$ 时：$\delta_j^2(t)$ 的维度为 $Q \times BATCHSIZE$，$net_j^2(t) \times w_{ij}^2(t)$ 的维度为 $Q \times BATCHSIZE$，上述 $\frac{net_j^2(t) - b_j(t)}{a_j(t)^2}$ 计算结果的维

度同样为 $Q \times BATCHSIZE$,代表样本的第 j 个隐藏层神经元的计算值, $\delta_j^2(t)$ 与 $\frac{net_j^2(t) - b_j(t)}{a_j(t)^2}$ 的结果进行矩阵的点乘计算(矩阵的点乘:矩阵各个对应元素相乘;矩阵的乘法:矩阵 a 的第 n 行乘以矩阵 b 的第 n 列,各个元素对应相乘然后求和作为第 n 个元素的值),计算结果的维度为 $Q \times BATCHSIZE$,代表样本的第 j 个隐含层神经元参数 $a_j(t)$ 的导数;把 $BATCHSIZE$ 个样本的导数相加,再除以 $BATCHSIZE$,即得到第 j 个隐含层神经元参数 $a_j(t)$ 的平均导数。

当 $BATCHSIZE$ 个样本同时计算 $\mathrm{d}b_j(t)$ 时: $\boldsymbol{\delta}_j^2(t)$ 的维度为 $Q \times BATCHSIZE$, $\boldsymbol{a}_j(t)$ 的维度为 $1 \times Q$, $\frac{\delta_j^2(n,t)}{a_j(t)}$ 表示样本的第 j 个神经元 $b_j(t)$ 的导数,把上述 $BATCHSIZE$ 个样本的导数相加,再除以 $BATCHSIZE$,即可得到第 j 个隐含层神经元参数 $b_j(t)$ 的平均导数。

步骤 308.2:wCwNN 的权值与参数的更新计算。如果第 l 层是前段网络的卷积层,则权值更新如下:

$$wc_{ij}^l(t+1) = wc_{ij}^l(t) - AlphaWC \times \mathrm{d}wc_{ij}^l(t) \tag{8-44}$$

$$ac_j^l(t+1) = ac_j^l(t) - AlphaWC \times \mathrm{d}ac_j^l(t) \tag{8-45}$$

$$bc_j^l(t+1) = bc_j^l(t) - AlphaWC \times \mathrm{d}bc_j^l(t) \tag{8-46}$$

如果当前层是后段网络 wNN,则权值更新如下:

$$w_{ij}^2(t+1) = w_{ij}^2(t) - AlphaWNN \times \mathrm{d}w_{ij}^2(t) + LA \times w_{ij}^2(t) \tag{8-47}$$

$$w_{jk}^3(t+1) = w_{jk}^3(t) - AlphaWNN \times \mathrm{d}w_{jk}^3(t) + LA \times w_{jk}^3(t) \tag{8-48}$$

$$a_j(t+1) = a_j(t) - AlphaWNN \times \mathrm{d}a_j(t) + LA \times a_j(t) \tag{8-49}$$

$$b_j(t+1) = b_j(t) - AlphaWNN \times \mathrm{d}b_j(t) + LA \times b_j(t) \tag{8-50}$$

步骤 321:保存 wCwNN 权值与参数。保存 wCwNN 前段网络卷积层的卷积核参数 $WC_{ij}^l = wc_{ij}^l(t+1)$,小波变换中的平移因子 $BC_j^l = bc_j^l(t+1)$,伸缩因子 $AC_j^l = ac_j^l(t+1)$;其中, $l = 1,3,\cdots,n$,此处的 n 表示最后一个卷积层的层号。

保存 wCwNN 后段网络输入层与隐含层之间的连接权值 $W_{ij}^2 = w_{ij}^2(t+1)$,隐含层尺度变换参数 $A_j = a_j(t)$ 和 $B_j = b_j(t)$,隐含层与输出层之间的连接权值 $W_{jk}^3 = w_{jk}^3(t)$ 。

步骤 390:wCwNN 训练结束。

8.4.2 基于小波卷积小波神经网络及情报分析方法和系统(2000)

8.4.2.1 不受控系统(6)

不受控系统(6)包括监控场景(6.1)和互联网(6.2)。监控场景(6.1)和互联网(6.2)中的大数据信息,将会被基于小波卷积小波神经网络及情报分析方法的系统(2000)采集。

8.4.2.2 前端情报板(1)

前端情报板(1)包括:嵌入式计算机(1.1)、嵌入式操作系统(1.2)、USB 接口(1.3)、网络接口(1.4)、显示器接口(1.5)、视频图像采集装置(1.6)、输入设备(1.7)、显示器(1.8)、wCwNN 模块(1.9)和无线路由器(1.10)。

嵌入式计算机(1.1)是微型计算机、嵌入式开发版或单片机,通过螺丝固定在前端情报板(1)上,用于运行操作系统和程序。

嵌入式操作系统(1.2)是计算机操作系统和用于嵌入式设备的操作系统,安装在嵌入式计算机(1.1)中,用于运行程序。

USB 接口(1.3)是嵌入式计算机(1.1)的 USB 接口,或者是嵌入式计算机(1.1)扩展出来的 USB 接口,用于连接外部 USB 接入设备。

网络接口(1.4)是嵌入式计算机(1.1)的网络接口,或者是嵌入式计算机(1.1)扩展出来的网络接口,用于连接外部网络设备、接入网络、接入互联网(6.2)。

显示器接口(1.5)是嵌入式计算机(1.1)的显示接口,或者是嵌入式计算机(1.1)扩展出来的显示接口,用于连接外部显示设备。

视频图像采集装置(1.6)是摄像装置,也可以是传感器,通过数据线或数据线配合转换器与 USB 接口(1.3)连接,用于采集来自监控场景(6.1)的大数据信息。

输入设备(1.7)是键盘,或者是按键、身份认证输入设备,通过数据线或数据线配合转换器与 USB 接口(1.3)连接,用于输入信息。

显示器(1.8)是带有触摸功能的显示器或投影仪,显示器(1.8)通过数据线和显示器接口(1.5)连接,用于显示信息。

wCwNN 模块(1.9)是运行于嵌入式计算机(1.1)的软件,或者是独立于嵌入式计算机(1.1)的计算机,通过网络数据交换的方法与嵌入式计算机(1.1)、海量情报服务器(3)进行数据通讯交互,实现驱动前端情报板各模块工作、发送信息服务器和接收服务器信息。

无线路由器(1.10)是放入 SIM 卡的无线路由器,也可以是普通路由器。无线路由器(1.10)的网口通过网线与网络接口(1.4)连接,如果嵌入式计算机(1.1)本身具有 Wi-Fi 网络接入功能,则能够直接与无线路由器(1.10)通过 Wi-Fi 连接。无线路由器(1.10)通过 SIM 卡对应的移动互联网络接入互联网(6.2),也能够通过与互联网(6.2)中的网络交换传输设备连接,从而接入互联网(6.2)。

8.4.2.3 网络安全与交换设备(2)

网络安全与交换设备(2)包括网络安全设备(2.1)和网络数据交换设备(2.2),通过网线连接,实现数据交换。网络安全设备(2.1)通过网线接入互联网(6.2),进而与前端情报板(1)进行通讯,通讯过程可以进行链路加密和数据加密;网络数据交换设备(2.2)通过网线与海量情报服务器(3)、高性能情报分析器(4)、情报监察控制器(5)连接,从而实现网络安全与交换设备(2)与前端情报板(1)、海量情报服务器(3)、高性能情报分析器(4)、情报监察控制器(5)之间的数据交换。

8.4.2.4 海量情报服务器(3)

海量情报服务器(3)通过网线与网络安全与交换设备(2)连接,从而可以与前端情报板(1)、高性能情报分析器(4)、情报监察控制器(5)进行网络数据交换。海量情报服务器(3)的主要作用是储存情报信息,海量情报服务器(3)的次要作用和前端情报板(1)的作用之一相同,即实现网络文本信息的采集功能。

8.4.2.5 高性能情报分析器(4)

高性能情报分析器(4)通过网线与网络安全与交换设备(2)连接,从而可以与前端情报板(1)、海量情报服务器(3)、情报监察控制器(5)进行网络数据交换。高性能情报分析器(4)的作用是对海量情报服务器(3)中存储的信息进行分析,实现 wCwNN 主要算法流程。

8.4.2.6 情报监察控制器(5)

情报监察控制器(5)通过网线与网络安全与交换设备(2)连接,从而可以与前端情报板(1)、海量情报服务器(3)、高性能情报分析器(4)进行网络数据交换。情报监察控制器(5)的作用是显示前端情报板(1)、海量情报服务器(3)、高性能情报分析器(4)的信息和状态给管理员,将管理员下达的各种控制指令和信息发送给前端情报板(1)、海量情报服务器(3)、高性能情报分析器(4)。

与现有技术相比,本发明具有以下优势:

(1)发明的 wCwNN 方法比已有方法具有更快的训练速度、更高的精度。

(2)发明的 wCwNN 及情报分析方法与系统实现了物联网对大数据信息的采集、互联网数据的交互、物联网和移动互联网终端的监控、大数据信息的云存储、wCwNN 方法对样本数据的学习与智能分析,以及虚拟现实技术对系统中上述各节点的总集成。因此,大型智能系统能够更加直观、便利、高智能地进行监视与控制。

8.5 附图说明

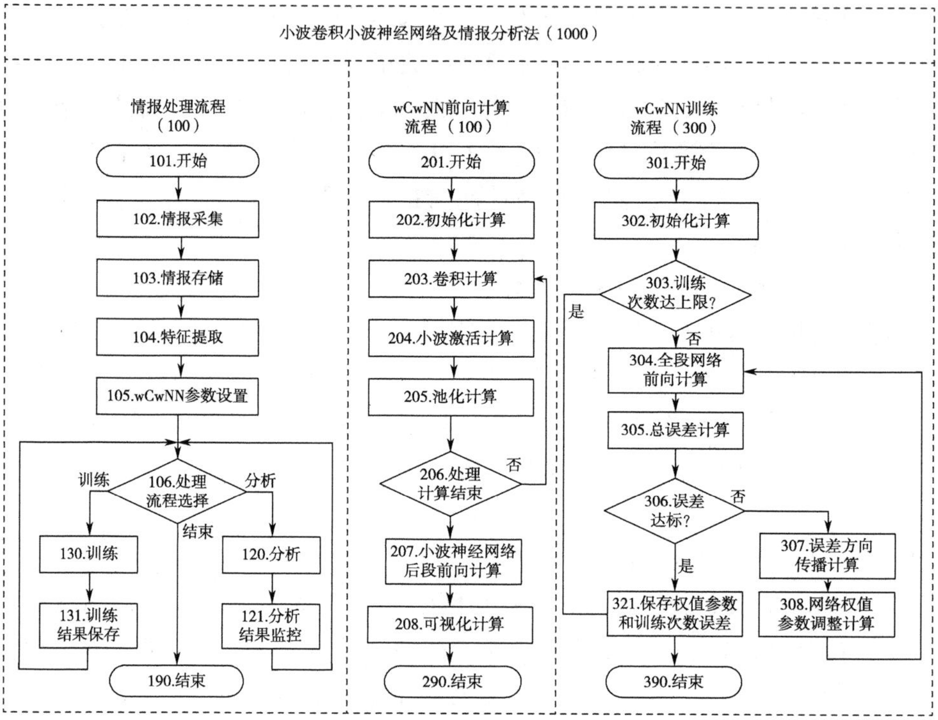

图 8-1　小波卷积小波神经网络及情报分析方法流程图

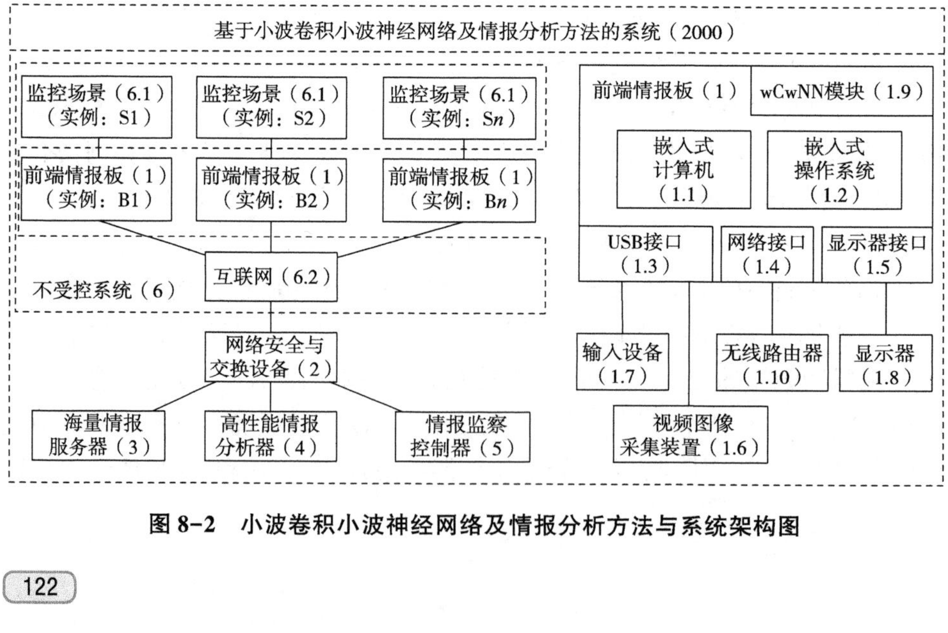

图 8-2　小波卷积小波神经网络及情报分析方法与系统架构图

8.6　具体实施方式

下面结合图 8-1 和图 8-2 详细说明本实施例，并描述方法。

8.6.1　基于小波卷积小波神经网络及情报分析方法与系统(2000)

实施例参见图 8-2，该系统由不受控系统(6)、前端情报板(1)、网络安全与交换设备(2)、海量情报服务器(3)、高性能情报分析器(4)、情报监察控制器(5)组成。

8.6.1.1　前端情报板(1)

前端情报板(1)包括：嵌入式计算机(1.1)、嵌入式操作系统(1.2)、USB 接口(1.3)、网络接口(1.4)、显示器接口(1.5)、视频图像采集装置(1.6)、输入设备(1.7)、显示器(1.8)、wCwNN 模块(1.9)、无线路由器(1.10)。

嵌入式计算机(1.1)可以是微型计算机、嵌入式开发板、单片机，通过螺丝固定在前端情报板(1)上，用于运行操作系统和程序。在本实施例中，嵌入式计算机(1.1)采用微软 Surface 3 袖珍计算机。

嵌入式操作系统(1.2)是计算机操作系统和用于嵌入式设备的操作系统，安装在嵌入式计算机(1.1)中，用于运行程序。在本实施例中嵌入式操作系统(1.2)采用 Windows 10 操作系统。

USB 接口(1.3)是嵌入式计算机(1.1)的 USB 接口，也可是嵌入式计算机(1.1)扩展出来的 USB 接口，用于连接外部 USB 接入设备。在本实施例中，USB 接口(1.3)采用“绿联 USB 扩展网口+USB 接口转换器”，扩展为多个 USB 接口。

网络接口(1.4)是嵌入式计算机(1.1)的网络接口，也是嵌入式计算机(1.1)扩展出来的网络接口，用于连接外部网络设备、接入网络、接入互联网(6.2)。在本实施例中，网络接口(1.4)采用“绿联 USB 扩展网口+USB 接口转换器”，扩展为网线接口。

显示器接口(1.5)是嵌入式计算机(1.1)的显示接口，也是嵌入式计算机(1.1)扩展出来的显示接口，用于连接外部显示设备。在本实施例中，显示器接口(1.5)采用“绿联 Mini DP 扩展 VGA 接口转换器”，将 Surface 3 的 Mini DP 接口扩展为 VGA 接口。

视频图像采集装置(1.6)是摄像装置，也是传感器，通过数据线或数据线配合转换器与 USB 接口(1.3)连接，用于采集来自监控场景(6.1)的大数据信息。

在本实施例中,视频图像采集装置(1.6)采用“罗技 C270 USB 摄像头”。

输入设备(1.7)是键盘,或者是按键、身份认证输入设备,通过数据线或数据线配合转换器与 USB 接口(1.3)连接,用于输入信息。在本实施例中,输入设备(1.7)采用“罗技 K380 键盘与罗技 MX Anywhere 鼠标”。

显示器(1.8)是带有触摸功能的显示器或投影仪,显示器(1.8)通过数据线和显示器接口(1.5)连接,用于显示信息。在本实施例中,显示器(1.8)采用 DELL P2418HT 触摸屏显示器,P2418HT 的 VGA 接口采用 VGA 视频线与由 Surface 3 的 Mini DP 接口扩展出来的 VGA 接口相连,P2418HT 的上行 USB 接口通过 USB 数据线与由 Surface 3 的 USB 接口扩展出来的 USB 接口相连。

wCwNN 模块(1.9)是运行于嵌入式计算机(1.1)的软件,或者是独立于嵌入式计算机(1.1)的计算机,通过网络数据交换的方法与嵌入式计算机(1.1)、海量情报服务器(3)进行数据通讯交互,实现驱动前端情报板(1)各模块工作、信息发送服务器、接收服务器信息。在本实施例中,wCwNN 模块(1.9)是运行了 wCwNN 算法的控制程序,运行在 Windows 10 中。

无线路由器(1.10)是放入 SIM 卡的无线路由器,也可以是普通路由器。无线路由器(1.10)的网口通过网线与网络接口(1.4)连接,如果嵌入式计算机(1.1)本身具有 Wi-Fi 网络接入功能,则可以直接与无线路由器(1.10)通过 Wi-Fi 连接;无线路由器(1.10)通过 SIM 卡对应的移动互联网络接入互联网(6.2),也可以通过与互联网(6.2)中的网络交换传输设备连接,从而接入互联网(6.2)。在本实施例中,无线路由器(1.10)采用华为 B315s-936 无线三网通路由器,该设备自带多个网线接口和 Wi-Fi 接入功能,可以放入 SIM 卡,实现计算机通过网线或 Wi-Fi 接入移动互联网。

8.6.1.2　网络安全与交换设备(2)

网络安全与交换设备(2)包括网络安全设备(2.1)和网络数据交换设备(2.2),通过网线相连接,实现数据交换。网络安全设备(2.1)通过网线接入互联网(6.2),进而与前端情报板(1)进行通讯,通讯过程可以进行链路加密和数据加密;网络数据交换设备(2.2)通过网线与海量情报服务器(3)、高性能情报分析器(4)、情报监察控制器(5)相连接,从而实现网络安全与交换设备(2)与前端情报板(1)、海量情报服务器(3)、高性能情报分析器(4)、情报监察控制器(5)之间的数据交换。在本实施例中,网络安全设备(2.1)采用华为 USG6101 企业级千兆防火墙,上联通过网线接入互联网,下联通过网线与下联交换机连接;网络数据交换设备(2.2)采用华为 S1700-24GR 企业级千兆交换机,上联通过网线与防火墙连接,下联通过网线与内网各服务器连接。

8.6.1.3 海量情报服务器(3)

海量情报服务器(3)通过网线与网络安全与交换设备(2)连接,从而可以与前端情报板(1)、高性能情报分析器(4)、情报监察控制器(5)进行网络数据交换。海量情报服务器(3)的主要作用是储存情报信息,海量情报服务器(3)的次要作用和前端情报板(1)的作用之一相同,即实现网络文本信息的采集功能。在本实施例中,海量情报服务器(3)采用 DELL R630 服务器,CPU 是英特尔至强 E5-2600-V3,内存为 16G×2,硬盘为 2T×4,操作系统为 Windows 2018。

8.6.1.4 高性能情报分析器(4)

高性能情报分析器(4)通过网线与网络安全与交换设备(2)连接,从而可以与前端情报板(1)、海量情报服务器(3)、情报监察控制器(5)进行网络数据交换。高性能情报分析器(4)的作用是对海量情报服务器(3)中存取的信息进行分析,实现 wCwNN 主要算法流程。在本实施例中,高性能情报分析器(4)采用 DELL R630 服务器,CPU 是英特尔至强 E5-2600-V3,内存为 16G×2,硬盘为 2T×4,操作系统为 Windows 2018。

8.6.1.5 情报监察控制器(5)

情报监察控制器(5)通过网线与网络安全与交换设备(2)连接,从而可以与前端情报板(1)、海量情报服务器(3)、高性能情报分析器(4)进行网络数据交换。情报监察控制器(5)的作用是显示前端情报板(1)、海量情报服务器(3)、高性能情报分析器(4)的信息和状态给管理员,将管理员下达的各种控制指令和信息发送给前端情报板(1)、海量情报服务器(3)、高性能情报分析器(4)。在本实施例中,情报监察控制器(5)采用 DELL R630 服务器,CPU 是英特尔至强 E5-2600-V3,内存为 16G×2,硬盘为 2T×4,操作系统为 Windows 2018。

8.6.1.6 不受控系统(6)

不受控系统(6)包括监控场景(6.1)和互联网(6.2)。监控场景(6.1)和互联网(6.2)中的大数据信息,将会被基于小波卷积小波神经网络及情报分析方法的系统(2000)采集。在本实施例中,监控场景(6.1)是首都机场 T3 航站楼高速公路收费站,互联网(6.2)是 Internet 互联网公网。

8.6.2 小波卷积小波神经网络及情报分析方法(1000)

参见图 8-1,该方法包括情报处理流程(100)、wCwNN 前向计算流程(200)、wCwNN 训练流程(300)。其中,wCwNN 是小波卷积小波神经网络的英文首字母缩写。

8.6.2.1 情报处理流程(100)

步骤 101:情报处理流程(100)开始。前端情报板(1)和海量情报服务器

(3)启动并进行通讯。如果通讯正常,则进入步骤102;如果通讯异常,则在前端情报板(1)和海量情报服务器(3)中报警。之后进入步骤102。在本实施例中,wCwNN模块(1.9)运行的wCwNN程序,首先访问海量情报服务器(3)DELL R630服务器的数据库,如果能够读到数据,则确认工作正常,写入最新访问时间Ttest,否则将自身异常状态位设置为1。当情报监察控制器(5)DELL R630服务器访问海量情报服务器(3)DELL R630服务器的数据库时,发现前端情报板(1)更新时间Ttest超时,则会报警。

步骤102:情报采集。前端情报板(1)通过视频图像采集装置(1.6)对监控场景(6.1)进行图像采集,并发送给海量情报服务器(3);前端情报板(1)或海量情报服务器(3)对互联网(6.2)进行文本信息抓取,并发送给海量情报服务器(3)。之后进入步骤103。在本实施例中,前端情报板(1)Surface 3通过摄像头采集图像信息,前端情报板(1)Surface 3和海量情报服务器(3)DELL R630服务器从互联网中抓取文本信息。

步骤103:情报存储。海量情报服务器(3)接收来自前端情报板(1)采集的图像信息并存储;海量情报服务器(3)接收来自前端情报板(1)和海量情报服务器(3)抓取的文本信息并存储,之后进入步骤104。在本实施例中,前端情报板(1)Surface 3通过摄像头采集的图像信息,以及前端情报板(1)Surface 3与海量情报服务器(3)DELL R630服务器从互联网中抓取的文本信息,都会通过Internet网络传回海量情报服务器(3)DELL R630服务器,采用Hadoop与Hive进行存储。

步骤104:特征提取。该步骤可以跳过。该步骤通过人脸检测算法将人脸照片区域图像裁剪为新的图片信息,通过自然语言特征提取算法将文本信息映射为特征向量。之后进入步骤105。在本实施例中,高性能情报分析器(4)采用领域内公知的图像处理方法,将图像信息转换为$28 \times 28 = 784$个点的二维数组向量,采用word2vector函数将文本信息映射为$784 \times 1 = 784$的一维数组向量。

步骤105:wCwNN参数设置。该步骤是整个方法的核心步骤,定义了程序和wCwNN网络的关键参数。以下wCwNN涉及的所有权值、参数、神经元节点的值将存放在wCwNN模块的寄存器中,wCwNN神经网络的输入是采集的信息,神经网络的输出是采集信息经过计算的结果和分类标签;下列各公式表示本发明将上述采集信息的输入,按照上述权值、参数在上述神经元节点中进行计算,计算的结果为上述输出和分类标签;神经网络各层节点的物理意义是本系统对采集信息的理解信息。

步骤105.1:网络结构参数设置。

步骤 105. 1. 1：前段网络、后段网络及各层的相关定义。wCwNN 网络分为前段网络和后段网络。前段网络为卷积池化网络，其中卷积层的激活函数为小波尺度变换函数；后段网络为小波神经网络。

wCwNN 网络前段网络（卷积池化网络）第 1 层为样本的输入层，第 2 层为第 1 个卷积层，第 3 层为第 1 个池化层，第 4 层为第 2 个卷积层，第 5 层为第 2 个池化层，以此类推。

wCwNN 后段网络（小波神经网络 wNN）最后一层（第-1 层）为 wNN 输出层，倒数第 2 层（第-2 层）开始至倒数第 h-1 层（第-h+1 层）是 wNN 隐含层，倒数第 h 层（第-h 层）是 wNN 输入层，倒数第 h+1 层（第-h-1 层）是 wCwNN 网络前段网络（卷积池化网络）的最后一层。

在本实施例中，前段网络（卷积池化网络）为 5 层，第 1 层为样本的输入层，第 2 层为第 1 个卷积层，第 3 层为第 1 个池化层，第 4 层为第 2 个卷积层，第 5 层为第 2 个池化层；后段网络（小波神经网络 wNN）为 3 层，wNN 第 1 层（wCwNN 的-3 层）为 wNN 输入层，wNN 第 2 层（wCwNN 的-2 层）是 wNN 隐含层，wNN 第 3 层（wCwNN 的-1 层）是 wNN 输出层。

步骤 105. 1. 2：卷积层输入输出定义。如果第 l 层是 wCwNN 前段网络的卷积层，具有 $feature^l$ 个卷积核（输出特征数），该层的输入维度为 $sizeNet^l$，经过卷积计算后输出维度为 $sizeO^l$，则经过 $feature^l$ 个卷积核的卷积计算后，将会产生 $feature^l$ 个特征，每个特征的维度为 $sizeO^l$；如果定义该层卷积核的大小为 $sizeC^l \times sizeC^l$，则卷积计算后产生的 $feature^l$ 个特征中的每个特征的维度 $size\ O^l$ 的计算公式为：

$$size\ O^l = (sizeNet^l - sizeC^l + 1) \times (sizeNet^l - sizeC^l + 1) \tag{8-51}$$

在本实施例中，第 1 个卷积层（$l = 2$）的特征数为 $feature^2 = 6$，卷积核的尺寸为 $sizeC^2 = 5$；第 2 个卷积层（$l = 4$）的特征数为 $feature^4 = 12$，卷积核的尺寸为 $sizeC^4 = 5$。

步骤 105. 1. 3：池化层输入输出定义。如果第 l 层是 wCwNN 前段网络的池化层，该层的层池化窗大小为 $sizeP^l \times sizeP^l$，该层输入维度为 $sizeNet^l$；则经过池化计算后的输出维度 $size\ O^l$ 的计算公式为：

$$sizeO^l = sizeNet^l \times (\frac{1}{sizeP^l}) \times (\frac{1}{sizeP^l}) \tag{8-52}$$

在本实施例中，第 1 个卷积层（$l = 3$）的特征数为 $feature^3 = feature^2 = 6$，池化窗的尺寸为 $sizeP^3 = 2$；第 2 个卷积层（$l = 5$）的特征数为 $feature^5 = feature^4 = 12$，池化窗的尺寸为 $sizeP^5 = 2$。

步骤 105. 1. 4：后段网络 wNN 网络相关定义。如果第 l 层是 wCwNN 后段网络(小波神经网络 wNN)的第 1 层(输入层),则第 $l+1$ 层为小波神经网络的第 2 层(隐含层),第 $l+2$ 层为小波神经网络的第 3 层(输出层),则 wCwNN 的后段网络 wNN 的结构参数如下:

定义在时刻 t(第 t 次训练计算中),第 l 层第 i 个神经元的输入是 $net_i^l(t)$,经过激活函数计算后,该神经元的输出是 $O_i^l(t)$。

根据上述定义:如果 wNN 输入层一共有 M 个神经元,每个神经元的输入为 $net_i^1(t)$($i=1,2,\cdots,M$),则输出为 $O_i^1(t)$($i=1,2,\cdots,M$);如果 wNN 隐含层一共有 Q 个神经元,每个神经元的输入为 $net_j^2(t)$($j=1,2,\cdots,Q$),则输出为 $O_j^2(t)$($j=1,2,\cdots,Q$);如果 wNN 输出层一共有 L 个神经元,每个神经元的输入为 $net_k^3(t)$($k=1,2,\cdots,L$),则每个神经元的输出为 $O_k^3(t)$($k=1,2,\cdots,L$)。

在本实施例中,根据上述参数设定,wCwNN 第一层的节点数是 $28\times28=784$ 个;经过第一次卷积后,变为 6 个特征,每个特征的点数是 $24\times24=576$ 个。经过第一次池化后,上述 6 个特征中每个特征的点数是 $12\times12=144$ 个;经过第二次卷积后,变为 12 个特征,每个特征的点数是 $8\times8=64$ 个。经过第二次池化后,上述 12 个特征,每个特征的点数是 $4\times4=16$ 个;则后段 wNN 神经网络输入层的节点数是 $M=1\times192=1\times16\times12=192$ 个,wNN 神经网络隐含层的节点数是 $Q=1\times10=10$ 个,wNN 神经网络输出层的节点数是 $L=1\times1=1$ 个。

定义 wNN 的输入层与隐含层各神经元之间的连接权值矩阵为$\boldsymbol{w}_{ij}^2(\boldsymbol{t})$;隐含层与输出层各神经元之间的连接权值矩阵为 $\boldsymbol{w}_{jk}^3(\boldsymbol{t})$;隐含层神经元的活化函数尺度变换参数矩阵为$\boldsymbol{a}_j(\boldsymbol{t})$和$\boldsymbol{b}_j(\boldsymbol{t})$。其中,$i=1,2,\cdots,M$;$j=1,2,\cdots,Q$;$k=1,2,\cdots,L$。

i、j、k 表示各层神经网络神经元的编号,因为各神经元都是存放在数组里,因此 i、j、k 也表示存放神经元取值的数组的列号,也就是神经网络的维度编号,神经网络输入层神经元编号对应着样本数据输入的维度编号,神经网络输出层神经元编号对应着样本数据标签值的维度编号。

步骤 105.2:网络权值初始化设置。如果第 l 层是 wCwNN 前段网络的卷积层,则初始化尺度变换参数为 AC_j^l 和 BC_j^l,第 l 层与第 $l-1$ 层之间的卷积核为 WC_{ij}^l,其中,$l=1,3,5,\cdots,n$,此处的 n 表示最后一个卷积层的层号。如果第 l 层是 wCwNN 后段网络 wNN 的隐含层,初始化尺度变换参数为 A_j 和 B_j,第 l 层与第 $l-1$ 层之间的连接权值为 W_{ij}^2,第 $l+1$ 层与第 l 层之间的连接权值为 W_{jk}^3。

保存生成的神经网络权值与参数。上述各权值和尺度变换参数均可初始化为 $RandomFloatBetween(0,1)$,其中,$RandomFloatBetween(0,1)$ 表示随机

产生的 (0,1) 区间内的随机小数。

保存上述随机生成的各权值和参数 $wab = \{WC_{ij}^l, AC_j^l, BC_j^l, W_{ij}^2, W_{jk}^3, A_j, B_j\}$ 作为训练流程的初始化参数。

在本实施例中，上述所有权值和参数全部初始化为随机产生的 (0,1) 区间内的随机小数。

步骤 105.3：训练程序参数初始化。初始化 wCwNN 前段网络的学习率为 $AlphaWC$，wCwNN 后段网络的学习率为 $AlphaWNN$，学习率决定每个训练时刻 t 参数调整量作用于参数变化量的百分比，一般取值范围为(0,1]。在本实施例中，初始化 $AlphaWC = 0.5$，$AlphaWNN = 0.5$。初始化 wCwNN 后段网络的惯性系数为 LA，惯性系数决定上一个训练时刻 $t-1$ 各参数取值保持不变的比例，一般取值范围为(0,1]。在本实施例中，初始化 $LA = 0.5$。

初始化在每个训练周期 t，投入训练的样本数量为 $BATCHSIZE$ 个，如果样本总数量为 1000，则 $BATCHSIZE$ 一般取 5 或者 10，即总样本数量的 $[\frac{1}{100}, \frac{1}{10}]$。在本实施例中，初始化 $BATCHSIZE = 10$。

初始化训练的最大周期次数为 $LOOP\_MAX$，则训练开始后，训练时刻 t 的取值范围为 $1 \leqslant t \leqslant LOOP\_MAX$。在本实施例中，初始化 $LOOP\_MAX = 10\,000$。

初始化目标差为 $ERROR\_TARGET$，表示经过多个训练周期，系统的误差如果下降到小于 $ERROR\_TARGET$，则训练因达到目标而停止。在本实施例中，初始化 $ERROR\_TARGET = 0.001$。

步骤 106：处理流程选择。如果选择训练，则跳转至步骤 130；如果选择分析，则跳转至步骤 120；如果选择结束，则跳转至步骤 190。

步骤 130：训练。进入 wCwNN 训练流程(300)进行机器学习，结束后进入步骤 131。

在本实施例中，训练流程的输入是 60 000 张图片和对应的 60 000 个标签；每张图片由 28×28 个点构成，作为 wCwNN 神经网络的输入；每个标签是分类编号，取值范围是区间[1,10]内的整数；训练前 wCwNN 的各权值和参数 $wab = \{WC_{ij}^l, AC_j^l, BC_j^l, W_{ij}^2, W_{jk}^3, A_j, B_j\}$ 采用随机数进行初始化，训练后保存 wCwNN 的各权值和参数 $wab = \{WC_{ij}^l, AC_j^l, BC_j^l, W_{ij}^2, W_{jk}^3, A_j, B_j\}$ 作为训练流程的输出。

步骤 131：训练结果保存。将 wCwNN 训练流程(300)结果进行保存，用于分析(120)；之后跳转至步骤 106，重新进行处理流程选择。

步骤 120：分析。进入 wCwNN 前向计算流程(200)进行前向计算，计算得到结果后进入步骤 121。

在本实施例中,分析流程的输入是 1 张待分类的图片,该图片由 28×28 个点构成,作为 wCwNN 神经网络的输入。分析前首先加载训练好的 wCwNN 权值与参数 $wab = \{WC_{ij}^{l}, AC_{j}^{l}, BC_{j}^{l}, W_{ij}^{2}, W_{jk}^{3}, A_{j}, B_{j}\}$,分析的预期结果是上面输入图片的分类编号,即分析流程的输出。

步骤 121:分析结果监控。将步骤 120 的分析结果发送到情报监察控制器(5)进行显示;之后跳转至步骤 106,重新进行处理流程选择。

步骤 190:结束。情报处理流程(100)结束。

8.6.2.2 wCwNN 前向计算流程(200)

步骤 201:wCwNN 前向计算流程(200)开始。该流程的输入为:

(1)单个样本数据的输入表示为 $X^{1}(t)$,位于 wCwNN 第一层(第 $l = 1$ 层),由 M 个元素构成,也可以表示为 $X_{j}^{1}(t)$, $j = 1,2,\cdots,M$;wCwNN 的第一层神经元的输入与输出相同,且与单个样本数据的输入相对应,表示为 $O^{1}(t)$,也可以表示为 $O_{j}^{1}(t)$, $j = 1,2,\cdots,M$, j 表示神经元节点的编号。

(2)与上述单个样本数据的输入对应的标签值表示为 $Y^{-1}(t)$,位于 wCwNN 最后一层(第 $l = -1$ 层),标签值的维度为 L ,也可以写为 $Y_{k}^{-1}(t)$, $k = 1,2,\cdots, L$, k 表示样本的标签的维度编号。

步骤 202:初始化计算。读取 wCwNN 前段网络卷积层的卷积核参数 $wc_{ij}^{l}(t) = WC_{ij}^{l}$,小波变换中的平移因子 $bc_{j}^{l}(t) = BC_{j}^{l}$,伸缩因子 $ac_{j}^{l}(t) = AC_{j}^{l}$,其中, $l = 1,3,\cdots,n$,此处的 n 表示最后一个卷积层的层号。读取 wCwNN 后段网络输入层与隐含层之间的连接权值 $w_{ij}^{2}(t) = W_{ij}^{2}$, 隐含层尺度变换参数 $a_{j}(t) = A_{j}$ 和 $b_{j}(t) = B_{j}$,隐含层与输出层之间的连接权值 $w_{jk}^{3}(t) = W_{jk}^{3}$ 。

步骤 203:卷积计算。按照 wCwNN 前段网络的层的顺序从前向后计算每一层的输出。如果第 l 层是卷积层,则该层进行卷积计算。卷积计算的公式为:

$$net^{l}(t) = Convolution(O^{l-1}(t), wc^{l}(t)) \tag{8-53}$$

其中,函数 $z = Convolution(x,y)$ 的功能是卷积计算(Convolution Calculation):以 y 为卷积核,将数组 x 进行卷积计算,得到的结果是 z ; $net^{l}(t)$ 为第 l 层卷积计算的结果, $wc^{l}(t)$ 是第 l 层的卷积核, $O^{l-1}(t)$ 是第 $l-1$ 层的输出(第 l 层的输入)。

如果数组 $\boldsymbol{x}$ 是 $a \times b$ 的矩阵,卷积核 $\boldsymbol{y}$ 是 $c \times d$ 的矩阵,通常情况下 $a = b$ 、 $c = d$ 、 $a > c$ (例如, $a = b = sizeNet^{l}$, $c = d = sizeC^{l}$),则卷积计算结果 $z = Convolution(x,y)$ 计算中, z 矩阵中 m 行 n 列的点的计算公式为:

$$z(m,n) = \sum_{i=0}^{c-1} \sum_{j=0}^{d-1} x(m+i, n+j) \cdot y(i,j) \tag{8-54}$$

其中, $m = 1,2,\cdots,a-c+1$; $n = 1,2,\cdots,b-d+1$,即卷积层的输出的维度

为 $(sizeNet^l - sizeC^l + 1) \times (sizeNet^l - sizeC^l + 1)$。

步骤 204:小波激活计算。将卷积计算的结果 $net^l(t)$ 经过激活函数计算，得到第 l 层的输出 $O^l(t)$ 如下:

$$O^l(t) = \Psi_{wc}(net^l(t)) \tag{8-55}$$

其中,激活函数 $\Psi_{wc}(x)$ 的定义如下:在 t 时刻第 l 层第 j 个神经元经过激活函数后的输出 $O_j^l(t)$ 的计算公式为:

$$O_j^l(t) = \Psi_{wc}\left(\frac{net_j^l(t) - ac_j^l(t)}{bc_j^l(t)}\right) \tag{8-56}$$

其中, $net_j^l(t)$ 表示在 t 时刻第 l 层(卷积层)第 j 个神经元的卷积计算结果(未激活); $ac_j^l(t)$ 和 $bc_j^l(t)$ 表示上文定义的第 l 层尺度变换参数 $ac^l(t)$ 和 $bc^l(t)$ 中第 j 个神经元的尺度变换参数; $\Psi_{wc}(x)$ 表示卷积层激活函数,公式是:

$$\Psi_{wc}(x) = \cos(1.75x) \cdot e^{-\frac{x^2}{2}} \tag{8-57}$$

$\Psi_{wc}(x)$ 的导数可以表示为:

$$\Psi'_{wc}(t) = -1.75 \cdot \sin(1.75t) \cdot e^{-\frac{t^2}{2}} - t \cdot \cos(1.75t) \cdot e^{-\frac{t^2}{2}} \tag{8-58}$$

步骤 205:池化计算。如果第 l 层是池化层,则该层进行池化计算。池化计算的公式为:

$$O^l(t) = Convolution(O^{l-1}(t), valueP^l) \tag{8-59}$$

其中,函数 $z = Convolution(x, y)$ 是卷积计算(同上),池化计算也是一种卷积计算(卷积核每个点的取值相同): y 为池化窗(卷积核),第 l 层池化窗的尺寸为 $sizeP^l$,将数组 x 进行池化计算,得到的结果是 z; $O^l(t)$ 为第 l 层卷积计算的结果, $valueP^l$ 是第 l 层的池化窗每个元素的值, $O^{l-1}(t)$ 是第 $l-1$ 层(前一个卷积层经过激活函数后)的输出,也就是第 l 层(池化层)的输入;池化窗 $valueP^l$ 中每一个值(池化窗每个第 i 行第 j 列的元素都相等)的计算公式为:

$$valueP^l = \frac{1}{sizeP^l \times sizeP^l} \tag{8-60}$$

步骤 206:判断前段网络计算是否结束。前段网络可能是多个卷积池化层，因此确保每个卷积池化层都按照步骤 203 至步骤 205 进行计算后,再进入步骤 207。

步骤 207:后段网络(小波神经网络)前向计算。

wNN 输入层的输入和输出相同,即: $wnnNET_j^1(t) = wnnO_j^1(t)$。

wNN 隐含层的输入 $wnnNET_k^2(t)$ 的计算公式为:

$$wnnNET_j^2(t) = \sum_{i=1}^{M} w_{ij}^2(t) \cdot wnnO_j^1(t), j = 1, 2, \cdots, Q \tag{8-61}$$

wNN 隐含层的输出 $O_j^2(t)$ 的计算公式为：

$$wnnO_j^2(t) = \Psi_{ab}\left(\frac{wnnNET_j^2(t) - b_j(t)}{a_j(t)}\right), j = 1,2,\cdots,Q \tag{8-62}$$

其中，$\Psi_{ab}(x)$ 为小波函数，即隐含层神经元的活化函数；$a_j(t)$ 、$b_j(t)$ 为 t 时刻小波函数尺度变换参数，即隐含层神经元的活化函数尺度变换参数。取满足框架条件的小波函数 $\Psi_{a,b}(x)$ 如下：

$$\Psi_{ab}(x) = \cos(1.75x) \cdot e^{-\frac{x^2}{2}} \tag{8-63}$$

$\Psi_{ab}(x)$ 的导数可以表示为：

$$\Psi'_{a,b}(t) = -1.75 \cdot \sin(1.75t) \cdot e^{-\frac{t^2}{2}} - t \cdot \cos(1.75t) \cdot e^{-\frac{t^2}{2}} \tag{8-64}$$

wNN 输出层的输入 $net_k^3(t)$ 的计算公式为：

$$wnnNET_k^3(t) = \sum_{j=1}^{Q} w_{jk}^3(t) \cdot wnnO_j^2(t), (k = 1,2,\cdots,L) \tag{8-65}$$

wNN 输出层的输出 $wnnO_k^3(t)$ 的计算公式为：

$$wnnO_k^3(t) = g(wnnNET_k^3(t)), k = 1,2,\cdots,L \tag{8-66}$$

其中，$g(x)$ 为输出层神经元的活化函数取非负的 *Sigmoid* 函数，如下式：

$$g(x) = \frac{e^x}{e^x + e^{-x}} \tag{8-67}$$

步骤 208：分类结果计算。前向计算的分类结果计算公式为：

$$labelO^3(t) = \mathrm{argmin}_k(|wnnO_k^3(t) - Y_k^{-1}(t)|) \tag{8-68}$$

t 时刻本次前向计算的样本的输入为 $O^1(t)$ ；$labelO^3(t)$ 为本次前向计算的样本分类编号；$wnnO_k^3(t)$ 为该样本的前向计算结果的第 k 个维度分量；$Y_k^{-1}(t)$ 可以作为本次前向计算的样本的输入 $O^1(t)$ 对应的标签值，$k = 1,2,\cdots,L$ ，k 表示样本的标签的维度编号；$|wnnO_k^3(t) - Y_k^{-1}(t)|$ 表示 wNN 样本经过前向计算后得到的输出层的每个输出与样本标签中每个维度的差，其中，$k = 1,2,\cdots,L$ ，k 表示输出层神经元的位置号，L 表示输出层神经元结点的总数；$\mathrm{argmin}_k(|wnnO_k^3(t) - Y_k^{-1}(t)|)$ 表示输出层第 k 个输出与标签值第 k 个维度的数值最接近，即使 $|wnnO_k^3(t) - Y_k^{-1}(t)|$ 取值达到最小时的 k 。

步骤 290：结束。wCwNN 全段网络前向计算结束。该流程的输出为：样本 $x(i,j)$ 经过前向计算后得到的 wNN 输出层的输出 $wnn\ O_k^3(t)$ ，以及对应的分类编号 $labelO^3(t)$ 。

5.6.2.3 wCwNN 训练流程(300)

步骤 301：wCwNN 训练流程(300)开始。流程的输入为全体训练样本数据。

定义全体训练样本的输入为 $allX_n(j)$,简写为 $allX_n$ 。$allX_n(j)$ 表示第 n 个训练样本的输入, $n = 1,2,\cdots,N$, n 代表训练样本的编号,一共有 N 个样本;每个样本的输入的维度用 j 表示,其中, $j = 1,2,\cdots,M$,每个样本的输入有 M 个维度。

定义全体训练样本的标签(目标值)为 $allY_n(j)$,简写为 $allY_n$ 。$allY_n(j)$ 表示第 n 个训练样本的标签(目标值), $n = 1,2,\cdots,N$, n 代表训练样本的编号,一共有 N 个样本;每个样本的标签的维度用 j 表示, $j = 1,2,\cdots,K$,每个样本的标签有 K 个维度。

定义第 n 个训练样本 $sample_n$,由第 n 个训练样本的输入 $allX_n$ 和第 n 个标签 $allY_n$ 构成。

定义全体训练样本为 $sampleALL$,由所有的 $sample_n$ 构成,其中, $n = 1,2,\cdots,N$, n 代表训练样本的编号,一共有 N 个训练样本构成全体训练样本 $sampleALL$ 。

步骤 302:初始化计算。在本步骤之前,已经进行了 wCwNN 参数设置(已经执行过步骤 105);设定当前训练次数计数器 $t = 1$。

步骤 302.1:训练样本数据归一化。根据上述定义,归一化的计算公式为:

$$normX_k(j) = \frac{allX_k(j) - \min(allX_k(j))}{\max(allX_k(j)) - \min(allX_k(j))} \tag{8-69}$$

其中, k 代表训练样本的编号,一共有 N 个样本;每个样本的输入的维度用 j 表示,其中, $j = 1,2,\cdots,M$,每个样本一共有 M 个维度。

$$normY_k(j) = = \frac{allY_k(j) - \min(allY_k(j))}{\max(allY_k(j)) - \min(allY_k(j))} \tag{8-70}$$

其中, $k = 1,2,\cdots,N$, k 代表训练样本的编号,一共有 N 个样本;每个样本的标签的维度用 j 表示, $j = 1,2,\cdots,K$,每个样本的标签有 K 个维度。

$\max(V_k(j))$ 函数的功能是返回 $V_k(j)$ 中所有元素取值的最大值, $\min(V_k(j))$ 函数的功能是返回 $V_k(j)$ 二维数组中所有元素取值的最小值。

步骤 303:判断训练次数是否达上限。当前训练次数计数器 t 是否达到上限 $LOOP\_MAX$,如果 $t \leqslant LOOP\_MAX$,则跳转至步骤 304,开始第 t 次训练;如果 $t > LOOP\_MAX$,则跳转至步骤 321,保存权值参数和训练次数误差,准备结束第 t 次训练。

步骤 304:全段网络前向计算。

步骤 304.1:随机挑选 $BATCHSIZE$ 个训练样本分别进行前向计算,准备用于 wCwNN 权值和参数调整。

训练过程的关键是对神经网络各参数进行调整,调整算法需要对单个样本进行前向计算,前向计算的结果与标签值之前可以计算误差,根据误差进行误差的反向传播计算,根据反向传播的误差计算神经网络参数的调整量。上述过程都是针对单个样本进行的,为了提升效率,第 t 次训练中,一次处理 $BATCHSIZE$ 个样本,其中前向计算步骤如下。

定义参加第 t 次训练的样本组合为 $sampleBATCH(t)$,在第 t 次训练时,首先在全体训练样本 $sampleALL$ 中,随机挑选 $BATCHSIZE$ 个样本,构成一个训练样本组合 $sampleBATCH(t)$,在第 t 次训练中这些随机选出的样本都参加训练。

定义训练样本组合 $sampleBATCH(t)$,其中,第 n 个样本的输入为 $X_n(t)$,$n = 1,2,\cdots,BATCHSIZE$,k 代表训练样本的编号,一共有 $BATCHSIZE$ 个。

定义训练样本组合 $sampleBATCH(t)$,其中,第 n 个样本的标签为 $Y_n(t)$,$n = 1,2,\cdots,BATCHSIZE$,n 代表训练样本的编号,一共有 $BATCHSIZE$ 个。

将训练样本组合 $sampleBATCH(t)$ 中的每一个样本 $X_n(t)$,$n = 1,2,\cdots,BATCHSIZE$,分别作为前向计算流程(200)的输入参数 $O^1(t)$,分别送入前向计算流程(200),前向计算流程(200)的输出为 wCwNN 最后一层的输出 $wnnO_n^3(t)$ 。

步骤 304. 2:将全体训练样本进行前向计算,准备用于计算总体误差。

训练过程中需要根据已经达成的训练效果(全体训练样本的总误差)判定算法是否可以结束。全体训练样本的总误差是全体样本的标签值和前向计算结果的差的函数,计算方法如下。

定义全体训练样本中的每个样本的输入为 $allX_n$,$n = 1,2,\cdots,N$,分别作为前向计算流程(200)的输入参数 $O^1(t)$,分别送入前向计算流程(200),前向计算流程(200)的输出为每个样本的前向计算结果 $allO_n^3(t)$,$n = 1,2,\cdots,N$ 。

步骤 305:总误差计算。根据步骤 301 wCwNN 训练流程(300)开始时的定义,全体训练样本的标签(目标值)为 $allY_n$,$allY_n$ 与训练次数 t 无关;根据步骤 304. 2 全体训练样本的前向计算,可以得到在时刻 t 第 n 个训练样本输入的前向计算结果为 $allO_n^3(t)$,$n = 1,2,\cdots,N$;则第 t 次训练中,样本的总误差 $L(t)$ 的计算公式为:

$$L(t) = \frac{\frac{1}{2}\sum_{n=1}^{L}\left(allO_n^3(t) - allY_n\right)^2}{N} \tag{8-71}$$

步骤 306:判断误差是否达标。如果第 t 次训练中,$L(t) < ERROR\_TARGET$,即达到目标误差的要求,则跳转至步骤 321,保存权值参数和训练次数误差,准备结束训练;否则,转至步骤 307 误差反向传播计算,准备更新权值,产生新的总误差进行算法终止判定,本步骤判定算法不结束,因此训练次数 t 更新为:$t =$

$t+1$。

步骤 307：误差反向传播计算。定义 $\delta_i^1(t)$ 、$\delta_j^2(t)$ 、$\delta_j^3(t)$ 、$\delta_k^4(t)$ 表示 wCwNN 后段网络各层的输出误差。其中，$\delta_i^1(t)$ 表示在 t 时刻 wNN 输入层神经元 i 的输出误差，$\delta_j^2(t)$ 表示 wNN 隐藏层神经元 j 未经过激活函数的输出误差，$\delta_j^3(t)$ 表示 wNN 隐藏层神经元 j 经过激活函数的输出误差，$\delta_k^4(t)$ 表示 wNN 输出层神经元 k 的输出误差。

步骤 307.1：wCwNN 后段网络误差反向传播。

wNN 输出层输出误差计算如下：

$$\boldsymbol{\delta}_k^4(t) = wnnO_k^3(t) - Y_k^{-1}(t), \; k = 1,2,\cdots,L \tag{8-72}$$

$\boldsymbol{\delta}_k^4(t)$ 表示 wNN 输出层第 k 个神经元的输出误差，k 表示神经元的编号，输出层一共有 L 个神经元，$\boldsymbol{\delta}_k^4(t)$ 是一个维数为 $L \times 1$ 的矩阵。当 $BATCHSIZE$ 个样本同时计算时，$BATCHSIZE$ 个 $\boldsymbol{\delta}_k^4(t)$ 用一个维度为 $L \times BATCHSIZE$ 的矩阵表示。

wNN 隐藏层输出误差计算如下：

$$\boldsymbol{\delta}_j^3(t) = \sum_{k=1}^{L} \boldsymbol{w}_{jk}^3(t) \cdot \boldsymbol{\delta}_k^4(t), \; j = 1,2,\cdots,Q \tag{8-73}$$

$\delta_j^3(t)$ 表示 wNN 隐含层第 j 个神经元经过激活函数后的输出误差，j 表示隐含层神经元的编号，隐含层一共有 Q 个神经元，即 $\boldsymbol{\delta}_j^3(t)$ 是一个维数为 $Q \times 1$ 的矩阵；$\boldsymbol{w}_{jk}^3(t)$ 表示隐含层与输出层各神经元之间的连接权值矩阵，矩阵维度为 $Q \times L$ 。当 $BATCHSIZE$ 个样本同时计算时，$BATCHSIZE$ 个 $\boldsymbol{\delta}_j^3(t)$ 用一个维度为 $Q \times BATCHSIZE$ 的矩阵表示。

wNN 隐藏层未经过激活函数的输出误差计算如下：

$$\boldsymbol{\delta}_j^2(t) = \Psi'_{a,b}\left(\frac{net_j^2(t) - b_j(t)}{a_j(t)}\right) \cdot \delta_j^3(t), \; j = 1,2,\cdots,Q \tag{8-74}$$

$\boldsymbol{\delta}_j^2(t)$ 表示 wNN 隐藏层神经元 j 未经过激活函数的输出误差，j 表示隐含层神经元的编号，隐含层一共有 Q 个神经元；当 $BATCHSIZE$ 个样本同时计算时，$\boldsymbol{\delta}_j^2(t)$ 表示为一个维数为 $BATCHSIZE \times Q$ 的矩阵。$\Psi'_{a,b}$ 代表 wNN 隐含层的激活函数的导数，经过 $\Psi'_{a,b}\left(\dfrac{net_j^2(t) - b_j(t)}{a_j(t)}\right)$ 计算后的矩阵维度为 $BATCHSIZE \times Q$ ，表示 $BATCHSIZE$ 个样本反向传播计算过程中，隐藏层第 j 个神经元在未经激活函数之前的导数。

wNN 输入层第 i 个神经元的输出误差计算如下：

$$\delta_i^1(t) = \sum_{j=1}^{L} \delta_j^2(t) \cdot \left(\frac{\boldsymbol{w}_{ij}^2(t)}{a_j(t)}\right), \; i = 1,2,\cdots,M \tag{8-75}$$

$\delta_i^1(t)$ 表示 wNN 输入层第 i 个神经元的输出误差，i 表示输入层神经元的编号，wNN 输入层一共有 M 个神经元；$\boldsymbol{w}_{ij}^2(\boldsymbol{t})$ 表示输入层与隐含层各神经元之间的连接权值矩阵，矩阵维度为 $Q \times M$ 。当 $BATCHSIZE$ 个样本同时计算时，$BATCHSIZE$ 个 $\delta_i^1(t)$ 表示为一个维数为 $BATCHSIZE \times M$ 的矩阵。

步骤 307.2：卷积（池化）计算后的输出误差计算。如果前段网络最后一层是第 l 层，第 l 层有两种情况。

情况一：如果第 l 层是池化层，池化层没有激活函数，池化计算（池化计算也是一种卷积计算）后的输出误差为：

$$fvd_i^l(t) = \delta_i^1(t)\,,\ i = 1,2,\cdots,M \tag{8-76}$$

情况二：如果第 l 层是卷积层，卷积计算之后还要进行激活函数计算，从而产生卷积层的输出，作为第 $l+1$ 层的输入，上述激活函数之后的输出误差为：

$$fvd_i^l(t) = \delta_i^1(t) i = 1,2,\cdots,M \tag{8-77}$$

激活函数之前（卷积层的卷积计算后）的输出误差的计算公式为：

$$fvd_i^l(t) = \delta_i^1(t) \cdot \Psi'_{a,b}(O_i^l(t))\ ,\ i = 1,2,\cdots,M \tag{8-78}$$

$O_i^l(t)$ 是前向计算中得到的第 l 层卷积和激活函数计算后的输出，其中，$i = 1,2,\cdots,M$ ；当 $BATCHSIZE$ 个样本同时计算时，$BATCHSIZE$ 个 $\boldsymbol{fvd}_i^l(\boldsymbol{t})$ 、$BATCHSIZE$ 个 $\boldsymbol{O}_i^l(\boldsymbol{t})$ 和 $BATCHSIZE$ 个 $\boldsymbol{\delta}_i^1(\boldsymbol{t})$ 分别用一个维度为 $M \times BATCHSIZE$ 的矩阵表示。

情况一和情况二计算的结果 $fvd_i^l(t)$ 是卷积（池化）计算之后的输出误差。

对于前段网络的最后一层（第 $l=-1wC$ 层）：对于每一个样本，$\boldsymbol{fvd}_i^l(\boldsymbol{t})$ 都是一个 $1 \times M$ 的矩阵，对应后段网络的输入维度 $1 \times M$ ；但是前段网络的输出的数据结构应该是 $sizeO^l \times sizeO^l \times feature^l, l=-1wC$ ，其中，$feature^l, l=-1wC$ 表示前段网络最后一层的特征数，$sizeO^l \times sizeO^l, l=-1wC$ 表示前段网络最后一层的每个特征对应的输出矩阵，前段网络最后一层的输出与后段网络第一层的输入的对应关系是：$sizeO^l \times sizeO^l \times feature^l = 1 \times M, l=-1wC$ 。因此，需要将 $1 \times M$ 的数据结构映射回 $sizeO^l \times sizeO^l \times feature^l, l=-1wC$ 的数据结构。

使用 j 表示前段网络的最后一层的特征编号，则 $j = 1,2,\cdots,feature^l; l = -1wC$ ；使用 m ，n 表示第 j 个特征输出误差的行号和列号，则 $m = 1,2,\cdots, sizeO^l$ ；$n = 1,2,\cdots,sizeO^l$ ；$l=-1wC$ 。因此，第 j 个特征第 m 行、第 n 列的输出误差映射公式为：

$$\delta_j^l(t) = \delta_j^l(t,m,n) = fvd^l_{(j-1)\cdot sizeO^l \cdot sizeO^l + (m-1)\cdot size^l + n}(t)$$
$$l = -1wC \tag{8-79}$$

步骤 307.3：wCwNN 前段网络误差反向传播。wCwNN 前段网络的第 $l=1$

层为样本的输入层，第 $l=2$ 层为第 1 个卷积层，第 $l=3$ 层为第 1 个池化层，第 $l=4$ 层为第 2 个卷积层，第 $l=5$ 层为第 2 个池化层，以此类推，通常情况下 $l\geqslant 3$ 。

如果第 l 层是卷积层，用变量 δ_j^l 表示第 l 层的第 j 个特征的输出误差，则 δ_i^{l+1} 表示卷积层的后一层（池化层）的第 i 个特征的输出误差，$i=1,2,\cdots,size^{l+1}$ ，i 表示池化层各特征的编号，第 $l+1$ 层有 $feature^{l+1}$ 个特征。

如果第 l 层是池化层，用变量 δ_i^l 表示第 l 层的第 i 个特征的输出误差，则用变量 δ_j^{l+1} 表示池化层的后一层（卷积层）的第 j 个特征的输出误差，$j=1,2,\cdots,feature^{l+1}$ ，j 表示卷积层各特征的编号，第 $l+1$ 层有 $feature^{l+1}$ 个特征。

步骤 307.3.1：池化层的误差反向传播。池化层的误差反向传播，是指根据池化层（第 $l+1$ 层）的输出误差 δ_i^{l+1} ，计算前一个卷积层（第 l 层）经过激活函数前的输出误差 δ_j^l 。计算公式为：

$$\delta_j^l = \Psi'_{wc}(t)\left(\frac{net_j^l(t)-bc_j^l(t)}{ac_j^l(t)}\right)\cdot poolExpand(\delta_i^{l+1})$$

$$j=1,2,\cdots,size^l;i=1,2,\cdots,size^{l+1} \tag{8-80}$$

δ_j^l 表示第 j 个特征的误差，$net_j^l(t)$ 表示第 j 个特征的输入值，$bc_j^l(t)$ 与 $ac_j^l(t)$ 表示第 j 个特征的小波变换平移因子与伸缩因子；j 表示各特征的编号，第 l 层有 $feature^l$ 个特征。δ_i^{l+1} 为池化层第 i 个特征的输出误差，i 表示池化层各特征的编号，第 $l+1$ 层有 $feature^{l+1}$ 个特征。$\Psi'_{wc}(x)$ 为激活函数导数函数。$poolExpand(x)$ 表示池化层扩展，作用是将池化层（第 $l+1$ 层）每一个点的输出误差扩展成 $sizeP^{l+1}\times sizeP^{l+1}$ 个输出误差。$poolExpanded\_\delta_i^{l+1}(a,b)$ 表示扩展后的误差，计算公式如下，其中 $\mathrm{int}(x)$ 函数表示对 x 向下取整。

$$poolExpanded\_\delta_i^{l+1} = poolExpand(\delta_i^{l+1})\ i=1,2,\cdots,sizeP^{l+1} \tag{8-81}$$

$$poolExpanded\_\delta_i^{l+1}(a,b) = \delta_i^{l+1}\left(\mathrm{int}\left(\frac{a-1}{sizeP^{l+1}}\right)+1,\mathrm{int}\left(\frac{b-1}{sizeP^{l+1}}\right)+1\right) \tag{8-82}$$

步骤 307.3.2：卷积层的卷积计算的误差反向传播计算。卷积层的卷积计算的误差反向传播是指：根据卷积层（第 $l+1$ 层）的卷积计算的输出误差 δ_j^{l+1} ，计算卷积层的输入误差 δ_i^l 。δ_i^l 也是池化层（第 l 层）的输出误差，计算公式为：

$$\delta_i^l = \sum_{j=1}^{feature^{l+1}} \delta_j^{l+1}\cdot wc_{ij}^{l+1}(t),\ i=1,2,\cdots,feature^l \tag{8-83}$$

δ_i^l 表示池化层第 i 个特征的输出误差，δ_j^{l+1} 表示池化层的后一层卷积层的第 j 个特征未经过激活函数前的输出误差，$wc_{ij}^{l+1}(t)$ 表示第 l 层的第 i 个特征向第 $l+1$ 层的第 j 个特征进行卷积计算的卷积窗（连接权值），j 表示第 $l+1$ 层各特征的编号；第 $l+1$ 层有 $feature^{l+1}$ 个特征，i 表示第 l 层池化层各特征的编号；第 l

层池化层有 $feature^l$ 个特征。

当 $BATCHSIZE$ 个样本同时计算时,该步骤依靠反卷积完成,计算公式为:

$$\delta_j^l = Convolution2(\delta_j^{l+1}, Rotate(wc^{l+1}(t))) \tag{8-84}$$

函数 $Rotate(x)$ 的功能是把矩阵 $\boldsymbol{x}$ 翻转 180 度:如果原矩阵 $\boldsymbol{x}$ 是 $a \times b$ 的矩阵,通常情况下 $a = b$,则翻转过程如下:

$$x = \begin{pmatrix} x_{11} & x_{12} \\ x_{21} & x_{22} \end{pmatrix};Rotate(\boldsymbol{x}) = \begin{pmatrix} x_{22} & x_{21} \\ x_{12} & x_{11} \end{pmatrix} \tag{8-85}$$

函数 $z = Convolution2(x, y)$ 的功能是反卷积计算(一种扩展的卷积计算):以 y 为卷积核,将矩阵 $\boldsymbol{x}$ 进行卷积计算,得到的结果是 z ,计算方式如下所示:

$$\begin{aligned} z &= Convolution2(x, y) \\ &= Convolution2\begin{pmatrix} x_{11} & x_{12} \\ x_{21} & x_{22} \end{pmatrix}, \begin{pmatrix} y_{11} & y_{12} \\ y_{21} & y_{22} \end{pmatrix} \\ &= Convolution\begin{pmatrix} 0 & 0 & 0 & 0 \\ 0 & x_{11} & x_{12} & 0 \\ 0 & x_{21} & x_{22} & 0 \\ 0 & 0 & 0 & 0 \end{pmatrix}, \begin{pmatrix} y_{11} & y_{12} \\ y_{21} & y_{22} \end{pmatrix} \end{aligned} \tag{8-86}$$

步骤 308:网络权值与参数的调整计算。

步骤 308.1:权值与参数的求导计算。

步骤 308.1.1:前段网络的权值与参数的求导计算。如果第 l 层是卷积层,则该层权值与参数的导数方法如下:

卷积核(第 $l-1$ 层第 i 个特征的输出向第 l 层第 j 个特征的输出的卷积计算用到的卷积核) $wc_{ij}^l(t)$ 的求导计算公式为:

$$\begin{gathered} \mathrm{d}wc_{ij}^l(t) = net_i^{l-1}(t) \cdot \delta_j^l \\ i = 1,2,\cdots, feature^{l-1};\ j = 1,2,\cdots, feature^l \end{gathered} \tag{8-87}$$

$net_i^{l-1}(t)$ 表示第 $l-1$ 层的第 i 个特征未经过激活函数的输出值,δ_j^l 表示第 l 层的第 j 个特征输出误差值;j 表示卷积层各特征的编号,第 l 层有 $feature^l$ 个特征;i 表示池化层各特征的编号,第 $l-1$ 层有 $feature^{l-1}$ 个特征。

$\mathrm{d}bc_j^l$、$\mathrm{d}ac_j^l$ 是第 l 层的第 j 个特征的小波变换参数 bc_j^l、ac_j^l 的导数,计算公式为:

$$\mathrm{d}bc_j^l(t) = -\frac{\delta_j^l}{ac_j^l(t)},\ j = 1,2,\cdots, feature^l \tag{8-88}$$

$$\mathrm{d}\,ac_j^l(t) = -\frac{\delta_j^l \times (net_j^l(t) - bc_j^l(t))}{ac_j^l(t)^2},\ j = 1,2,\cdots, feature^l \tag{8-89}$$

其中，δ_j^l 表示第 l 层的第 j 个特征输出误差值，$net_j^l(t)$ 表示第 l 层的第 j 个特征未经过激活函数的输出值，$bc_j^l(t)$ 表示第 l 层的第 j 个特征的平移因子，$ac_j^l(t)$ 表示第 l 层的第 j 个特征的伸缩因子。

当 $BATCHSIZE$ 个样本同时计算 $\mathrm{d}ac_j^l(t)$ 时，δ_j^l 的维度为 $(sizeNet^l - sizeC^l + 1) \times (sizeNet^l - sizeC^l + 1) \times feature^l$，$ac_j^l(t)$ 的维度为 $1 \times feature^l$，$\dfrac{\delta_j^l}{ac_j^l(t)}$ 表示特征 j 的误差除以特征 j 的 $ac_j^l(t)$ 参数，结果维度为 $(sizeNet^l - sizeC^l + 1) \times (sizeNet^l - sizeC^l + 1) \times feature^l$；将各特征的 $BATCHSIZE$ 个样本误差相加，得到特征 j 的误差和，将其除以 $BATCHSIZE$ 得到平均误差，维度为 $1 \times feature^l$。

当 $BATCHSIZE$ 个样本同时计算 $\mathrm{d}bc_j^l(t)$ 时，$net_i^l(t) - bc_j^l(t)$ 的维度与 δ_j^l 相同，$\mathrm{d}bc_j^l(t)$ 求解过程同 $\mathrm{d}ac_j^l(t)$。

步骤 308.1.2：后段网络的权值与参数的求导计算。后段网络的权值的导数的计算公式为：

$$\mathrm{d}w_{jk}^3(t) = (O_k^3(t) - Y_k(t)) \times O_j^2(t),\ k = 1,2,\cdots,L;\ j = 1,2,\cdots,Q \tag{8-90}$$

$$\mathrm{d}w_{ij}^2(t) = O_i^1(t) \times \frac{\delta_j^2(t)}{a_j(t)},\ j = 1,2,\cdots,Q;i = 1,2,\cdots,M \tag{8-91}$$

$$\mathrm{d}a_j(t) = \delta_j^2(t) \cdot \times \frac{net_j^2(t) - b_j(t)}{a_j(t)^2},\ j = 1,2,\cdots,Q \tag{8-92}$$

$$\mathrm{d}b_j(t) = \frac{\delta_j^2(t)}{a_j(t)},\ j = 1,2,\cdots,Q \tag{8-93}$$

当 $BATCHSIZE$ 个样本同时计算 $\mathrm{d}a_j(t)$ 时，$\delta_j^2(t)$ 的维度为 $Q \times BATCHSIZE$，$net_j^2(t) \times w_{ij}^2(t)$ 的维度为 $Q \times BATCHSIZE$，上述 $\dfrac{net_j^2(t) - b_j(t)}{a_j(t)^2}$ 计算结果的维度同样为 $Q \times BATCHSIZE$，代表样本的第 j 个隐藏层神经元的计算值。$\delta_j^2(t)$ 与 $\dfrac{net_j^2(t) - b_j(t)}{a_j(t)^2}$ 的结果进行矩阵的点乘计算（矩阵的点乘：矩阵各个对应元素相乘；矩阵的乘法：矩阵 a 的第 n 行乘以矩阵 b 的第 n 列，各个元素对应相乘然后求和作为第 n 个元素的值），计算结果的维度为 $Q \times BATCHSIZE$，代表样本的第 j 个隐含层神经元参数 $a_j(t)$ 的导数；把上述 $BATCHSIZE$ 个样本的导数相加，再除以 $BATCHSIZE$，即可得到第 j 个隐含层神经元参数 $a_j(t)$ 的平均导数。

当 $BATCHSIZE$ 个样本同时计算 $\mathrm{d}b_j(t)$ 时，$\delta_j^2(t)$ 的维度为 $Q \times BATCHSIZE$，$a_j(t)$ 的维度为 $1 \times Q$，$\dfrac{\delta_j^2(n,t)}{a_j(t)}$ 表示样本的第 j 个神经元 $b_j(t)$ 的导数；把上述

BATCHSIZE 个样本的导数相加，再除以 *BATCHSIZE*，即可得到第 j 个隐含层神经元参数 $b_j(t)$ 的平均导数。

步骤 308.2：wCwNN 的权值与参数的更新计算。如果第 l 层是前段网络的卷积层，则权值更新如下：

$$wc_{ij}^{l}(t+1) = wc_{ij}^{l}(t) - AlphaWC \times \mathrm{d}wc_{ij}^{l}(t) \tag{8-94}$$

$$ac_{j}^{l}(t+1) = ac_{j}^{l}(t) - AlphaWC \times \mathrm{d}ac_{j}^{l}(t) \tag{8-95}$$

$$bc_{j}^{l}(t+1) = bc_{j}^{l}(t) - AlphaWC \times \mathrm{d}bc_{j}^{l}(t) \tag{8-96}$$

如果当前层是后段网络 wNN，则权值更新如下：

$$w_{ij}^{2}(t+1) = w_{ij}^{2}(t) - AlphaWNN \times \mathrm{d}w_{ij}^{2}(t) + LA \times w_{ij}^{2}(t) \tag{8-97}$$

$$w_{jk}^{3}(t+1) = w_{jk}^{3}(t) - AlphaWNN \times \mathrm{d}w_{jk}^{3}(t) + LA \times w_{jk}^{3}(t) \tag{8-98}$$

$$a_{j}(t+1) = a_{j}(t) - AlphaWNN \times \mathrm{d}a_{j}(t) + LA \times a_{j}(t) \tag{8-99}$$

$$b_{j}(t+1) = b_{j}(t) - AlphaWNN \times \mathrm{d}b_{j}(t) + LA \times b_{j}(t) \tag{8-100}$$

步骤 321：保存 wCwNN 权值与参数。保存 wCwNN 前段网络卷积层的卷积核参数 $WC_{ij}^{l} = wc_{ij}^{l}(t+1)$，小波变换中的平移因子 $BC_{j}^{l} = bc_{j}^{l}(t+1)$，伸缩因子 $AC_{j}^{l} = ac_{j}^{l}(t+1)$；其中，$l = 1,3,\cdots,n$，此处的 n 表示最后一个卷积层的层号。

保存 wCwNN 后段网络输入层与隐含层之间的连接权值 $W_{ij}^{2} = w_{ij}^{2}(t+1)$，隐含层尺度变换参数 $A_j = a_j(t)$ 和 $B_j = b_j(t)$，隐含层与输出层之间的连接权值 $W_{jk}^{3} = w_{jk}^{3}(t)$。

步骤 390：wCwNN 训练结束。

9 循环涟漪纹波预测方法与智能控制系统

9.1 引言

近年来,人工智能技术被广泛地应用在工业生产的控制和仿真领域。本发明提出了一种循环涟漪纹波预测方法与基于上述方法的智能系统,可以应用到预测、智能控制、电机转速控制等领域。本案例的创新特色是:相比传统预测方法,本发明预测结果的准确性更高,实现了自动读取数据、处理数据及进行多维高精度的预测。本案例的创业特点是:目前需要拟合预测和预测控制的工业生产领域存在诸多问题,如缺少针对多维时间序列准确预测未来结果的方法、预测精度不足和预测步长有待进一步增长等,本发明能够解决上述问题,为提升工业生产效率和自动化水平奠定坚实的基础。本案例的课程思政元素是:目前中国工业生产制造业规模和体量极大,工业产量在世界中名列前茅。本发明联系中国工业生产中的实际特点,融合多种技术,以实现系统的智能化与自动化。

9.2 技术领域

本发明提出了一种循环涟漪纹波预测方法与基于上述方法的智能系统,可以应用到预测、智能控制、电机转速控制等领域。

9.3 背景技术

近年来,随着国内科技水平的快速提升,人工智能技术被广泛地应用在工业生产的控制和仿真领域,以至于出现了许多基于人工智能技术的交叉学科。仅从预测估计这一单独领域来看,传统的机器学习算法如贝叶斯模型、支持向量机模型已经被广泛地应用在小样本数据分类问题,AR、MA、ARIMA 和 VARIMA 模型也可以完成时间序列预测任务。人工神经网络作为目前人工智能领域最重要和最热门的技术之一,已经成功解决了许多领域中的部分预测问题。

将基于人工神经网络技术的时间序列预测方法、PID 控制理论相互结合运用到工业生产当中,可以极大地提高预测结果的准确性和合理性,为提升工业生产的效率和自动化水平奠定坚实的基础。本专利尤其针对当前尚有诸多发展空间的多维数据预测领域,紧贴工业生产中的实际要求,通过多种技术的融合实现了系统的智能化与自动化。

当前需要拟合预测和预测控制的工业生产领域存在的问题包括:①缺少针对多维时间序列准确预测未来结果的方法,不能完全符合工业领域的实际需求,但基于多维时间序列的预测需求非常多;②当前的时间序列预测方法仍有提升空间,例如,对于时间序列的预测,精度有待进一步提升,预测步长有待进一步增长;③对多维数据自动采集、预测的智能系统应用较少,例如,在智能控制中,预测与经典人工智能结合改进智能控制系统的应用较少。

9.4 发明内容

本发明的目的在于提出一种新型的基于深度学习的多维时间序列预测方法。相比传统预测方法,该方法提升了预测结果的准确性。基于多维预测方法,结合 PID 控制算法实现了自动读取数据、处理数据及进行多维高精度的预测。

本发明通过构造循环涟漪纹波矩阵,将时间序列历史数据转化为带有时间序列数据信息的图像,进而基于深度神经网络方法,根据多维时间序列数据去预测其中一维时间序列的未来值。将上述方法应用于智能控制系统,预测未来系统输出进而参与当前控制,实现控制性能的进一步提升。

为了实现上述目的,本发明采取了如下技术方案,包括两部分:一是循环涟漪纹波预测方法(5000),其流程见图 9-1;二是基于循环涟漪纹波预测方法的智能控制系统(1000),参见图 9-2。

9.4.1 循环涟漪纹波预测方法(5000)

该方法包括预测配置流程(5100)和预测流程(5200)。用于电机转速控制时,输入是 PID 控制器的比例参数、积分参数、微分参数、目标转速、实际转速以及 PID 控制器输出给电机的驱动电压的历史时间序列值,输出是电机转速在未来时刻的预测值。

循环涟漪纹波预测方法(5000)的关键步骤是:将时间序列历史数据转化为

带有时间序列数据信息的图像，这些图像作为深度学习方法训练样本的特征值，从而实现基于深度学习的时间序列预测。

9.4.1.1　预测配置流程（5100）

步骤 5101：配置预测器参数。初始化预测步长为 $L\_predict$ ，$L\_predict$ 为正整数。

初始化神经网络，用 XNN 表示，神经网络采用领域公知的前馈型神经网络、反馈型神经网络或者深度神经网络，网络参数的配置方法与上述领域公知的神经网络配置方法一致；如果 XNN 是卷积神经网络 CNN ，网络的配置方法采用领域公知的卷积神经网络配置方法——神经网络的总层数大于 4 层不超过 10 层，卷积层与池化层分别大于 1 层不超过 3 层，采用 Adam 算法迭代更新神经网络的权重，神经网络学习率在 0.001 到 0.007 之间。

配置构成涟漪纹波图像矩阵的向量时间序列的向量个数 $\boldsymbol{P}$，$0<\boldsymbol{P}<N-1$，是正整数的平方。

步骤 5102：配置涟漪纹波图像矩阵模板。构造和初始化涟漪纹波图像矩阵模板，用 $Model\_RRW$ 表示，其中涟漪纹波图像矩阵的维度用 D_RRW 表示，D_RRW 是正奇数。

步骤 5102 的输入是：D_RRW 行 D_RRW 列的二维全零矩阵。

步骤 5102 的输出是：涟漪纹波图像矩阵模板 $\boldsymbol{Model\_RRW}$。

步骤 5102 的计算方法是：

对于矩阵 $\boldsymbol{Model\_RRW}$，矩阵中每一个位置的坐标是 (r,c) ，其中 r 表示行号，c 表示列号，该位置的值为 $\boldsymbol{Model\_RRW}(r,c)$ 。

矩阵正中央的位置是：$r\_center=c\_center=(D\_RRW+1)/2$。

$\boldsymbol{Model\_RRW}$ 矩阵中任何一个元素 $\boldsymbol{Model\_RRW}(r,c)$ 距离矩阵中心点 $\boldsymbol{Model\_RRW}(r\_center,c\_center)$ 的距离可以表示为：

$$Distance(r,c)=\sqrt{(r-r\_center)^2+(c-c\_center)^2}$$

将所有的距离 $Distance(r,c)$ 进行排序，将 (r_center,c_center) 最近的矩阵元素 (r_center,c_center) 的值 $\boldsymbol{Model\_RRW}(r\_center,c\_center)$ 设置为 1；将距离 (r_center,c_center) 第二近的位置 (r,c) 上的元素 $\boldsymbol{Model\_RRW}(r,c)$ 设置为 2，将距离 (r_center,c_center) 第三近的位置 (r,c) 上的元素 $\boldsymbol{Model\_RRW}(r,c)$ 设置为 3，并以此类推。将距离 (r_center,c_center) 最远的位置 (r,c) 上的元素 $\boldsymbol{Model\_RRW}(r,c)$ 设置为 M ，则可以构成 $\boldsymbol{Model\_RRW}$ 所有位置元素，参见式（9-1）。

$$\boldsymbol{Model\_RRW} = \begin{pmatrix} M & \cdots & \cdots & \cdots & \cdots & \cdots & M \\ \cdots & 6 & 5 & 4 & 5 & 6 & \cdots \\ \cdots & 5 & 3 & 2 & 3 & 5 & \cdots \\ \cdots & 4 & 2 & 1 & 2 & 4 & \cdots \\ \cdots & 5 & 3 & 2 & 3 & 5 & \cdots \\ \cdots & 6 & 5 & 4 & 5 & 6 & \cdots \\ M & \cdots & \cdots & \cdots & \cdots & \cdots & M \end{pmatrix} \tag{9-1}$$

通常情况下设 $M = L\_predict$ 或者 $M > L\_predict$ ，$M = L\_predict$ 时正好与预测参与计算的数据量一致。

预测配置流程 5100 结束。

9.4.1.2　预测流程(5200)

该流程由步骤 5201 至步骤 5206 共 8 个步骤构成。

步骤 5201：构造向量时间序列。

步骤 5201 的输入是：外部时间序列 $\text{In}(n,t)$ ，其中，n 表示不同时间序列的编号，$n = 1,2,\cdots,N$ ，即一共有 N 个时间序列，$t = 0,1,2,\cdots,T$ ，即每个时间序列包含 T 个时刻；用于电机转速控制时，外部时间序列 $\text{In}(n,t)$ 是由 PID 控制器的比例参数、积分参数、微分参数、目标转速、实际转速以及 PID 控制器输出给电机的驱动电压的历史时间序列值拼接成的，其中，$\text{In}(1,t)$ 是 PID 控制器的比例参数，$\text{In}(2,t)$ 是 PID 控制器的积分参数时间序列，$\text{In}(3,t)$ 是 PID 控制器的微分参数时间序列，$\text{In}(4,t)$ 是 PID 控制器的目标转速时间序列，$\text{In}(5,t)$ 是 PID 控制器的实际转速时间序列，$\text{In}(6,t)$ 是 PID 控制器输出给电机的驱动电压时间序列。

步骤 5201 的输出是：多个时间序列。分为两部分：一是用于训练算法的训练样本的特征值 $Train\_x(n,t)$ ，其中，$n = 1,2,\cdots,N-1$；$t = 1,2,\cdots,T$ ；二是用于训练算法的训练样本的标签值 $Train\_y(t)$ ，其中 $t = M + L\_predict,2,\cdots,T$ 。

步骤 5201 的计算方法是：$Train\_x(n,t)$ 的计算方法是，接收算法的输入 $\text{In}(n,t)$ 中的 $n = 1,2,\cdots,N-1;t = 1,2,\cdots,T$ 部分，参见式(9-2)。

$$Train\_x(n,t) = In(n,t)\ ,\ n = 1,2,\cdots,N-1;t = 1,2,\cdots,T \tag{9-2}$$

$Train\_y(t)$ 的计算方法是：接收算法的输入 $\text{In}(n,t)$ 中的 $n = N,t = 1 + L\_predict,2,\cdots,T$ 部分，参见式(9-3)。

$$Train\_y(t) = \text{In}(N,t)\ ,\ t = 1,2,\cdots,T \tag{9-3}$$

计算的特征是：将 $1,2,\cdots,T$ 时刻的特征值作为训练样本的特征值，将 $1,2,\cdots,T$ 的标签值作为训练样本的标签值，从而进行训练。

步骤 5202：标准化计算。为了消除由于量纲相差较大所引起的计算误差，对多个时间序列(6201)中的 $Train\_x(n,t)$ 、$Train\_y(t)$ 进行标准化计算。

步骤 5202 的输入是:多个时间序列。

步骤 5202 的输出是:标准化结果,均值和标准差。

步骤 5202 的计算方法是: $Train\_x(n,t)$ 的均值为 $Mean\_x(n)$, $n = 1, 2,\cdots,N - 1$; $Train\_y(t)$ 的均值为 $Mean\_y$;均值的计算方法见式(9-4)和式(9-5)。$Train\_x(n,t)$ 的标准差为 $Std\_x(n)$, $n = 1,2,\cdots,N$; $Train\_y(t)$ 的标准差为 Std_y ;标准差的计算方法见式(9-6)和式(9-7)。根据均值和标准差计算出标准化的训练样本特征值向量 $\boldsymbol{Train\_x\_std}(\boldsymbol{n},\boldsymbol{t})$, $n = 1,2,\cdots,N - 1$;$t = 1,2,\cdots,T$,标准化的训练样本标签值向量 $\boldsymbol{Train\_y\_std}(\boldsymbol{t})$, $t = 1,2,\cdots,T$,标准化的计算方法见式(9-8)和式(9-9)。

$$Mean\_x(n) = \frac{\sum_{t=1}^{T} Train\_x(n,t)}{T}, n = 1,2,\cdots,N - 1 \tag{9-4}$$

$$Mean\_y = \frac{\sum_{t=1}^{T} Train\_y(t)}{T} \tag{9-5}$$

$$Std\_x(n) = \sum_{t=1}^{T} \sqrt{\frac{[\, Train\_x(n,t) - Mean\_x(n)\,]^2}{T}}, n = 1,2,\cdots,N - 1 \tag{9-6}$$

$$Std\_y = \sum_{t=1}^{T} \sqrt{\frac{[\, Train\_y(t) - Mean\_y(n)\,]^2}{T}} \tag{9-7}$$

$$Train\_x\_std(n,t) = \frac{Train\_x(n,t) - Mean\_x(n)}{Std\_x(n)}, n = 1,2,\cdots,N - 1;\ t = 1,2,\cdots,T \tag{9-8}$$

$$Train\_y\_std(t) = \frac{Train\_y(t) - Mean\_y}{Std\_y}, t = 1,2,\cdots,T \tag{9-9}$$

步骤 5203:向量降维计算。由于拼接计算(5205)步骤的输入需要 P 个向量,而 P 在配置预测器参数(5101)步骤中已经配置为正整数的平方,因此要将 $N - 1$ 个时间序列向量在尽可能保留信息量的情况下降维为 P 个向量,即 P 是小于 $N - 1$ 的正整数的平方。

步骤 5203 的输入是:步骤 5202 标准化后的结果 $Train\_x\_std(n,t)$,$n = 1, 2,\cdots,N - 1$,是 $N - 1$ 维向量, $t = 1,2,\cdots,T$ 。

步骤 5203 的输出是:正整数的平方 P 个时间序列, $Train\_x\_std\_lowdim(p,t)$, $p = 1,2,\cdots,P$, $t = 1,2,\cdots,T$;当本方法用于电机转速控制时,降维后得到的 P 个时间序列每个时刻的值都是标准化后的结果的每个时刻值的线性组合。

步骤 5203 的计算方法是:使用降维算法 DECtoLowDim,将步骤 5202 标准化

后的 $N-1$ 维向量 $\boldsymbol{Train\_x\_std}(\mathrm{n,t})$,$\mathrm{n}=1,2,\cdots,\mathrm{N}-1$, $t=1,2,\cdots,T$ 降维为 P 维向量 $\boldsymbol{Train\_x\_std\_lowdim}(p,t)$,$p=1,2,\cdots,P$, $t=1,2,\cdots,T$,降维方法见式(9-10)。

$$\boldsymbol{Train\_x\_std\_lowdim}(p,t) = \mathrm{DECtoLowDim}(\boldsymbol{Train\_x\_std}(\mathrm{n,t}))$$
$$p = 1,2,\cdots,P\ ;\ n = 1,2,\cdots,N-1;\ t = 1,2,\cdots,T \tag{9-10}$$

步骤 5204:循环置入计算。将正整数的平方 P 个时间序列按照涟漪纹波图像矩阵模板置入,得到 P 个涟漪纹波图像矩阵。

步骤 5204 的输入是:正整数的平方 P 个时间序列,即 $Train\_x\_std\_lowdim(p,t)$,其中, $p=1,2,\cdots,P$, $t=1,2,\cdots,T$ 。涟漪纹波图像矩阵模板,即 $Model\_RRW$, $Model\_RRW$ 的定义见式(9-1)。

步骤 5204 的输出是: P 个 D_RRW 行 D_RRW 列的涟漪纹波图像矩阵,第 p 个时间序列在 $t=M,M+1,\cdots,T$ 每个时刻均生成一个图像,即:

$$Train\_x\_std\_lowdim\_rrw(p,t)\ ,\ p = 1,2,\cdots,P\ ;\ t = M,M+1,\cdots,T$$

对于第 p 个序列,在每个时刻 t ,共有 M 个历史时刻数据参与构成图像,该图像为上述涟漪纹波图像矩阵(6204),即 $Train\_x\_std\_lowdim\_rrw(p,t)$,其中, $\boldsymbol{Train\_x\_std\_lowdim\_rrw}(p,t)$ 的值是一个 r 行 c 列的矩阵,即 $\boldsymbol{Train\_x\_std\_lowdim\_rrw}(p,t)=IMG(p,t,r,c)$, $r=1,2,\cdots,D\_RRW$, $c=1,2,\cdots,D\_RRW$ 。

步骤 5204 的计算方法见式(9-11)。

$$IMG(p,t,r,c) = Train\_x\_std\_lowdim(p,t+Model\_RRW(r,c)-1)\ ,$$
$$n = 1,2,\cdots,N-1,t = 1,2,\cdots,T,$$
$$r = 1,2,\cdots,D\_RRW,c = 1,2,\cdots,D\_RRW \tag{9-11}$$

步骤 5204 的计算结果展开式见式(9-12),临时使用 T_l 表示 $Train\_x\_std\_lowdim$ 。

$$Train\_x\_std\_lowdim\_rrw(p,t) =$$
$$\begin{bmatrix} T\_l(p,t+M-1) & \cdots & \cdots & \cdots & \cdots & \cdots & T\_l(p,t+M-1) \\ \cdots & T\_l(p,t+5) & T\_l(p,t+4) & T\_l(p,t+3) & T\_l(p,t+4) & T\_l(p,t+5) & \cdots \\ \cdots & T\_l(p,t+4) & T\_l(p,t+2) & T\_l(p,t+1) & T\_l(p,t+2) & T\_l(p,t+4) & \cdots \\ \cdots & T\_l(p,t+3) & T\_l(p,t+1) & T\_l(p,t+0) & T\_l(p,t+1) & T\_l(p,t+3) & \cdots \\ \cdots & T\_l(p,t+4) & T\_l(p,t+2) & T\_l(p,t+1) & T\_l(p,t+2) & T\_l(p,t+4) & \cdots \\ \cdots & T\_l(p,t+5) & T\_l(p,t+4) & T\_l(p,t+3) & T\_l(p,t+4) & T\_l(p,t+5) & \cdots \\ T\_l(p,t+M-1) & \cdots & \cdots & \cdots & \cdots & \cdots & T\_l(p,t+M-1) \end{bmatrix} \tag{9-12}$$

其中, $p=1,2,\cdots,P$; $t=1,2,\cdots,T$, M 是历史时刻数据的个数。

步骤 5205:拼接计算。将 P 个涟漪纹波图像矩阵拼接为 1 个一维涟漪纹波图像矩阵。

步骤 5205 的输入是：涟漪纹波图像矩阵 $\boldsymbol{Train\_x\_std\_lowdim\_rrw}(p,t)$ ，其中，$p = 1,2,\cdots,P$ ；$t = M,M + 1,\cdots,T$ 。

步骤 5205 的输出是：$\sqrt{P}$ 行 $\sqrt{P}$ 列的涟漪纹波图像矩阵，记为 $Train\_x\_std\_lowdim\_rrw\_P(t)$,$t=M,M+1,\cdots,T$,其中，行列数为 $\sqrt{P}$ 。

步骤 5205 的计算方法是：将 P 个涟漪纹波图像矩阵按照从上至下、从左至右的顺序拼接，$Train\_x\_std\_lowdim\_rrw\_P(t)$ 在第 r 行 c 列的元素 $Train\_x\_std\_lowdim\_rrw\_P(r,c,t)$ 的计算方法见式(9-13)。

$$Train\_x\_std\_lowdim\_rrw\_P(r,c,t) = Train\_x\_std\_lowdim\_rrw((r - 1)\sqrt{P} + c,t) \tag{9-13}$$

步骤 5205 的计算结果展开式见式(9-14)，临时使用 T_r 表示 $Train\_x\_std\_lowdim\_rrw$ 。

$$Train\_x\_std\_lowdim\_rrw\_P(t) = \begin{bmatrix} T\_r(1,t) & T\_r(2,t) & T\_r(3,t) & \cdots & T\_r(\sqrt{P},t) \\ T\_r(\sqrt{P}+1,t) & T\_r(\sqrt{P}+2,t) & T\_r(\sqrt{P}+3,t) & \cdots & T\_r(2\sqrt{P},t) \\ T\_r(2\sqrt{P}+1,t) & T\_r(2\sqrt{P}+2,t) & T\_r(2\sqrt{P}+3,t) & \cdots & T\_r(3\sqrt{P},t) \\ \cdots & \cdots & \cdots & \cdots & \cdots \\ T\_r(P-\sqrt{P}+1,t) & T\_r(P-\sqrt{P}+2,t) & T\_r(P-\sqrt{P}+3,t) & \cdots & T\_r(P,t) \end{bmatrix} \tag{9-14}$$

其中，$p = 1,2,\cdots,P,t = M,M + 1,\cdots,T$ 。

步骤 5206：预测计算。

步骤 5206 的输入是：第一个输入是训练样本的特征值，“ P 合 1”涟漪纹波矩阵，即 $Train\_x\_std\_lowdim\_rrw\_P(t)$ ，$t = M,M + 1,\cdots,T - L\_predict$ ；第二个输入是训练样本的标签值，标准化结果、均值和标准差中的训练样本标签值向量 $\boldsymbol{Train\_y\_std}(t + M + L\_predict - 1)$ ，$t = 1,2,\cdots,T - M - L\_predict + 1$；第三个输入是测试样本的特征值，$Train\_x\_std\_lowdim\_rrw\_P(T)$ 。

步骤 5206 的输出是：预测计算结果（6206），用 $y\_std\_predict(T + L\_predict)$ 表示。

步骤 5206 的计算方法是：将“ P 合 1”涟漪纹波矩阵即 $Train\_x\_std\_lowdim\_rrw\_P(t_1)$ ，$t_1 = M,M + 1,\cdots,T - L\_predict$ 作为神经网络算法 XNN 训练样本的特征；将标准化的训练样本标签值向量 $\boldsymbol{Train\_y\_std}(t_2 + M + L\_predict - 1)$ ，$t_2 = 1,2,\cdots,T - M - L\_predict + 1$，作为神经网络算法 XNN 训练样本的标签，对神经网络算法 XNN 的神经元参数进行训练，见式(9-15)。

$$XNN = Train(Train\_x\_std\_lowdim\_rrw\_P(t_1),\boldsymbol{Train\_y\_std}(t_2 + M + L\_predict - 1)),$$

$$t_1 = M, M+1, \cdots, T - L\_predict\ ,$$
$$t_2 = 1, 2, \cdots, T - M - L\_predict + 1 \tag{9-15}$$

训练完成后，将 $Train\_x\_std\_lowdim\_rrw\_P(T)$ 作为神经网络算法 XNN 测试样本的特征值，此时计算神经网络的输出值为 $y\_std\_predict$，计算方法见式(9-16)。

$$y\_std\_predict = Fit(XNN, Train\_x\_std\_lowdim\_rrw\_P(T)) \tag{9-16}$$

步骤 5207：反标准化计算。将神经网络算法得到的预测计算结果进行反标准化，得到系统输出预测结果。

步骤 5207 的输入是：神经网络算法 XNN 的预测结果 $y\_std\_predict$，均值 $Mean\_y$ 和标准差 Std_y。

步骤 5207 的输出是：系统输出预测结果 $yout\_predict$。

步骤 5207 的计算方法参见式(9-17)。

$$yout\_predict = y\_std\_predict \times Std\_y + Mean\_y \tag{9-17}$$

步骤 5208：返回预测结果。将系统输出预测结果输出到外部，用 $yout\_predict$ 表示。

当本方法用于电机转速控制时，系统输出预测结果是电机调速系统未来时刻的转速值，即 $T + L\_predict$ 时刻的转速值。

预测流程 5200 结束。

9.4.2 基于循环涟漪纹波预测方法的智能控制系统(1000)

该系统由 5 个装置组成，即控制参数整定器(100)、控制器(200)、被控对象(300)、时间序列数据采集器(400)、循环涟漪纹波预测器(500)。

当本方法用于电机转速控制时，系统输入 rin 是电机转速目标值；控制器输出 u 是驱动电机的电压；系统输出 $yout\_real$ 是电机的实际转速；K_p、K_i、K_d 分别是 PID 控制器的比例参数、积分参数、微分参数；e 是电机转速目标值与实际转速预测值的差值；$\mathrm{In}(n,t)$ 是 $t = 1, 2, \cdots, T$ 时刻 $n = 6$ 个时间序列 K_p、K_i、K_d、rin、u、$yout\_real$ 组成的 6 维向量时间序列。

9.4.2.1 控制参数整定器(100)

控制参数整定器(100)是调整和优化控制参数的装置，可以是计算机或者是可编程控制器。

控制参数整定器(100)的输入是：通过自身的键盘或者触摸屏，或者通过自身的内部数据总线，或者通过自身的通讯接口采用数据线与外部其他控制设备的通讯接口相连，接收当前 t 时刻的控制系统的输入 rin 和循环涟漪纹波预测器(500)预测出的 $t + S$ 时刻控制系统的输出 $yout\_predict$，其中，S 表示预测步长,并且计算误差 $e = yout\_predict - rin$; $yout\_predict$ 是循环涟漪纹波预测器(500)的输出,也是循环涟漪纹波预测方法(5000)的输出。

控制参数整定器(100)的输出是:调整后的控制参数 K_p、K_i、K_d ,通过自身的内部数据总线,或者自身的通讯接口采用数据线与控制器(200)和时间序列数据采集器(400)的通讯接口相连。

控制参数整定器(100)根据输入计算输出的方法是:可以采用领域公知的专家 PID、模糊 PID、神经网络 PID、遗传算法 PID 或根据误差调整 PID 参数的方法。

9.4.2.2 控制器(200)

控制器(200)是控制系统的控制量 u 的装置,控制量作用于被控对象(300)产生控制系统的输出 $yout\_real$ 。控制器(200)可以是带有驱动输出的 PLC、带有编程功能的变频器或者是根据 PID 控制参数产生控制量去驱动被控对象的装置。

控制器(200)通过工业数据线或者数据线与控制参数整定器(100)和循环涟漪纹波预测器(500)的通讯接口相连,接收当前 t 时刻的控制系统的输入 rin 和循环涟漪纹波预测器(500)预测出的 $t + L\_predict$ 时刻控制系统的输出 $yout\_predict$ 的误差 e 。

控制器(200)通过电路、机械结构或者驱动传输介质与被控对象(300)连接,实现输出控制量 u ,对被控对象(300)产生驱动;通过工业总线、数据线与时间序列数据采集器(400)连接,输出控制量 u 。

9.4.2.3 被控对象(300)

被控对象(300)是电机及拖动对象、压力控制设备及对象或者是受控制器产生的控制量影响的对象。

被控对象(300)的输入是:上述控制器(200)的输出。

被控对象(300)输出是:控制系统的真实输出值 $yout\_real$,通过工业总线、数据线与时间序列数据采集器(400)连接。

9.4.2.4 时间序列数据采集器(400)

时间序列数据采集器(400)的功能是将控制系统输入的时间序列行向量 $\boldsymbol{rin}$,控制参数整定器(100)输出的时间序列行向量 $\boldsymbol{K_p}$、$\boldsymbol{K_i}$、$\boldsymbol{K_d}$,控制器(200)输出的时间序列行向量 $\boldsymbol{u}$ 和被控对象(300)输出的时间序列行向量 $\boldsymbol{yout\_real}$ 拼接成为一个向量时间序列的装置,即 $\boldsymbol{yout\_real} = [rin;K_p;K_i;K_d;u;yout\_real]$,作为循环涟漪纹波预测器(500)的输入。

时间序列数据采集器(400)的输入是:通过工业总线、数据线与控制系统的输入、控制参数整定器(100)的通讯接口连接;时间序列数据采集器(400)的输入通过模拟信号采集器和模拟数字转换器与控制器(200)和被控对象(300)的输出连接。

时间序列数据采集器(400)的输出是:一个 N 维时间序列矩阵 $\mathrm{In}(\boldsymbol{n},\boldsymbol{t})$,通过工业总线、数据线与循环涟漪纹波预测器(500)的通讯接口连接, $\mathrm{In}(\boldsymbol{n},\boldsymbol{t})$ 将作为循环涟漪纹波预测方法(5000)的输入。

9.4.2.5　循环涟漪纹波预测器(500)

循环涟漪纹波预测器(500)采用了循环涟漪纹波预测方法(5000)的预测装置,功能是对系统的输出进行预测。循环涟漪纹波预测器(500)可以是计算机、可编程控制器或者是嵌入式装置。

循环涟漪纹波预测器(500)的输入是:时间序列数据采集器(400)输出的一个 N 维时间序列矩阵 $\mathrm{In}(\boldsymbol{n},\boldsymbol{t})$ 。循环涟漪纹波预测器(500)通过工业总线、数据线与时间序列数据采集器(400)的通讯接口相连,接收一个 N 维时间序列矩阵 $\mathrm{In}(\boldsymbol{n},\boldsymbol{t})$ 。

循环涟漪纹波预测器(500)的输出是: $t+L\_predict$ 时刻的控制系统的输出 $yout\_predict$ 。循环涟漪纹波预测器(500)的输出通过工业总线、数据线与控制参数整定器(100)和控制器(200)的通讯接口连接。

循环涟漪纹波预测器(500)根据输入计算输出的方法是:循环涟漪纹波预测方法(5000)。

上述方法的系统和该方法的结合关系和实现过程如下。

预测是由循环涟漪纹波预测器(500)实现的;其中循环涟漪纹波预测器(500)的输入即为步骤 5201 中的 $\mathrm{In}(\boldsymbol{n},\boldsymbol{t})$,循环涟漪纹波预测器(500)的输出即为步骤 5206 中的 $yout\_predict$ 。

与现有技术相比,本发明具有以下优势。

(1)发明的预测方法和系统针对输入的多维时间序列数据,填补了传统方法中针对多维数据预测的缺失。

(2)发明的预测方法比现有预测方法具有更快的训练速度和更高的准确性。

(3)发明的循环涟漪纹波预测方法与系统实现了人工智能技术对大数据信息的采集和处理、基于人工神经网络时间对样本数据的学习与预测,以及 PID 智能控制理论针对预测结果的控制修正。因此,智能系统能够更加自动化、更加精准地进行监视、控制与预测。

本发明提出的方法实现了多维时间序列的更精准预测,本发明提出的系统实现了智能控制系统性能的提升。

9.5 附图说明

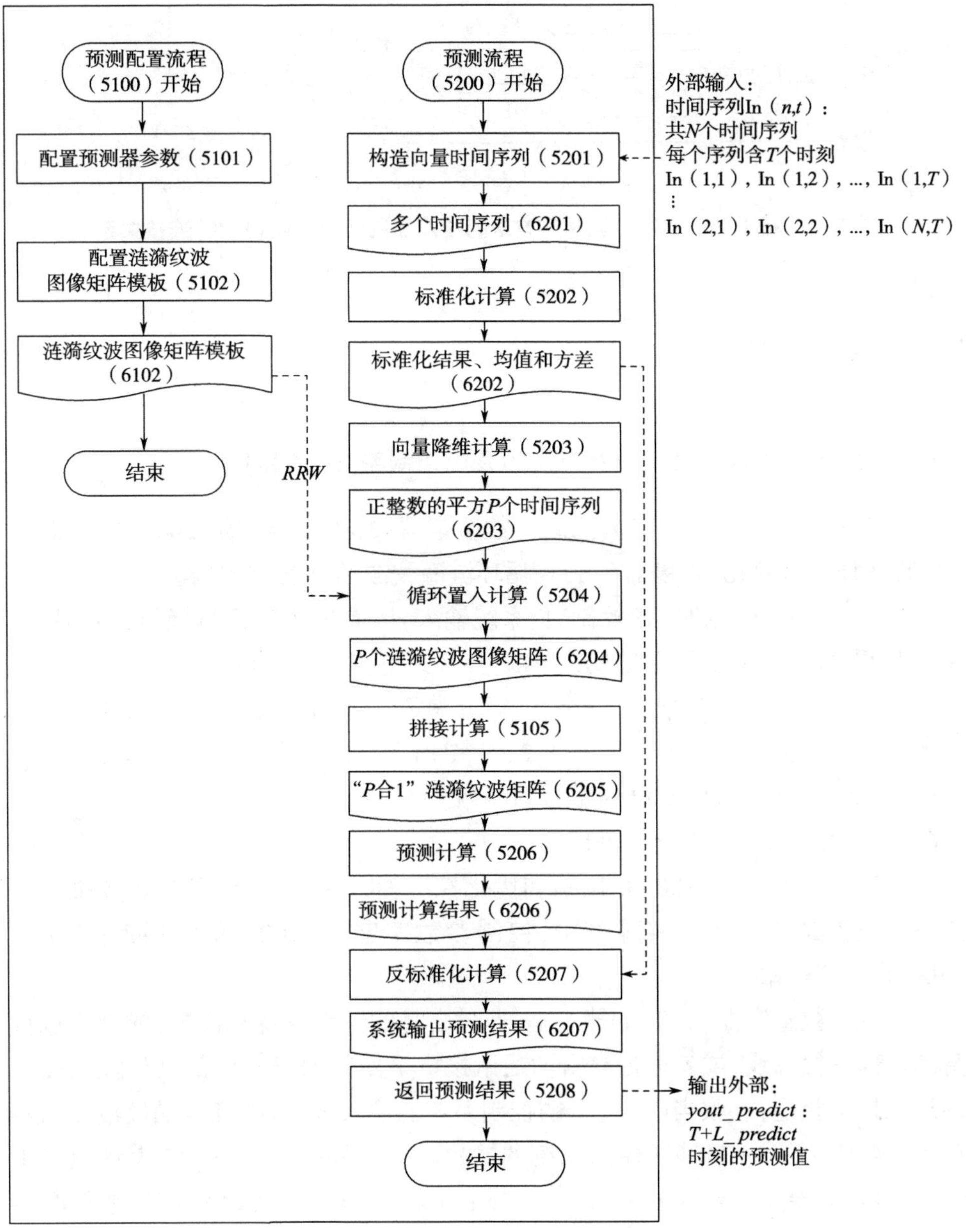

图 9-1 循环涟漪纹波预测方法(5000)流程图

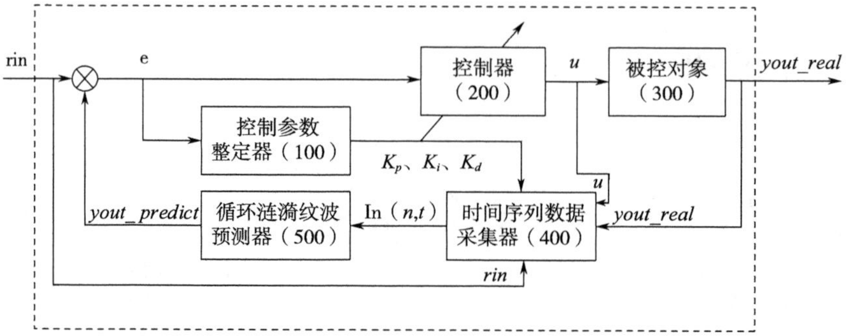

图 9-2　基于循环涟漪纹波预测方法的智能控制控制系统(1000)连接关系

9.6　具体实施方式

9.6.1　基于循环涟漪纹波预测方法的智能控制系统(1000)

如图 9-2 所示，该系统由控制参数整定器(100)、控制器(200)、被控对象(300)、时间序列数据采集器(400)、循环涟漪纹波预测器(500)构成。

当本方法用于电机转速控制时，系统输入 *rin* 是电机转速目标值；控制器输出 *u* 是驱动电机的电压；系统输出 *yout_real* 是电机的实际转速；K_p、K_i、K_d 分别是 PID 控制器的比例参数、积分参数、微分参数；*e* 是电机转速目标值与实际转速预测值的差值；$\mathrm{In}(\boldsymbol{n},\boldsymbol{t})$ 是 $t = 1,2,\cdots,T$ 时刻 $n = 6$ 个时间序列 $\boldsymbol{K_p}$、$\boldsymbol{K_i}$、$\boldsymbol{K_d}$、***rin***、***u***、***yout_real*** 组成的 6 维向量时间序列。

9.6.1.1　控制参数整定器(100)

控制参数整定器(100)是调整和优化控制参数的装置，可以是计算机或者是可编程控制器。在本实施例中，控制参数整定器(100)采用 Dell precision t7920 台式工作站。

控制参数整定器(100)的输入是：通过自身的键盘或者触摸屏，或者通过自身的内部数据总线，或者通过自身的通讯接口采用数据线与外部其他控制设备的通讯接口相连，接收当前 *t* 时刻的控制系统的输入 *rin* 和循环涟漪纹波预测器(500)预测出的 $t + S$ 时刻控制系统的输出 *yout_predict*，其中，*S* 表示预测步长，并且计算误差 $e = yout\_predict - rin$；*yout_predict* 是循环涟漪纹波预测器(500)的输出，也是循环涟漪纹波预测方法(5000)的输出。在本实施例中，预测步长 *S* 设置为 10。

控制参数整定器(100)的输出是:调整后的控制参数 K_p、K_i、K_d ;通过自身的内部数据总线,或者自身的通讯接口采用数据线与控制器(200)和时间序列数据采集器(400)的通讯接口相连。在本实施例中,控制参数整定器(100)与控制器(200)和时间序列数据采集器(400)的通讯接口的连接方式采用超六类太网线连接华为 AR550C-2C6GE 工业交换机。

控制参数整定器(100)根据输入计算输出的方法是:可以采用领域公知的专家 PID、模糊 PID、神经网络 PID、遗传算法 PID 或根据误差调整 PID 参数的方法。

本实施例中,专家 PID(E-PID)控制参数在线整定器采用专家经验规则表的形式(参见表 9-1)。在线整定器的输入是系统误差和系统误差的变化率,在线整定器的输出是 $K_p(t)$,$K_i(t)$,$K_d(t)$ 。其中, $E_{low}=0.2$ 、$E_{high}=0.5$、$EC_{low}=-0.001$、$EC_{high}=0.001$ 分别表示误差 $e(t)$ 和误差变化率 $ec(t)$ 的边界值。

表 9-1 E-PID 专家经验规则表

K_p 专家经验规则表

$R_{K_p}^E(e(t),ec(t))$	$\vert e\vert \geq E_{high}$	$E_{low}\leq\vert e\vert<E_{high}$	$0\leq\vert e\vert<E_{low}$
$\vert ec\vert\geq EC_{high}$	3	1.5	0.5
$EC_{low}\leq\vert ec\vert<EC_{high}$	3	1.5	0.5
$0\leq\vert ec\vert<EC_{low}$	3	1.5	0.5

K_i 专家经验规则表

$R_{K_i}^E(e(t),ec(t))$	$\vert e\vert \geq E_{high}$	$E_{low}\leq\vert e\vert<E_{high}$	$0\leq\vert e\vert<E_{low}$
$\vert ec\vert\geq EC_{high}$	0	0.000005	0.00001
$EC_{low}\leq\vert ec\vert<EC_{high}$	0	0.000005	0.00001
$0\leq\vert ec\vert<EC_{low}$	0	0.000005	0.00001

K_d 专家经验规则表

$R_{K_d}^E(e(t),ec(t))$	$\vert e\vert \geq E_{high}$	$E_{low}\leq\vert e\vert<E_{high}$	$0\leq\vert e\vert<E_{low}$
$\vert ec\vert\geq EC_{high}$	0	0.1	0.05
$EC_{low}\leq\vert ec\vert<EC_{high}$	0	0.05	0.02
$0\leq\vert ec\vert<EC_{low}$	0	0.01	0.01

E-PID 方法基于规则表的在线整定器，直接根据输入 k 时刻的误差 $e(k)$ 和误差变化率 $ec(t)$ ，查表得到当前时刻的 $R^E_{K_p}(e(t),ec(t))$ 即为当前时刻的控制参数值。E-PID 方法在线整定器输出 $K_p(t)$、$K_i(t)$、$K_d(t)$ 的计算公式为：

$$K_p(t) = R^E_{K_p}(e(t),ec(t)) \tag{9-18}$$

$$K_i(t) = R^E_{K_i}(e(t),ec(t)) \tag{9-19}$$

$$K_d(t) = R^E_{K_d}(e(t),ec(t)) \tag{9-20}$$

9.6.1.2　控制器(200)

控制器(200)是控制系统的控制量 u 的装置，控制量作用于被控对象产生控制系统的输出 $yout\_real$ 。控制器(200)可以是带有驱动输出的 PLC、带有编程功能的变频器或者是可以根据 PID 控制参数产生控制量去驱动被控对象的装置。

控制器(200)通过工业数据线或者数据线与控制参数整定器(100)和循环涟漪纹波预测器(500)的通讯接口相连，接收当前 t 时刻控制系统的输入 $rin(t)$ 和循环涟漪纹波预测器(500)预测出的 $t + L\_predict$ 时刻控制系统的输出 $yout\_predict$ 的误差 e 。

控制器(200)通过电路、机械结构或者驱动传输介质与被控对象(300)连接，实现输出控制量 u ，对被控对象(300)产生驱动；通过工业总线、数据线与时间序列数据采集器(400)连接，输出控制量 u 。在本实施例中，控制器(200)采用西门子 6SE6420-2UC23-0CA1 电机调速变频器及电机调速配套模块，被控对象(300)为西门子 37kwB35 1LE00012BB033JA4 变频电机。

9.6.1.3　被控对象(300)

被控对象(300)是电机及拖动对象、压力控制设备及对象或者是受控制器产生的控制量影响的对象。

被控对象(300)的输入即为上述控制器(200)的输出。在本实施例中，连接方法描述见上文被控对象(300)。

被控对象(300)的输出是：控制系统的真实输出值 $yout\_real$ ，通过工业总线、数据线与时间序列数据采集器(400)连接。在本实施例中，被控对象(300)与时间序列数据采集器(400)的连接方式采用西门子连接通讯线；配合旋转编码器，编码器通过弹性联轴器与三相异步电动机的轴连接，随电机一起转动，输出的脉冲信号与 PLC 的数字量输入端连接。PLC 的程序实时计算出电机转速。

9.6.1.4　时间序列数据采集器(400)

时间序列数据采集器(400)的功能是将控制系统输入的时间序列行向量 $\boldsymbol{rin}$ ，控制参数整定器(100)输出的时间序列行向量 $\boldsymbol{K_p}$、$\boldsymbol{K_i}$、$\boldsymbol{K_d}$ ，控制器(200)输出的时间序列行向量 ***u*** 和被控对象(300)输出的时间序列行向量 ***yout_real*** 拼接成为一个向量时间序列的装置,即 ***yout_real*** $= [rin; K_p; K_i; K_d; u; yout\_real]$,作为循环涟漪纹波预测器(500)的输入。

时间序列数据采集器(400)的输入是:通过工业总线、数据线与控制系统的输入、控制参数整定器(100)的通讯接口连接;时间序列数据采集器(400)的输入通过模拟信号采集器和模拟数字转换器与控制器(200)和被控对象(300)的输出连接。

时间序列数据采集器(400)的输出是:一个 N 维时间序列 $\mathrm{In}(\boldsymbol{n},\boldsymbol{t})$,通过工业总线、数据线与循环涟漪纹波预测器(500)的通讯接口连接,$\mathrm{In}(\boldsymbol{n},\boldsymbol{t})$ 将作为循环涟漪纹波预测方法(5000)的输入。在本实施例中,时间序列数据采集器(400)选用西门子 LPD3806-400BM-G5-24C 编码器。

9.6.1.5　循环涟漪纹波预测器(500)

循环涟漪纹波预测器(500)采用了循环涟漪纹波预测方法(5000)的预测装置,功能是对系统的输出进行预测。循环涟漪纹波预测器(500)可以是计算机、可编程控制器或者是嵌入式装置。

循环涟漪纹波预测器(500)的输入是:时间序列数据采集器(400)输出的一个 N 维时间序列矩阵 $\mathrm{In}(\boldsymbol{n},\boldsymbol{t})$。循环涟漪纹波预测器(500)通过工业总线、数据线与时间序列数据采集器(400)的通讯接口相连,接收一个 N 维时间序列矩阵 $\mathrm{In}(\boldsymbol{n},\boldsymbol{t})$。

循环涟漪纹波预测器(500)的输出是:$t + L\_predict$ 时刻的控制系统的输出 $yout\_predict$。循环涟漪纹波预测器(500)的输出通过工业总线、数据线与控制参数整定器(100)和控制器(200)的通讯接口连接。

循环涟漪纹波预测器(500)根据输入计算输出的方法是:循环涟漪纹波预测方法(5000)。

9.6.2　循环涟漪纹波预测方法(5000)

在本实施例中,循环涟漪纹波预测方法(5000)包括两个流程:预测配置流程(5100)和预测流程(5200)。用于电机转速控制时,输入是 PID 控制器的比例参数、积分参数、微分参数、目标转速、实际转速以及 PID 控制器输出给电机的驱动电压的历史时间序列值,输出是电机转速在未来时刻的预测值。

9.6.2.1　预测配置流程(5100)

该流程由步骤 5101 至步骤 5102 共 2 个步骤构成。

步骤 5101:配置预测器参数。初始化预测步长为 $L\_predict$,$L\_predict$ 为正整数。在本实施例中，$L\_predict$ 采用 10。

初始化神经网络，用 XNN 表示，神经网络采用领域公知的前馈型神经网络、反馈型神经网络或者深度神经网络，网络参数的配置方法与上述领域公知的神经网络配置方法一致；如果 XNN 是卷积神经网络 CNN，网络的配置方法采用领域公知的卷积神经网络配置方法——神经网络的总层数大于 5 层不超过 10 层，卷积层与池化层分别大于 1 层不超过 3 层，神经网络的优化方法采用 Adam 算法，神经网络学习率在 0.001 到 0.007 之间。在本实施例中，神经网络共 5 层，分别是输入层、卷积层 1、池化层 1、卷积层 2、池化层 2。其中，卷积层 1 的输出维数为 6，卷积核尺寸为 3×3；卷积层 2 的输出维数为 12，卷积核尺寸为 5×5；池化层 1 的池化核尺寸为 2×2；池化层 2 的池化核尺寸为 2×2；激活函数为 sigmoid 函数；神经网络的学习率为 0.005；优化方法选择 Adam 算法。

配置构成涟漪纹波图像矩阵的向量时间序列的向量个数 $\boldsymbol{P}$，$0 < P < N - 1$，是正整数的平方。在本实施例中，向量个数 $\boldsymbol{P}$ 采用 4。

步骤 5102：配置涟漪纹波图像矩阵模板。构造和初始化涟漪纹波图像矩阵模板，用 $Model\_RRW$ 表示，其中涟漪纹波图像矩阵的维度用 D_RRW 表示，D_RRW 是正奇数。在本实施例中，涟漪纹波图像矩阵的维度 D_RRW 采用 7。

步骤 5102 的输入是：D_RRW 行 D_RRW 列的二维全零矩阵。在本实施例中，输入对象为 7 行 7 列的全零矩阵。

步骤 5102 的输出是：涟漪纹波图像矩阵模板 $\boldsymbol{Model\_RRW}$。在本实施例中，输出对象为 7 行 7 列的涟漪纹波矩阵。

步骤 5102 的计算方法是：对于矩阵 $Model\_RRW$，矩阵中每一个位置的坐标是 (r,c)，其中，r 表示行号，c 表示列号，该位置的值为 $Model\_RRW(r,c)$。

矩阵正中央的位置是 $r\_center = c\_center = (D\_RRW + 1)/2$。

$\boldsymbol{Model\_RRW}$ 矩阵中任何一个元素 $Model\_RRW(r,c)$ 距离矩阵中心点 $Model\_RRW(r\_center,c\_center)$ 的距离可以表示为：

$$Distance(r,c) = \sqrt{(r - r\_center)^2 + (c - c\_center)^2}$$

将所有的距离 $Distance(r,c)$ 进行排序，将距离 (r_center,c_center) 最近的矩阵元素 $\boldsymbol{Model\_RRW}$(r_center,c_center) 设置为 1；将距离 (r_center, c_center) 第二近的元素 $\boldsymbol{Model\_RRW}$(r,c) 设置为 2，将距离 (r_center, c_center) 第三近的元素 $\boldsymbol{Model\_RRW}$(r,c) 设置为 3，并以此类推。将距离 (r_center,c_center) 最远的元素 $\boldsymbol{Model\_RRW}$(r,c) 设置为 M，则可以构成 $\boldsymbol{Model\_RRW}$ 所有位置元素，参见式(9-21)。

$$Model\_RRW = \begin{pmatrix} M & \cdots & \cdots & \cdots & \cdots & \cdots & M \\ \cdots & 6 & 5 & 4 & 5 & 6 & \cdots \\ \cdots & 5 & 3 & 2 & 3 & 5 & \cdots \\ \cdots & 4 & 2 & 1 & 2 & 4 & \cdots \\ \cdots & 5 & 3 & 2 & 3 & 5 & \cdots \\ \cdots & 6 & 5 & 4 & 5 & 6 & \cdots \\ M & \cdots & \cdots & \cdots & \cdots & \cdots & M \end{pmatrix} \tag{9-21}$$

设 $M = L\_predict$ 或者 $M > L\_predict$ ，$M = L\_predict$ 时与预测参与计算的数据量一致。

在本实施例中，M 同之前预测步长为 $L\_predict$ 的值一致，采用 10。

预测配置流程(5100)结束。

9.6.2.2　预测流程(5200)

该流程由步骤 5201 至步骤 5208 共 8 个步骤。

步骤 5201：构造向量时间序列。

步骤 5201 的输入是：外部时间序列 $\mathrm{In}(\boldsymbol{n},\boldsymbol{t})$ ，其中，n 表示不同时间序列的编号，$n = 1,2,\cdots,N$ ，即一共有 N 个时间序列；$t = 0,1,2,\cdots,T$ ，即每个时间序列包含 T 个时刻。用于电机转速控制时，外部时间序列 $\mathrm{In}(\boldsymbol{n},\boldsymbol{t})$ 是由 PID 控制器的比例参数、积分参数、微分参数、目标转速、实际转速以及 PID 控制器输出给电机的驱动电压的历史时间序列值拼接成的，其中，$\mathrm{In}(1,t)$ 是 PID 控制器的比例参数，$\mathrm{In}(2,t)$ 是 PID 控制器的积分参数时间序列，$\mathrm{In}(3,t)$ 是 PID 控制器的微分参数时间序列，$\mathrm{In}(4,t)$ 是 PID 控制器的目标转速时间序列，$\mathrm{In}(5,t)$ 是 PID 控制器的实际转速时间序列，$\mathrm{In}(6,t)$ 是 PID 控制器输出给电机的驱动电压时间序列。在本实施例中，时刻个数 T 采用 3 000，时间序列个数 N 采用 7。

步骤 5201 的输出是：多个时间序列。分为两部分：一是用于训练算法的训练样本的特征值 $Train\_x(n,t)$ ，其中，$n = 1,2,\cdots,N-1$；$t = 1,2,\cdots,T$ 。二是用于训练算法的训练样本的标签值 $Train\_y(t)$ ，其中，$t = M + L\_predict,2,\cdots,T$ 。在本实施例中，$Train\_x$ 是 6 维时间序列，每一维时间序列的长度为 3 000；$Train\_y$ 是一维时间序列，每一维时间序列的长度为 3 000。

步骤 5201 的计算方法是：上述 $Train\_x(n,t)$ 的计算方法是接收算法的输入 $\mathrm{In}(n,t)$ 中的 $n = 1,2,\cdots,N-1$；$t = 1,2,\cdots,T$ 部分，参见式(9-22)。

$$Train\_x(n,t) = \mathrm{In}(n,t)\ ,\ n = 1,2,\cdots,N-1;\ t = 1,2,\cdots,T \tag{9-22}$$

上述 $Train\_y(t)$ 的计算方法是接收算法的输入 $\mathrm{In}(n,t)$ 中的 $n = N, t = 1 + L\_predict,2,\cdots,T$ 部分，参见式(9-23)。

$$Train\_y(t) = \mathrm{In}(N,t)\ ,\ t = 1,2,\cdots,T \tag{9-23}$$

上述计算的特征是将 $1,2,\cdots,T$ 时刻的特征值作为训练样本的特征值，将 $1,2,\cdots,T$ 的标签值作为训练样本的标签值，从而进行训练。

步骤 5202：标准化计算。为了消除由于量纲相差较大所引起的计算误差，对多个时间序列中的 $Train\_x(n,t)$ 、$Train\_y(t)$ 进行标准化计算。

步骤 5202 的输入是：多个时间序列。

步骤 5202 的输出是：标准化结果，均值和标准差。

步骤 5202 的计算方法是：$Train\_x(n,t)$ 的均值为 $Mean\_x(n)$ ，$n=1,2,\cdots,N-1$；$Train\_y(t)$ 的均值为 $Mean\_y$ ，均值的计算方法见式(9-24)和式(9-25)。$Train\_x(n,t)$ 的标准差为 $Std\_x(n)$ ，$n=1,2,\cdots,N$ ；$Train\_y(t)$ 的标准差为 Std_y ，标准差的计算方法见式(9-26)和式(9-27)。根据均值和标准差计算出标准化的训练样本特征值向量 $\boldsymbol{Train\_x\_std(n,t)}$ ，$n=1,2,\cdots,N-1$，$t=1,2,\cdots,T$ ；标准化的训练样本标签值向量 $\boldsymbol{Train\_y\_std(t)}$ ，$t=1,2,\cdots,T$，标准化的计算方法见式(9-28)和式(9-29)。

$$Mean\_x(n)=\frac{\sum_{t=1}^{T}Train\_x(n,t)}{T},\ n=1,2,\cdots,N-1 \tag{9-24}$$

$$Mean\_y=\frac{\sum_{t=1}^{T}Train\_y(t)}{T} \tag{9-25}$$

$$Std\_x(n)=\sum_{t=1}^{T}\sqrt{\frac{[Train\_x(n,t)-Mean\_x(n)]^2}{T}},\ n=1,2,\cdots,N-1 \tag{9-26}$$

$$Std\_y=\sum_{t=1}^{T}\sqrt{\frac{[Train\_y(t)-Mean\_y(n)]^2}{T}} \tag{9-27}$$

$$\boldsymbol{Train\_x\_std(n,t)}=\frac{Train\_x(n,t)-Mean\_x(n)}{Std\_x(n)},\ n=1,2,\cdots,N-1,t=1,2,\cdots,T \tag{9-28}$$

$$\boldsymbol{Train\_y\_std(t)}=\frac{Train\_y(t)-Mean\_y}{Std\_y},\ t=1,2,\cdots,T \tag{9-29}$$

步骤 5203：向量降维计算。由于拼接计算(5205)步骤的输入需要 P 个向量，而 P 在配置预测器参数(5101)步骤中已经配置为正整数的平方，因此要将 $N-1$ 个时间序列向量在尽可能保留信息量的情况下降维为 P 个向量，即 P 是

小于 $N-1$ 的正整数的平方。在本实施例中,正整数的平方 P 采用 4,即 2 的平方。

步骤 5203 的输入是:步骤 5202 标准化后的结果 $\boldsymbol{Train\_x\_std}(\boldsymbol{n},\boldsymbol{t})$,$n=1,2,\cdots,N-1$,是 $N-1$ 维向量, $t=1,2,\cdots,T$ 。

当本方法用于电机转速控制时,降维后得到的 P 个时间序列每个时刻的值都是本方法输入时间序列每个时刻的值的线性组合;当本方法用于电机转速控制时,降维后得到的 P 个时间序列每个时刻的值都是标准化后的结果的每个时刻值的线性组合。

步骤 5203 的输出是:正整数的平方 P 个时间序列, $Train\_x\_std\_lowdim(p,t)$, $p=1,2,\cdots,P$, $t=1,2,\cdots,T$ 。

步骤 5203 的计算方法是:使用降维算法 $DECtoLowDim$,将步骤 5202 标准化后的 $N-1$ 维向量 $\boldsymbol{Train\_x\_std}(\boldsymbol{n},\boldsymbol{t})$,$n=1,2,\cdots,N-1$, $t=1,2,\cdots,T$ 降维为 P 维向量 $\boldsymbol{Train\_x\_std\_lowdim}(\boldsymbol{p},\boldsymbol{t})$,$p=1,2,\cdots,P$, $t=1,2,\cdots,T$,降维方法见式(9-30)。在本实施例中,降维方法采用领域公知的主成分分析法。

$$\boldsymbol{Train\_x\_std\_lowdim}(\boldsymbol{p},\boldsymbol{t}) = DECtoLowDim(Train\_x\_std(n,t))$$
$$p=1,2,\cdots,P,\ n=1,2,\cdots,N-1, t=1,2,\cdots,T \tag{9-30}$$

步骤 5204:循环置入计算。将正整数的平方 P 个时间序列(6203)按照涟漪纹波图像矩阵模板(6102)置入,得到 P 个涟漪纹波图像矩阵。

步骤 5204 的输入是:正整数的平方 P 个时间序列,即 $\boldsymbol{Train\_x\_std\_lowdim}(\boldsymbol{p},\boldsymbol{t})$,其中, $p=1,2,\cdots,P$, $t=1,2,\cdots,T$ 。涟漪纹波图像矩阵模板(6102),即 $Model\_RRW$, $Model\_RRW$ 的定义见式(9-21)。

步骤 5204 的输出是: P 个 D_RRW 行 D_RRW 列的涟漪纹波图像矩阵,第 p 个时间序列在 $t=M,M+1,\cdots,T$ 每个时刻均生成一个图像,即:

$$\boldsymbol{Train\_x\_std\_lowdim\_rrw}(\boldsymbol{p},\boldsymbol{t}),\ p=1,2,\cdots,P,\ t=M,M+1,\cdots,T$$

对于第 p 个序列,在每个时刻 t ,共有 M 个历史时刻数据参与构成图像,该图像为上述涟漪纹波图像矩阵(6204),即 $\boldsymbol{Train\_x\_std\_lowdim\_rrw}(\boldsymbol{p},\boldsymbol{t})$,其中, $\boldsymbol{Train\_x\_std\_lowdim\_rrw}(\boldsymbol{p},\boldsymbol{t})$ 的值是一个 r 行 c 列的矩阵,即 $\boldsymbol{Train\_x\_std\_lowdim\_rrw}(\boldsymbol{p},\boldsymbol{t})=\mathrm{IMG}(\mathrm{p},\mathrm{t},\mathrm{r},\mathrm{c})$, $r=1,2,\cdots,D\_RRW$, $c=1,2,\cdots,D\_RRW$ 。

步骤 5204 的计算方法见式(9-31)。

$$IMG(p,t,r,c) = \boldsymbol{Train\_x\_std\_lowdim}(\boldsymbol{p},\boldsymbol{t}+Model\_RRW(r,c)-1),$$
$$n=1,2,\cdots,N-1, t=1,2,\cdots,T,$$
$$r=1,2,\cdots,D\_RRW, c=1,2,\cdots,D\_RRW \tag{9-31}$$

步骤 5204 的计算结果展开式见式(9-32),临时使用 T_l 表示 $Train\_x\_std\_lowdim$ 。

$$Train\_x\_std\_lowdim\_rrw(p,t) = \begin{bmatrix} T\_l(p,t+M-1) & \cdots & \cdots & \cdots & \cdots & \cdots & T\_l(p,t+M-1) \\ \cdots & T\_l(p,t+5) & T\_l(p,t+4) & T\_l(p,t+3) & T\_l(p,t+4) & T\_l(p,t+5) & \cdots \\ \cdots & T\_l(p,t+4) & T\_l(p,t+2) & T\_l(p,t+1) & T\_l(p,t+2) & T\_l(p,t+4) & \cdots \\ \cdots & T\_l(p,t+3) & T\_l(p,t+1) & T\_l(p,t+0) & T\_l(p,t+1) & T\_l(p,t+3) & \cdots \\ \cdots & T\_l(p,t+4) & T\_l(p,t+2) & T\_l(p,t+1) & T\_l(p,t+2) & T\_l(p,t+4) & \cdots \\ \cdots & T\_l(p,t+5) & T\_l(p,t+4) & T\_l(p,t+3) & T\_l(p,t+4) & T\_l(p,t+5) & \cdots \\ T\_l(p,t+M-1) & \cdots & \cdots & \cdots & \cdots & \cdots & T\_l(p,t+M-1) \end{bmatrix} \tag{9-32}$$

其中，$p = 1,2,\cdots,P$，$t = 1,2,\cdots,T$，M 是历史时刻数据的个数。

步骤 5205：拼接计算。将 P 个涟漪纹波图像矩阵(6204)拼接为 1 个一维涟漪纹波图像矩阵。

步骤 5205 的输入是：涟漪纹波图像矩阵 $\boldsymbol{Train\_x\_std\_lowdim\_rrw(p,t)}$，其中，$p = 1,2,\cdots,P$，$t = M,M+1,\cdots,T$。

步骤 5205 的输出是：$\sqrt{P}$ 行 $\sqrt{P}$ 列的涟漪纹波图像矩阵，记为 $\boldsymbol{Train\_x\_std\_lowdim\_rrw\_P(t)}$，$t = M,M+1,\cdots,T$，其中，行列数为 $\sqrt{P}$。在本实施例中，$\sqrt{P}$ 的值为 2。

步骤 5205 的计算方法是：将 P 个涟漪纹波图像矩阵按照从上至下、从左至右的顺序拼接，$\boldsymbol{Train\_x\_std\_lowdim\_rrw\_P(t)}$ 在第 r 行 c 列的元素 $\boldsymbol{Train\_x\_std\_lowdim\_rrw\_P(r,c,t)}$ 的计算方法见式(9-33)。

$$Train\_x\_std\_lowdim\_rrw\_P(r,c,t) = \boldsymbol{Train\_x\_std\_lowdim\_rrw((r-1)\sqrt{P}+c,t)} \tag{9-33}$$

步骤 5205 的计算结果展开式见式(9-34)，临时使用 T_r 表示 $Train\_x\_std\_lowdim\_rrw$。

$$Train\_x\_std\_lowdim\_rrw\_P(t) = \begin{bmatrix} T\_r(1,t) & T\_r(2,t) & T\_r(3,t) & \cdots & T\_r(\sqrt{P},t) \\ T\_r(\sqrt{P}+1,t) & T\_r(\sqrt{P}+2,t) & T\_r(\sqrt{P}+3,t) & \cdots & T\_r(2\sqrt{P},t) \\ T\_r(2\sqrt{P}+1,t) & T\_r(2\sqrt{P}+2,t) & T\_r(2\sqrt{P}+3,t) & \cdots & T\_r(3\sqrt{P},t) \\ \cdots & \cdots & \cdots & \cdots & \cdots \\ T\_r(P-\sqrt{P}+1,t) & T\_r(P-\sqrt{P}+2,t) & T\_r(P-\sqrt{P}+3,t) & \cdots & T\_r(P,t) \end{bmatrix} \tag{9-34}$$

其中，$p = 1,2,\cdots,P$，$t = M,M+1,\cdots,T$。

步骤 5206：预测计算。

步骤 5206 的输入是：第一个输入是训练样本的特征值"P 合 1"涟漪纹波

矩阵(6205),即 $\boldsymbol{Train\_x\_std\_lowdim\_rrw\_P(t)}$,$t = M, M+1, \cdots, T-L\_predict$;第二个输入是训练样本的标签值:标准化结果、均值和标准差(6202)中的训练样本标签值向量 $\boldsymbol{Train\_y\_std(t+M+L\_predict-1)}$,$t = 1,2,\cdots,T-M-L\_predict+1$;第三个输入是测试样本的特征值:$Train\_x\_std\_lowdim\_rrw\_P(T)$。

步骤 5206 的输出是:预测计算结果(6206),用 $y\_std\_predict(T+L\_predict)$ 表示。

步骤 5206 的计算方法是:将"P 合 1"涟漪纹波矩阵(6205)即 $\boldsymbol{Train\_x\_std\_lowdim\_rrw\_P(t_1)}$,$t_1 = M, M+1, \cdots, T-L\_predict$ 作为神经网络算法 XNN 训练样本的特征;将标准化的训练样本标签值向量 $\boldsymbol{Train\_y\_std(t_2+M+L\_predict-1)}$,$t_2 = 1,2,\cdots,T-M-L\_predict+1$,作为神经网络算法 XNN 训练样本的标签,对神经网络算法 XNN 的神经元参数进行训练,见式(9-35)。

$$XNN = \boldsymbol{Train(Train\_x\_std\_lowdim\_rrw\_P(t_1), Train\_y\_std(t_2+M+L\_predict-1))},$$
$$t_1 = M, M+1, \cdots, T-L\_predict,$$
$$t_2 = 1,2,\cdots,T-M-L\_predict+1 \tag{9-35}$$

训练完成后,将 $\boldsymbol{Train\_x\_std\_lowdim\_rrw\_P(T)}$ 作为神经网络算法 XNN 测试样本的特征值,此时计算神经网络的输出值为 $y\_std\_predict$,计算方法见式(9-36)。

$$y\_std\_predict = Fit(XNN, Train\_x\_std\_lowdim\_rrw\_P(T)) \tag{9-36}$$

步骤 5207:反标准化计算。将神经网络算法得到的预测计算结果(6206)进行反标准化,得到系统输出预测结果。

步骤 5207 的输入是:神经网络算法 XNN 的预测结果 $y\_std\_predict$ 、均值 $Mean\_y$ 和标准差 Std_y 。

步骤 5207 的输出是:系统输出预测结果 $yout\_predict$ 。

步骤 5207 的计算方法参见式(9-37)。

$$yout\_predict = y\_std\_predict \times Std\_y + Mean\_y \tag{9-37}$$

步骤 5208:返回预测结果。将系统输出预测结果输出到外部,用 $yout\_predict$ 表示。

当本方法用于电机转速控制时,系统输出预测结果是电机调速系统未来时刻的转速值,即 $T+L\_predict$ 时刻的转速值。

预测流程(5200)结束。

10 多场景多主体身份行为情绪识别分析方法及智能监管系统

10.1 引言

人工智能在人类的情绪、行为和效率的监控方面具有重大作用。本发明提出了一种多场景多主体身份行为情绪识别方法及智能监控系统。本案例的创新特色是：本发明提出一种新的技术方案，包括多场景多主体身份行为情绪识别分析方法和基于多场景多主体身份行为情绪识别分析方法的智能监管系统两部分。本案例的创业特点是：在智能视频监控、智能考勤系统和智能教学系统等领域中，存在许多传统问题。本发明能够解决上述领域的问题，实现多个区域多人的快速签到与定位，对大量人员人脸表情的视频图像进行采集，实时反映情感状态并监控员工或者学生的行为效率。本案例的课程思政元素是：当下中国国内人工成本不断上升，提高员工效率成为提高企业竞争力的关键。本发明通过上述方法监控员工的行为，力求提高员工的生产效率，推动中国企业持续、快速、高效发展。

10.2 技术领域

本发明提出了一种多场景多主体身份行为情绪识别方法及智能监控系统，可以应用到智能视频监控、智能考勤系统和智能教学系统等领域。

10.3 背景技术

近年来，随着国内科学技术的飞速发展，人工智能和机器学习这两个领域不断取得新的成就。人工智能在人类的情绪、行为和效率的监控方面具有重大作用。目前，基于非生理信号的情绪识别在智能通信和教育等方面有突出表现，而智能视频监控技术也在智能交通、公共安全、楼宇智能化等领域成功解决了诸多问题。

将基于人工智能大数据技术的视频图像采集、视频图像分析、用户行为采集、用户行为分析相结合,可以极大地提高预测结果的准确性和合理性,为提升多人人脸识别及多人人脸表情识别奠定坚实的基础。本专利针对多个场景下多名主体的情绪与效率的监控领域,紧密结合工位或教学方面的实际情况,运用多种技术实现了高性能的智能分析与监管。

当前智能视频监控和智能考勤领域存在的问题是:①缺少对于大量流动人员的身份识别能力。现有的签到系统为逐个排队签到,地点单一,人员集中时耗时较长;缺少过程性机制,如工位上、休息区的签到机制。②缺少对于大量流动人员的情感探查能力,无法对大量工位或监控区域内的人员的表情进行侦测,以识别其工作状态和是否可疑。③缺少对于大量流动人员的行为效率的监控能力。员工是企业活动的主体,也是最活跃的因素和资源,他们的行为表现将直接或间接影响着整体效率。

当前智慧教室、智慧机房和智能教学领域存在的问题是:①无法快速完成不同定位的多人签到,传统的点名签到机制浪费时间。②缺少对学生学习状态的感知,尤其在线上的教学过程中,教师无法得知学生的听讲情况。③缺乏学习效果实时绩效审计与实时交互,教师难以了解当下学生对知识的掌握程度,造成讲学不同步的窘况。

10.4 发明内容

本发明的目的在于:①解决上述问题,实现多个区域多人的快速签到与定位,提高效率。②通过对大量人员人脸表情的视频图像进行采集,实时反映情感状态,实现智能分析和监管。③完成对员工或者学生行为效率的监控,方便决策层或管理层人员对现有状态进行调整或远程快速部署。

为了实现上述目的,本发明采取了如下技术方案:一是多场景多主体身份行为情绪识别分析方法(10000),参见图 10-1;二是基于多场景多主体身份行为情绪识别分析方法的智能监管系统(20000),参见图 10-2。

10.4.1 多场景多主体身份行为情绪识别分析方法(10000)

该方法包括 5 个流程:①启动探测预警流程(200);②停止探测预警流程(300);③人脸表情模型训练流程(500);④内容分析流程(600);⑤前端智控探测预警流程(100)。

10.4.1.1　启动探测预警流程(200)

该流程的功能是启动前端探测预警。

步骤 201:启动探测预警。将第 n 个前端智控探测预警设备的标志位设置为 1,即 $System\_Start(n) = 1$。

10.4.1.2　停止探测预警流程(300)

该流程的功能是停止前端探测预警。

步骤 301:停止探测预警。将第 n 个前端智控探测预警设备的标志位设置为 0,即 $System\_Start(n) = 0$。

10.4.1.3　人脸表情训练流程(500)

该流程的功能是训练人脸表情识别模型。

步骤 501:启动训练。该步骤由步骤 501.1、步骤 501.2 组成。

步骤 501.1:训练表情识别模型。

步骤 501.1 的输入是:样本是由 P 张图片组成的数据集,每张图片的文件名是 pic_x_y_zzzzzz.jpg ,其中,x 表示该图片对应的情感类别值,y 表示该图片属于训练样本还是测试样本,zzzzzz 表示图片编号。

步骤 501.1 的输出是:训练后的模型 $EmotionModel$ 。

步骤 501.1 的实现方法是由步骤 501.1.1 至步骤 501.1.4 共 4 个步骤组成。

步骤 501.1.1:将图片转化成为数组。样本是 P 张图片,根据每个图片文件和图片名称 pic_x_y_zzzzzz.jpg ,将该图片转化为数据 $data(pIMG,pType)$ 。$data(pIMG,pType)$ 的数据结构如下:$data$ 由 P 行 3 列构成,$data$ 的每一行表示一个图片的信息,$pIMG$ 对应的 zzzzzz 是图片编号。

当 $pType = 1$ 时,$data(pIMG,1)$ 用来存储第 $pIMG$ 张图片的像素 $data(pIMG,1) = img(pIMG,mIMG,nIMG,cIMG)$ 。该图像每个像素点的值中,$mIMG$ 表示图像像素的行数,$nIMG$ 表示图像像素的列数,$cIMG$ 表示图像像素的 RGB 通道号,因此 $cIMG = 1,2,3$。每个图片的维度大小为 $size \times size$,因此,$mIMG = 1,2,\cdots,size$,$nIMG = 1,2,\cdots,size$ 。

当 $pType = 2$ 时,$data(pIMG,2)$ 用来存储第 $pIMG$ 张图片的情感标签值,$data(pIMG,2)$ 的取值在集合 $eIMG$ 中,即 $data(pIMG,2) = eIMG$,$eIMG = \{1,2,\cdots,10\}$ 。按照情感由消极到积极的程度,具体表情对应的标签如下:1=大哭;2=伤心;3=憎恨;4=厌恶;5=沮丧;6=严肃;7=微笑;8=喜悦;9=惊讶;10=大笑。$eIMG$ 对应的 x 是情感标签。

当 $pType = 3$ 时,$data(pIMG,3)$ 用来存储第 $pIMG$ 张图片是训练样本还是

测试样本, $data(pIMG,3)$ 的取值在集合 $gIMG$ 中, $gIMG = \{0,1\}$ 。因此,第 $pIMG$ 个样本图像如果是训练样本,则 $data(pIMG,3) = 0$;如果是测试样本,则 $\boldsymbol{data(pIMG,3) = 1}$。$gIMG$ 对应的 y 是训练样本或测试样本的类别值。

步骤 501.1.2:将图像进行灰化,从 RGB 模式转换为 L 模式,降低计算复杂度。该步骤的输入是从步骤 501.1.1 输出的图像像素值矩阵 $\boldsymbol{data(pIMG,1)}$,该步骤的输出是灰化后的图片 $\boldsymbol{data\_gray(pIMG)}$ 。

步骤 501.1.2 将图片从模式 RGB 转换为灰化 L 模式的计算方式见式(10-1)。

$$\boldsymbol{data\_gray(pIMG) = ToGray(data(pIMG,1))} \tag{10-1}$$

步骤 501.1.3:将数据划分为训练集和测试集,根据样本图像的第三列,即训练集与测试集的标记列,将图像数据集划分为训练集和测试集。输出训练集的特征为 $x\_train(pIMG)$,训练集的标签为 $y\_train(pIMG)$;测试集的特征为 $x\_test(pIMG)$,测试集的标签为 $y\_test(pIMG)$ 。计算方式分别见式(10-2)至式(10-5)。

当 $data(pIMG,3) = 0$ 时,表示这些数据是训练集数据,即:

$$x\_train(pIMG) = data\_gray(pIMG) \tag{10-2}$$

$$y\_train(pIMG) = data(pIMG,2) \tag{10-3}$$

当 $data(pIMG,3) = 1$ 时,表示这些数据是测试集数据,即:

$$x\_test(pIMG) = data\_gray(pIMG) \tag{10-4}$$

$$y\_test(pIMG) = data(pIMG,2) \tag{10-5}$$

步骤 501.1.4:使用卷积神经网络训练表情识别模型。该步骤的输入为 $x\_train(pIMG)$ 、$y\_train(pIMG)$ 、$x\_test(pIMG)$ 、$y\_test(pIMG)$,输出为模型评价指标准确率 $accuracy$ 。训练模型的计算方式见式(10-6)。

$$EmotionModel = FIT(x\_train(pIMG), y\_train(pIMG)) \tag{10-6}$$

测试模型准确率的计算方式见式(10-7)。

$$Accuracy = EmotionModel(x\_test(pIMG), y\_test(pIMG)) \tag{10-7}$$

当模型准确率 $accuracy$ 达到 95% 以上时,停止训练,模型保存为 $EmotionModel$ 。

步骤 501.2:训练人脸识别模型。

步骤 501.2 的输入是:样本是由 Q 张图片组成的数据集,每张图片的文件名是 pic_userName_id_number_aaaaaa.jpg,其中 userName 表示该张图片所对应的人物的真实姓名,id 表示该张图片所对应的人物的唯一 ID 索引号,number 表示第 id 个人物的第 number 张图片,aaaaaa 表示图片编号。

步骤 501.2 的输出是:训练后的模型 $FaceModel$,识别出该人是谁。

步骤 501.2 的实现方法由步骤 501.2.1 至步骤 501.2.3 共 3 个步骤组成。

步骤 501.2.1:将图片转化成为数组。样本是 Q 张图片,根据每个图片文件和图片名称 pic_userName_id_number_aaaaaa.jpg,将该图片转化为数据 $\boldsymbol{dataface}(\boldsymbol{qIMG},\boldsymbol{qType})$。$\boldsymbol{dataface}(\boldsymbol{qIMG},\boldsymbol{qType})$ 的数据结构如下:$dataface$ 由 Q 行 4 列构成,$dataface$ 的每一行表示一张图片的信息,$qIMG$ 对应的 aaaaaa 是图片编号。

当 $qType = 1$ 时,$data(qIMG,1)$ 用来存储第 $qIMG$ 张图片的像素,$data(qIMG,1) = img(qIMG,mIMG,nIMG,cIMG)$。该图片每个像素点的值中,$mIMG$ 表示图像像素的行数,$nIMG$ 表示图像像素的列数,$cIMG$ 表示图像像素的 RGB 通道号,因此 $cIMG = 1,2,3$。每个图片的维度大小为 $size \times size$,$mIMG = 1,2,\cdots,size;nIMG = 1,2,\cdots,size$。

当 $qType = 2$ 时,$data(qIMG,2)$ 用来存储第 $qIMG$ 张图片中人物的真实姓名,其中,$data(qIMG,2)$ 的取值对应 $userName$。

当 $qType = 3$ 时,$data(qIMG,3)$ 用来存储第 $qIMG$ 张图片中人物的唯一 ID 索引号,其中,$data(qIMG,3)$ 的取值对应 id。

当 $qType = 4$ 时,$data(qIMG,4)$ 用来存储第 $qIMG$ 张图片中第 id 个人物的第 $number$ 张图片,其中,$data(qIMG,4)$ 的取值对应 $number$。

步骤 501.2.2:将图像进行灰化,从 RGB 模式转换为 L 模式,降低计算复杂度。该步骤的输入是从步骤 501.2.1 输出的图像像素值矩阵 $\boldsymbol{data}(\boldsymbol{qIMG},\mathbf{1})$,该步骤的输出是灰化后的图片 $\boldsymbol{data\_gray}(\boldsymbol{qIMG})$。

步骤 501.2.2 将图片从模式 RGB 转换为灰化 L 模式的计算方式见式(10-8)。

$$\boldsymbol{data\_gray}(\boldsymbol{qIMG}) = \boldsymbol{ToGray}(\boldsymbol{data}(\boldsymbol{qIMG},1)) \tag{10-8}$$

步骤 501.2.3:调用人脸识别器训练人脸识别模型。该步骤的输入是步骤 501.2.2 灰度化后的 $\boldsymbol{dataface}(\boldsymbol{qIMG},\boldsymbol{qType})$,输出是得到的人脸识别模型 $FaceModel$。训练模型的计算方式见式(10-9)。

$$FaceModel = Train(dataface) \tag{10-9}$$

10.4.1.4 内容分析流程(600)

该流程的功能是计算相同文本数 $same\_count(m)$，其中，$same\_count(m)$ 表示 ID 为 m 用户的相同字符数。

步骤 601:启动内容分析,配置字符指针 A 和 B 分别指向 $myText001(m)$ 和 $myText002(m)$ 用户的行为内容文本的起点处。其中，$myText001(m)$ 是 ID 为 m 用户接收到的行为数据，$myText002(m)$ 是 ID 为 m 用户的行为数据。

步骤 602:判断字符指针 A 或 B 是否指向 $myText001(m)$ 或 $myText002(m)$ 文本的终点,如果没有指向文本终点,则转到步骤 603;如果指向文本终点,则内容分析流程结束。

步骤 603:判断字符指针 A 和 B 当前所指位置字符是否相同,如果相同,则转到步骤 604;如果不同,则转到步骤 606。

步骤 604:更新指针 A 和 B。其中，A 加 1 后,更新 A；B 加 1 后,更新 B,然后转到步骤 605。

步骤 605:相同文本字数 $same\_count$ 计算。$same\_count$ 加 1 后 转到步骤 602。

步骤 606:配置新的字符指针 C,指向字符指针 B 的下一个字符,即将 B 加 1 后的值赋给 C,更新 C,转到步骤 607。

步骤 607:判断指针 C 是否指向 $myText002(m)$ 文本终点,如果是,转到步骤 608;如果不是,则转到步骤 609。

步骤 608:更新指针 A 和 B。其中，A 加 1 后,更新 A；B 加 1 后,更新 B,然后转到步骤 602。

步骤 609:判断指针 C 和 A 指向的字符是否相同,如果相同,转到步骤 610;如果不同,则转到步骤 611。

步骤 610:更新指针 B,使指针 B 指向当前指针 C 所指的字符位置,更新 B,转到步骤 602。

步骤 611:更新指针 C，C 加 1 后,更新 C,转到步骤 607。

10.4.1.5 前端智控探测预警流程(100)

该流程由步骤 110 至步骤 180 共 8 个步骤构成。

步骤 110:系统参数配置。初始化系统的启动状态 $System\_Start(n) = 0$,其中，$n = 1,2,\cdots,N$。$System\_Start(n) = 0$ 表示令系统中第 n 个前端探测装置处于停止工作状态,一共有 N 个前端探测装置。

初始化当前时刻 t。t 为当前时间,格式为 YY 年 MM 月 DD 日 HH 时 MM 分

SS 秒;初始化上次图像处理时间 t_last 为当前时间;初始化当前系统时间 t 与上次图像处理时间 t_last 之间的时间间隔 $t\_between = 0$。

初始化触发算法间隔周期 T 。T 的取值为 10(秒)。

初始化人脸数据库 $NAME(id,name)$,其中 $id = 1,2,\cdots,N_{name}$ 表示每张人脸的索引号, N_{name} 表示总人数, $name$ 表示人脸对应人的真实姓名。

初始化用户状态报警变量 $myTime\_alert$, 取值为 600(秒)。

初始化用户行为报警变量 $similatit\ y_M$,取值为 30(秒)。

步骤 120:智控探测预警启动判定。判断是否启动探测预警:检测当前系统的状态,如果 $System\_Start(n) = 1$,其中, $n = 1,2,\cdots,N$,则启动第 n 个探测预警系统;如果 $System\_Start(n) = 0$,其中, $n = 1,2,\cdots,N$,则不启动探测预警系统。

计算当前时间与上一次执行分析算法的时间差 $t\_between = t - t\_last$,如果 $t\_between < T$,则表示距离上一次执行分析算法的时间差小于触发算法执行的最小时间 T ,则不执行分析算法。随着 t 的增大,当 $t\_between \geqslant T$ 时,则表示距离上一次执行分析算法的时间差达到了触发算法执行的最小时间 T ,则执行分析算法,将当前执行时间 t 设置为最后一次执行分析算法的时间 $t\_last = t$,进入步骤 130。

步骤 130:视频图像采集。

步骤 130 的输入是:第 n 个前端探测装置在被监控的场景中采集的视频。

步骤 130 的输出是:第 n 个前端探测装置在当前时刻采集的图像 $capture\_image(n)$,其中, $n = 1,2,\cdots,N$,表示系统中第 n 个前端探测装置 。

步骤 130 的实现方法是:获取监控场景中的实时视频,将当前时刻的视频图像存储为 $capture\_image(n)$ 。

步骤 140:视频图像分析。步骤 140 由步骤 141 个体识别分析和步骤 142 情感指数分析组成。

步骤 141:个体识别分析。

步骤 141 的输入是:第 n 个前端探测装置在当前时刻采集的图像 $capture\_image(n)$ 。

步骤 141 的输出是:图片中各人物所出现的次数 $result(n,id)$,其中, $n = 1,2,\cdots,N$, 表示系统中第 n 个前端探测装置, id 表示所检测到人物的唯一 id 号。

步骤 141 的实现方法由步骤 141. 1 至步骤 141. 3 共 3 个步骤组成。

步骤 141. 1:将图像进行灰化,从 RGB 模式转换为 L 模式,降低计算复杂度。该步骤的输入是从步骤 130 输出的图像数据 $capture\_image(n)$, $capture\_image(n) = capture\_image\_color(n,i,j,c)$ 。i,j 表示图片的像素。$i = 1$,

2,…,1024; $j=1,2,\cdots,1024$。c 表示图片 RGB 的三通道，$c=1,2,3$。该步骤的输出是灰化后的图片 *capture_gray*(n)，其中，$n=1,2,\cdots,N$。

步骤 141.1 将图片从模式 RGB 转换为灰化 L 模式的计算方式见式(10-10)。

$$capture\_gray(n) = ToGray(capture\_image(n)) \tag{10-10}$$

步骤 141.2：利用分类器识别出人脸区域。调用人脸检测器，识别出 *capture_gray*(n) 中的人脸区域，命名为 *capture_face*(n)，计算方式见式(10-11)。

$$capture\_face(n) = FaceDetect(capture\_gray(n)) \tag{10-11}$$

步骤 141.3：进行人脸识别。调用步骤 501.2.3 步骤中训练好的人脸识别模型 *FaceModel*，对 *capture_face*(n) 中人脸区域的人脸进行识别，与人脸数据库中的人脸进行比对，计算连续 k 个 T 周期内各个人脸出现的次数，其中，$5\leqslant k\leqslant 10$ 且为整数，计算方式见式(10-12)。

$$result(id) = Calculate(FaceModel, capture\_face(n)) \tag{10-12}$$

如果 $result(id)\geqslant 1$，则表示该人物存在；否则，表示该人物不存在。

步骤 142：情感指数分析。

步骤 142 的输入是：第 n 个前端探测装置在当前时刻采集的图像 *capture_image*(n)。

步骤 142 的输出是：第 n 个前端探测装置在当前时刻采集的图像中的各类表情及其个数 $EMO(i)=n_i, i=[1,10]$，其中，i 表示不同的表情类别。

步骤 142 的实现方法由步骤 142.1 至步骤 142.3 共 3 个步骤组成。

步骤 142.1：利用分类器识别出人脸区域。调用人脸检测器，识别出 *capture_image*(n) 的人脸区域，命名为 *face*(n)。

步骤 142.2：为识别出的人脸添加坐标框。

步骤 142.2 的输入是：步骤 142.1 中的人脸图像 *face*(n)。

步骤 142.2 的输出是：框选出人脸坐标的图片，命名为 *capture_rectangle*(n)。

步骤 142.2 坐标的计算方式为：指定 (x,y) 为左下角的坐标，w 为宽，h 为高，则人脸框右上角的坐标为 $(x+w,y+h)$。

步骤 142.3：进行人脸表情识别。使用步骤 501 中训练好的模型 *EmotionModel* 对步骤 142.2 中框选出人脸坐标的图片 *capture_rectangle*(n) 进行人脸表情识别，输出识别大哭、伤心、憎恨、厌恶、沮丧、严肃、微笑、喜悦、惊讶、大笑这十种表情及其个数，指定大哭表情的人数为 $EMO(1)=N_1$，伤心表情的人数为 $EMO(2)=N_2$，憎恨表情的人数为 $EMO(3)=N_3$，厌恶表情的人数为 $EMO(4)=N_4$，沮丧表情的人数为 $EMO(5)=N_5$，严肃表情的人数为 $EMO(6)=N_6$，微笑表情的人数为 $EMO(7)=N_7$，喜悦表情的人数为 $EMO(8)=N_8$，惊讶表情的人数为 $EMO(9)=N_9$，大笑表情的人数为 $EMO(10)=N_{10}$。

步骤 150：视频图像分析结果预警。

步骤 150 的输入是：步骤 142 识别出的表情结果及其个数，$EMO(i)=N_i$，$i=[1,10]$，$N_i=0,1,\cdots,N$，N_i 为识别出的不同表情结果的个数。

步骤 150 的输出是：场景的情感状态。

步骤 150 的实现方法由步骤 150.1 至步骤 150.3 共 3 个步骤组成。

步骤 150.1：计算当前时刻 t 场景中的人物整体情感值，按照情感消极到积极的程度，情感分为大哭、伤心、憎恨、厌恶、沮丧、严肃、微笑、喜悦、惊讶、大笑，设定情感分值，其中大哭的人数为 $EMO(1)$，大哭的分值是 $EMO\_score(1)=1$，设定 10 种情感的分值依次递增，范围为 1 至 10，则大笑的人数为 $EMO(10)$，大笑的分值 $EMO\_score(10)=10$，则每个时刻 t 的整体情感值的计算方式见式(10-13)。

$$EMO\_all(t)=\frac{\sum_{i=1}^{10}EMO\_score(i)\times EMO(i)}{\sum_{i=1}^{10}EMO(i)} \tag{10-13}$$

步骤 150.2：计算距离当前时刻 t 最近的连续 T 个时刻的平均情感值，其计算方式见式(10-14)。

$$EMO\_lastT(t)=\frac{\sum_{k=t-T+1}^{t}EMO\_all(t)}{T} \tag{10-14}$$

步骤 150.3：输出场景的情感状态。如果 $7<EMO\_lastT(t)\leqslant 10$，则输出情感状态为 $positive$，表示当前时间段场景中人物的情感状态为积极状态，不需要预警；如果 $3<EMO\_lastT(t)\leqslant 7$，则输出情感状态为 $normal$，表示当前时间段场景中人物的情感状态为中性状态，需要关注；如果 $0<EMO\_lastT(t)\leqslant 3$，则输出情感状态为 $negative$，表示当前时间段场景中人物的情感状态为消极状态，需要重点关注并预警，转步骤 151。

步骤 151：多维度可视化。根据连续时间内的平均情感值 $EMO\_lastT(t)$，对情感状态进行可视化并绘制时刻 $t-T$ 到当前时刻 t 之间的曲线 Curve，曲线

的横轴是时刻 $t-T$ 到时刻 t，纵轴是 $EMO\_lastT(t)$。

步骤 160：用户行为采集。在第 n 个探测预警系统中，ID 为 m 的用户向服务器发送该用户 ID 值 m、行为数据 $myText001(m)$ 和 $myText002(m)$、当前时间 $myTime(m)$。其中，$myText001(m)$ 是 ID 为 m 的用户接收的行为数据信息，$myText002(m)$ 是 ID 为 m 的用户的行为数据信息。

步骤 170：用户行为分析。

步骤 170 的输入是：A 类用户行为数据 $myText002(m)$，当前页面时间 $myTime(m)$；B 类用户行为数据 $myText001(m)$。

步骤 170 的输出是：B 类用户行为数据与 A 类用户行为数据比对相似度 $similarity(m)$，A 类用户所在当前页面时间间隔 $myTime\_between(m)$。

步骤 171：状态内容分析。该步骤主要处理行为内容的正确性。定义参数 $total\_count1(m)$ 表示步骤 160 获取的 B 类用户行为数据的文本总字数，使用名为 $Length$ 的字符串长度计算方法得出 $total\_count1(m)$；定义参数 $total\_count2(m)$ 表示当前 A 类用户行为内容文本总字数，使用名为 $Length$ 的字符串长度计算方法得出 $total\_count2(m)$；定义参数 $same\_count(m)$ 表示两类用户文本相同的字数，其中，$same\_count(m)$ 的计算方法为内容分析流程（600），使用文本相似度算法计算相似度 $similarity(m)$。

步骤 171 文本相似度的计算方式是：如果满足条件 $total\_count1(m) > total\_count2(m)$，则使用式（10-15）进行计算；如果满足条件 $total\_count1(m) < total\_count2(m)$，则使用式（10-16）进行计算。

$$similarity(m) = (same\_count(m) \div total\_count1(m)) \times 100 \tag{10-15}$$

$$similarity(m) = (same\_count(m) \div total\_count2(m)) \times 100 \tag{10-16}$$

步骤 172：正确性分析。该步骤主要分析用户状态。使用步骤 160 获取的当前时间 $myTime(m)$，定义参数 $myTime\_last(m)$ 记录上一次获取的用户时间，计算出当前获取时间 $myTime(m)$ 与上次获取时间 $myTime\_last(m)$ 的时间间隔 $myTime\_between(m)$，其中，$myTime\_between(m) = myTime(m) - myTime\_last(m)$。

步骤 180：用户行为分析结果预警。

步骤 180 的输入是：步骤 171 计算的文本相似度 $similarity(m)$；步骤 172 获取的用户所在页面时间间隔 $myTime\_between(m)$。

步骤 180 的输出是：显示状态预警警告 $Warning$ 表中状态类型的报警信息，以及用户行为预警警告 $Warning$ 表中行为类型的报警信息。$Warning$ 表是用来存储报警信息的数据表，包含字段 $WarningId$、$Type$、m、$time$、$content1$、$content2$、$content3$。其中，$WarningId$ 表示报警编号（主键），$Type$ 表示报警类型

(1 表示行为类型,2 表示状态类型), m 表示用户 ID, $time$ 表示报警时间, $content1$ 表示报警内容, $content2$ 表示被报警用户行为数据, $content3$ 表示更正信息。

步骤 180 的预警方法由步骤 180.1 至步骤 180.2 共 2 个步骤组成。

步骤 180.1:显示用户状态预警警报。使用步骤 172 获取的用户所在页面时间间隔 $myTime\_between(m)$ 。如果 $myTime\_between(m)$ 小于或等于系统预设报警时间 $myTime\_alert$,表示用户这一时间段内工作状态正常,不需要预警;如果 $myTime\_between(m)$ 大于系统预设报警时间 $myTime\_alert$,则表示该用户没有在当前页面,用户这一时间段内工作状态异常,系统向 $Warning$ 表中产生一条新的数据,其中, $Type = 2$ 表示该报警为用户状态类型的报警,同时录入被报警用户信息 m 和报警时间 $time$,并根据报警类型生成相对应的报警信息 $content1$。

步骤 180.2:显示用户行为预警警报。使用步骤 171 计算获得的文本相似度 $similarity(m)$ 进行判断,此时系统预设的相似度为 $similatit\ y_M$ 。如果 $similarity(m) > similatit\ y_M$,表示当前用户工作状态良好,不需要报警;如果 $similarity(m) < similatit\, y_M$,表示当前用户工作状态为走神,系统向 $Warning$ 表中产生一条新的数据,其中, $Type = 1$ 表示该报警为用户行为类型的报警,同时录入被报警用户信息 m 和报警时间 $time$,根据报警类型生成相对应的报警信息 $content1$,以及获取当前被报警用户的行为数据 $content2 = myText002(m)$ 。

步骤 181:发起交互操作。通过判断报警类型 $Type$ 向报警界面显示对应类型的报警信息:如果 $Type = 1$,表示该报警信息为用户行为类型的报警,向监控用户端输出用户信息 m 、报警时间 $time$ 、报警信息 $content1$,监控用户还可以通过点击报警信息显示当前被报警用户的行为数据 $content2$。如果 $Type = 2$,表示该报警信息为用户状态类型的报警,并输出用户信息 m 、报警时间 $time$ 、报警信息 $content1$;根据报警类型,以及输出的信息,监控端用户向被报警用户发送更正信息 $content3$ 并要求其改正。

10.4.2 基于多场景多主体身份行为情绪识别分析方法的智能监管系统(20000)

以下简称智能监管系统(20000)。

该系统由被监控管理端(1000)、服务器端(2000)、监控管理端(3000)、互联网(5000)组成。

10.4.2.1 被监控管理端(1000)

被监控管理端(1000)的作用是捕捉监控场景中的信息,经过分析后反馈提示监控场景中的用户。被监控管理端(1000)包括A类用户(1100)、视频采集装置(1200)、前端智控探测预警装置(1300)、网络设备(1400)、A类用户终端(1500)、B类用户(1600)、B类用户终端(1700)。

A类用户(1100)是探测场景中被探测的用户。A类用户(1100)被视频采集装置(1200)采集视频图像信息,A类用户(1100)使用A类用户终端(1500)过程中被记录的行为信息。

视频采集装置(1200)是场景中采集视频信息的装置,可以是高清视频摄像机。视频采集装置(1200)的输入是A类用户(1100)的视频信息。视频采集装置(1200)的视频输出接口通过视频模拟数据线或者数字数据线与前端智控探测预警装置(1300)的视频输入接口连接,将视频采集装置(1200)采集的视频信息传递给前端智控探测预警装置(1300)。

前端智控探测预警装置(1300)是场景中提供预警警告的装置,可以是警示灯或者计算机和显示器。前端智控探测预警装置(1300)的网络接口通过网线与网络设备(1400)的网口连接,作用之一是将前端智控探测预警装置(1300)的数据传给网络设备(1400),进而通过互联网(5000)发送给服务器端(2000);作用之二是接收服务器端(2000)返回的警示信息,并显示给A类用户(1100)。

网络设备(1400)是网络接入设备,可以是交换机或者无线路由器。网络设备(1400)的作用:一是获取前端智控探测预警装置(1300)的A类用户(1100)视频数据;二是获取A类用户(1100)、B类用户(1600)的行为数据;三是将数据通过互联网(5000)传递给服务器端(2000);四是接收服务器端(2000)返回的数据,并显示给A类用户(1100)和B类用户(1600)。网络设备(1400)的网络接口通过网线与前端智控探测预警装置(1300)、A类用户终端(1500)、B类用户终端(1700)和网络设备(5100)的网络接口连接。

A类用户终端(1500)是获取A类用户(1100)指令和显示系统处理结果的设备,可以是计算机。A类用户终端(1500)与A类用户(1100)的连接关系是:A类用户(1100)通过A类用户终端(1500)的键盘、鼠标或者触控屏幕将控制信息输入给A类用户终端(1500),A类用户终端(1500)通过其自身的显示装置将系统的处理结果反馈给A类用户(1100)。A类用户终端(1500)的网络接口通过数字数据线与网络设备(1400)的网络接口连接,作用是将A类用户(1100)的行为信息传递给网络设备(1400)。

B类用户(1600)是探测场景中被监控管理端探测的用户,同时也可以向A类用户(1100)发起监控。B类用户(1600)使用B类用户终端(1700)过程中被记录的行为信息。

B类用户终端(1700)是获取B类用户(1600)指令和显示系统处理结果的设备,可以是计算机。B类用户终端(1700)与B类用户(1600)的连接关系是:B类用户(1600)通过B类用户终端(1700)的键盘、鼠标或者触控屏幕将控制信息输入给B类用户终端(1700),B类用户终端(1700)通过其自身的显示装置将系统的处理结果反馈给B类用户(1600)。B类用户终端(1700)的网络接口通过数字数据线与网络设备(1400)的网络接口连接,作用是将B类用户(1600)的行为信息传递给网络设备(1400)。

10.4.2.2 服务器端(2000)

服务器端(2000)的作用是接收、存储、分析数据,并将处理后的数据通过互联网(5000)发给被监控管理端(1000)和监控管理端(3000)。服务器端(2000)包括网络设备(2100)、后端智控探测预警服务器(2200)、数据库服务器(2300)、存储服务器(2400)。

网络设备(2100)是网络接入设备,可以是交换机或者无线路由器。网络设备(2100)的作用:一是获取来自被监控管理端(1000)和监控管理端(3000)的数据;二是将后端智控探测预警服务器(2200)处理后的结果通过互联网(5000)返回给被监控管理端(1000)和监控管理端(3000);三是实现互联网(5000)的网络设备(5100)与服务器端(2000)的后端智控探测预警服务器(2200)、数据库服务器(2300)和存储服务器(2400)数据交换传递。网络设备(2100)的网络接口通过网线与后端智控探测预警服务器(2200)、数据库服务器(2300)、存储服务器(2400)和互联网(5000)的网络设备(5100)的网络接口连接。

后端智控探测预警服务器(2200)是处理数据和指令的设备。后端智控探测预警服务器(2200)的网络接口与网络设备(2100)的网络接口相连接,作用之一是获取被监控管理端(1100)与监控管理端(3000)的数据或指令,并将处理后的数据或指令传递给网络设备(2100);作用之二是通过网络设备(2100)将表格信息存储在数据库服务器(2300),同时将图片数据存储在存储服务器(2400)。

数据库服务器(2300)是存储表格数据的设备。数据库服务器(2300)的网络接口与网络设备(2100)的网络接口连接,作用是获取、存储和传递表格数据。

存储服务器(2400)是存储图片数据的设备。存储服务器(2400)的网络接口与网络设备(2100)的网络接口连接,作用是获取、存储和传递图片数据。

服务器端(2000)中的后端智控探测预警服务器(2200)是智能监管系统(20000)的核心装置,后端智控探测预警服务器(2200)的输入、处理、输出与基于多场景多主体身份行为情绪识别分析方法(10000)的关系是:

智能监管系统(20000)的视频采集装置(1200)是基于多场景多主体身份行

为情绪识别分析方法(10000)中前端智控探测预警流程(100)中步骤130视频图像采集的执行装置,是基于多场景多主体身份行为情绪识别分析方法(10000)的智能监管系统(20000)运行过程中视频监测信息的采集输入源。

智能监管系统(20000)的A类用户终端(1500)、B类用户终端(1700)是基于多场景多主体身份行为情绪识别分析方法(10000)中前端智控探测预警流程(100)中的用户行为采集(160)的执行装置,负责智能监管系统(20000)中用户行为信息的采集。

智能监管系统(20000)的后端智控探测预警服务器(2200)是基于多场景多主体身份行为情绪识别分析方法(10000)中前端智控探测预警流程(100)、启动探测预警流程(200)、停止探测预警流程(300)、人脸表情训练流程(500)、内容分析流程(600)的执行装置,是智能监管系统(20000)中对采集输入的用户身份行为信息、视频信息进行分析从而得到结论输出的执行装置。

智能监管系统(20000)的前端智控探测预警装置(1300)是基于多场景多主体身份行为情绪识别分析方法(10000)中前端智控探测预警流程(100)中视频图像分析结果预警(150)和用户行为分析结果预警(180)的执行装置,是智能监管系统(20000)中显示结果、提供预警的装置。

10.4.2.3 监控管理端(3000)

监控管理端(3000)的作用是发起监控,获取被监控管理端用户的信息。监控管理端(3000)包括网络设备(3100)、C类用户终端(3200)、D类用户终端(3300)、C类用户(3400)、D类用户(3500)。

网络设备(3100)是网络接入设备,可以是交换机或者无线路由器。网络设备(3100)的作用:一是获取C类用户(3400)的行为信息或指令;二是将C类用户(3400)的行为信息或指令通过互联网发送给服务器端(2000);三是接收服务器端(2000)返回的被监控管理端(1000)的监控数据,并显示给C类用户(3400)。网络设备(3100)的网络接口通过网线与C类用户终端(3200)、互联网(5000)的网络设备(5100)的网络接口连接。

C类用户终端(3200)是获取C类用户(3400)指令和显示系统处理结果的设备,可以是计算机。C类用户终端(3200)与C类用户(3400)的连接关系是:C类用户(3400)通过C类用户终端(3200)的键盘、鼠标或者触控屏幕将控制信息输入给C类用户终端(3200),C类用户终端(3200)通过其自身的显示装置将系统的处理结果反馈给C类用户(3400)。C类用户终端(3200)的网络接口通过数字数据线与网络设备(3100)的网络接口连接,作用是将C类用户(3400)的行为信息传递给网络设备(3100)。

C 类用户(3400)是通过有线方式接入监控系统并发起探测行为的用户。C 类用户(3400)通过 C 类用户终端(3200)发起监控指令。

D 类用户终端(3300)是获取 D 类用户(3500)指令和显示系统处理结果的设备,可以是手机或者计算机。D 类用户终端(3300)与 D 类用户(3500)的连接关系是:D 类用户(3500)通过 D 类用户终端(3300)的键盘、鼠标或者触控屏幕将控制信息输入给 D 类用户终端(3300),D 类用户终端(3300)通过其自身的显示装置将系统的处理结果反馈给 D 类用户(3500)。D 类用户终端(3300)通过手机网络与移动网络设备(5200)连接。

D 类用户(3500)是通过无线方式接入监控系统并发起探测行为的用户。D 类用户(3500) 通过 D 类用户终端(3300)发起监控指令。

10.4.2.4 互联网(5000)

互联网(5000)的作用是实现全球任何位置的数据交换,可以是卫星通信网或者因特网。互联网(5000)包括网络设备(5100)、移动网络设备(5200)。

网络设备(5100)是网络接入设备,可以是交换机或者无线路由器。网络设备(5100)的网络接口通过网线与网络设备(1400)、网络设备(2100)、网络设备(3100)、移动网络设备(5200)连接,作用是实现被监控管理端(1000)、服务器端(2000)与监控管理端(3000)的数据交换传递。

移动网络设备(5200)是通过无线方式接入网络的设备,可以是无线路由器。移动网络设备(5200)通过无线网络与 D 类用户终端(3300)相连,作用是获取 D 类用户(3500)的行为信息。移动网络设备(5200)的网络接口通过网线与网络设备(5100)的网络接口连接,作用是将 D 类用户(3500)的行为信息传递给网络设备(5100)。

与现有技术相比,本发明具有以下优势。

(1)发明的预测方法和系统解决了多个区域大量人员的出现与情感的无感知监控问题。

(2)发明的预测方法和系统解决了大量人员非集中办公情况下行为与效率监控问题。

(3)发明的预测方法和系统解决了无感知、高智能、全方位的人员行为质量监控管理系统建设问题。

本发明提出的方法和系统针对多个场景下多名主体的情绪与效率的监控领域,紧密结合工位或教学方面的实际情况,运用多种技术实现了高性能的智能分析与监管。

10.5 附图说明

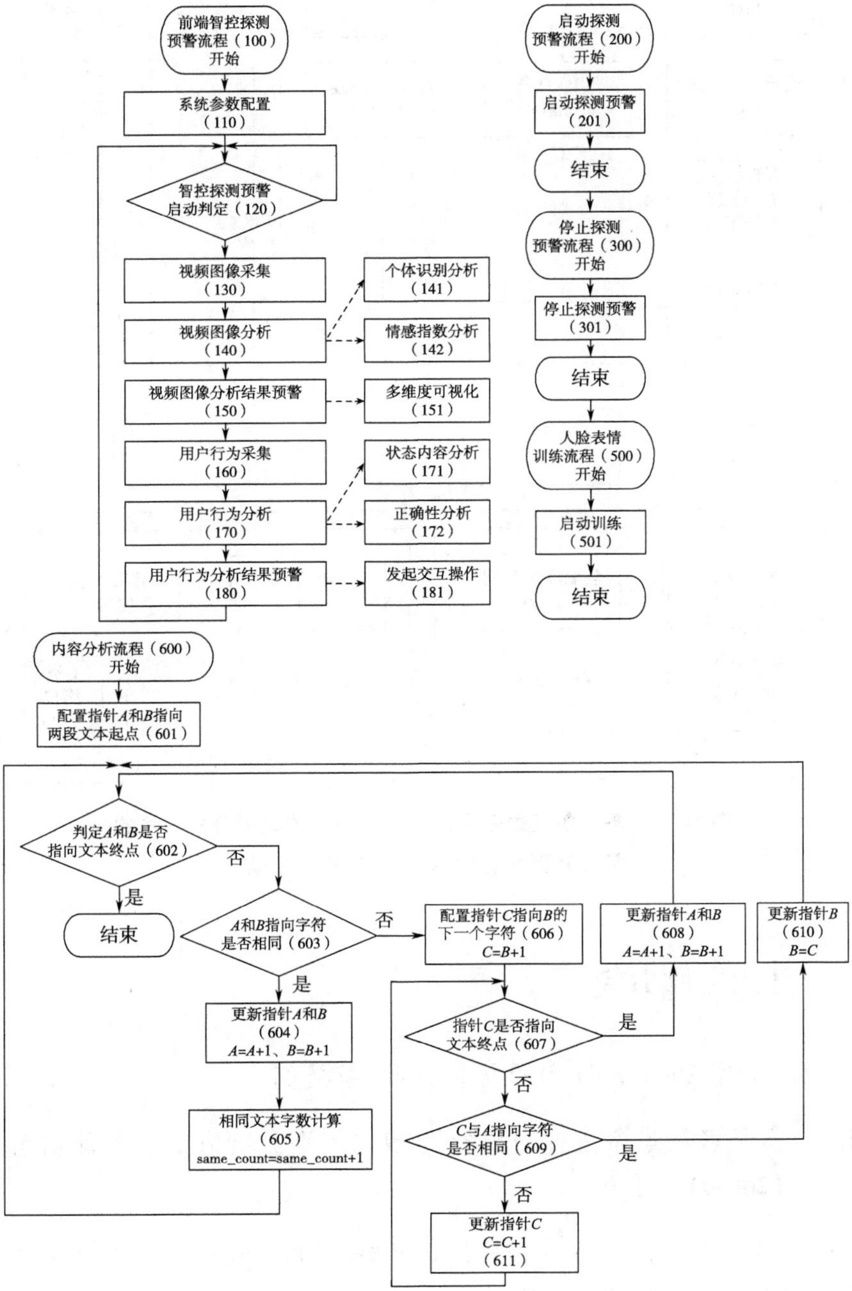

图 10-1 基于多场景多主体身份行为情绪识别分析方法(10000)的流程图

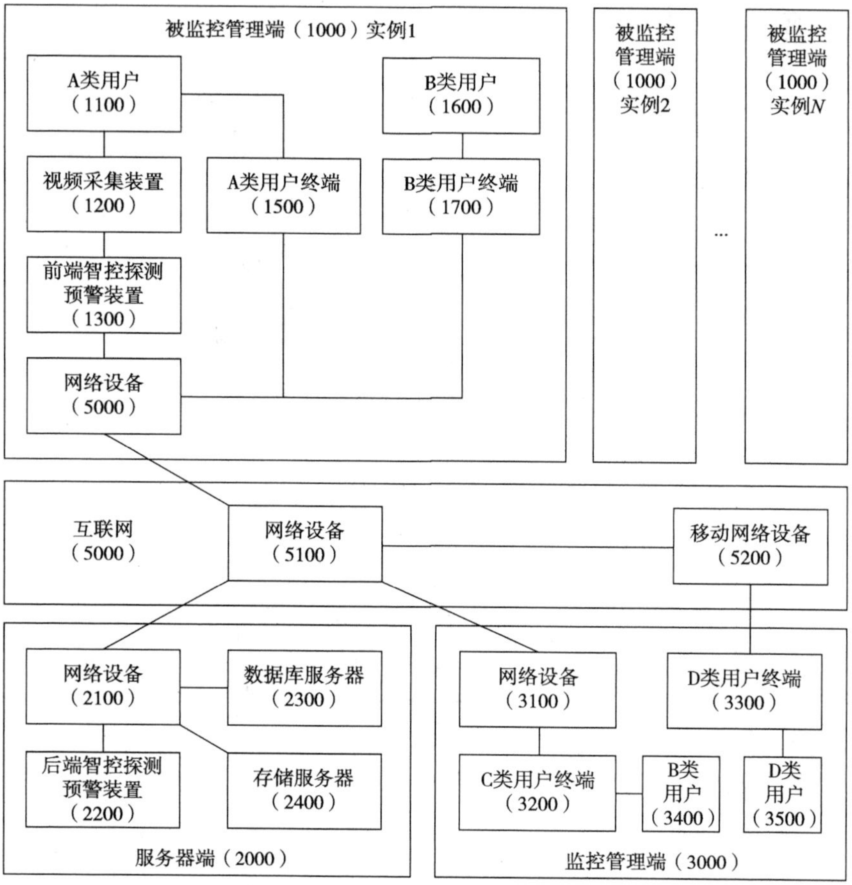

图 10-2　基于多场景多主体身份行为情绪识别分析方法的智能监管系统(20000)的连接关系图

10.6　具体实施方式

下面结合图 10-1 和图 10-2 详细说明本实施例。

10.6.1　基于多场景多主体身份行为情绪识别分析方法的智能监管系统(20000)

由图 10-2 可知,该系统由被监控管理端(1000)、服务器端(2000)、监控管理端(3000)、互联网(5000)组成。

10.6.1.1　被监控管理端(1000)

被监控管理端(1000)的作用是捕捉监控场景中的信息,经过分析后反馈提示监控场景中的用户。被监控管理端(1000)包括 A 类用户(1100)、视频采集装置(1200)、前端智控探测预警装置(1300)、网络设备(1400)、A 类用户终端(1500)、B 类用户(1600)、B 类用户终端(1700)。

本实施例中,A 类用户(1100)为教室内正在上课的学生;视频采集装置(1200)采用罗技(Logitech)C930e 高清网络摄像头;前端智控探测预警装置(1300)采用戴尔 U2518D 显示器和戴尔 Precision 3431 台式工作站,其硬件配置为搭载第 9 代英特尔酷睿和至强处理器,内存速度为 64 GB 2666 MHz,显卡为 NVIDIA Quadro P40;网络设备(1400)采用华为 S5700 交换机和华为 USG 6000 防火墙;A 类用户终端(1500)采用戴尔 Precision 3431 台式工作站;B 类用户(1600)为教室内正在教课的老师;B 类用户终端(1700)采用戴尔 Precision 3541 移动工作站。

A 类用户(1100)是探测场景中被探测的用户,本实施例中为教室内正在上课的学生。A 类用户(1100)学生被视频采集装置(1200)罗技(Logitech)C930e 高清网络摄像头采集视频图像信息,A 类用户(1100)学生使用 A 类用户终端(1500)戴尔 Precision 3431 台式工作站被记录的行为信息。

视频采集装置(1200)是场景中采集视频信息的装置,可以是高清视频摄像机,本实施例中采用罗技(Logitech)C930e 高清网络摄像头。视频采集装置(1200)罗技(Logitech)C930e 高清网络摄像头的输入是 A 类用户(1100)学生的视频信息;视频采集装置(1200)罗技(Logitech)C930e 高清网络摄像头的视频输出接口通过视频模拟数据线或者数字数据线与前端智控探测预警装置(1300)戴尔 U2518D 显示器和戴尔 Precision 3431 台式工作站的视频输入接口连接,将视频采集装置(1200)罗技(Logitech)C930e 高清网络摄像头采集的视频信息传递给前端智控探测预警装置(1300)戴尔 U2518D 显示器和戴尔 Precision 3431 台式工作站。

前端智控探测预警装置(1300)是场景中提供预警警告的装置,可以是警示灯或者计算机和显示器,本实施例中采用戴尔 U2518D 显示器和戴尔 Precision 3431 台式工作站。前端智控探测预警装置(1300)戴尔 U2518D 显示器和戴尔 Precision 3431 台式工作站的网络接口通过网线与网络设备(1400)华为 S5700 交换机和华为 USG 6000 防火墙的网口连接,作用之一是将前端智控探测预警装置(1300)戴尔 U2518D 显示器和戴尔 Precision 3431 台式工作站的数据传给网络设备(1400)华为 S5700 交换机和华为 USG 6000 防火墙,进而通过互联网

(5000)发送给服务器端(2000);作用之二是接收服务器端(2000)返回的警示信息,并显示给A类用户(1100)学生。

网络设备(1400)是网络接入设备,可以是交换机或者无线路由器,本实施例中采用华为S5700交换机和华为USG 6000防火墙。网络设备(1400)的作用:一是获取前端智控探测预警装置(1300)戴尔U2518D显示器和戴尔Precision 3431台式工作站的A类用户(1100)学生视频数据;二是获取A类用户(1100)学生、B类用户(1600)教师的行为数据;三是将数据通过互联网(5000)传递给服务器端(2000);四是接收服务器端(2000)返回的数据,并显示给A类用户(1100)学生和B类用户(1600)教师。网络设备(1400)华为S5700交换机和华为USG 6000防火墙的网络接口通过网线与前端智控探测预警装置(1300)戴尔U2518D显示器和戴尔Precision 3431台式工作站、A类用户终端(1500)戴尔Precision 3431台式工作站、B类用户终端(1700)戴尔Precision 3541移动工作站、网络设备(5100)华为S5700交换机和华为USG 6000防火墙的网络接口连接。

A类用户终端(1500)是获取A类用户(1100)学生指令和显示系统处理结果的设备,可以是计算机,本实施例中采用戴尔Precision 3431台式工作站。A类用户终端(1500)戴尔Precision 3431台式工作站与A类用户(1100)学生的连接关系是:A类用户(1100)学生通过A类用户终端(1500)戴尔Precision 3431台式工作站的键盘、鼠标或者触控屏幕将控制信息输入给A类用户终端(1500)戴尔Precision 3431台式工作站,A类用户终端(1500)戴尔Precision 3431台式工作站通过其自身的显示装置将系统的处理结果反馈给A类用户(1100)学生。A类用户终端(1500)戴尔Precision 3431台式工作站的网络接口通过数字数据线与网络设备(1400)华为S5700交换机和华为USG 6000防火墙的网络接口连接,作用是将A类用户(1100)学生的行为信息传递给网络设备(1400)华为S5700交换机和华为USG 6000防火墙。

B类用户(1600)是探测场景中被监控管理端探测的用户,同时也可以向A类用户(1100)学生发起监控,本实施例中为教室内正在教课的教师。B类用户(1600)使用B类用户终端(1700)戴尔Precision 3541移动工作站被记录的行为信息。

B类用户终端(1700)是获取B类用户(1600)教师指令和显示系统处理结果的设备,可以是计算机,本实施例中采用戴尔Precision 3541移动工作站。B类用户终端(1700)戴尔Precision 3541移动工作站与B类用户(1600)教师的连接关系是:B类用户(1600)教师通过B类用户终端(1700)戴尔Precision 3541

移动工作站的键盘、鼠标或者触控屏幕将控制信息输入给 B 类用户终端(1700)戴尔 Precision 3541 移动工作站,B 类用户终端(1700)戴尔 Precision 3541 移动工作站通过其自身的显示装置将系统的处理结果反馈给 B 类用户(1600)教师。B 类用户终端(1700)戴尔 Precision 3541 移动工作站的网络接口通过数字数据线与网络设备(1400)华为 S5700 交换机和华为 USG 6000 防火墙的网络接口连接,作用是将 B 类用户(1600)教师的行为信息传递给网络设备(1400)华为 S5700 交换机和华为 USG 6000 防火墙。

10.6.1.2 服务器端(2000)

服务器端(2000)的作用是接收、存储、分析数据,并将处理后的数据通过互联网(5000)发给被监控管理端(1000)和监控管理端(3000)。服务器端(2000)包括网络设备(2100)、后端智控探测预警服务器(2200)、数据库服务器(2300)、存储服务器(2400)。

本实施例中,网络设备(2100)采用华为 S5700 交换机和华为 USG 6000 防火墙;后端智控探测预警服务器(2200)采用戴尔 R730 服务器,其硬件配置为,CPU 类型为英特尔至强系列 E5-2600V4,CPU 频率为 2400MHz,内存插槽数为 24;数据库服务器(2300)采用戴尔 R730 服务器;存储服务器(2400)采用戴尔 R730 服务器。

网络设备(2100)是网络接入设备,可以是交换机或者无线路由器,本实施例中采用华为 S5700 交换机和华为 USG 6000 防火墙。网络设备(2100)华为 S5700 交换机和华为 USG 6000 防火墙的作用:一是获取来自被监控管理端(1000)和监控管理端(3000)的数据;二是将后端智控探测预警服务器(2200)戴尔 R730 服务器处理后的结果通过互联网(5000)返回给被监控管理端(1000)和监控管理端(3000);三是实现互联网(5000)的网络设备(5100)华为 S5700 交换机和华为 USG 6000 防火墙与服务器端(2000)的后端智控探测预警服务器(2200)戴尔 R730 服务器、数据库服务器(2300)戴尔 R730 服务器和存储服务器(2400)戴尔 R730 服务器数据交换传递。网络设备(2100)华为 S5700 交换机和华为 USG 6000 防火墙的网络接口通过网线与后端智控探测预警服务器(2200)戴尔 R730 服务器、数据库服务器(2300)戴尔 R730 服务器、存储服务器(2400)戴尔 R730 服务器、互联网(5000)的网络设备(5100)华为 S5700 交换机和华为 USG 6000 防火墙的网络接口连接。

后端智控探测预警服务器(2200)是处理数据和指令的设备,本实施例中采用戴尔 R730 服务器。后端智控探测预警服务器(2200)戴尔 R730 服务器的网络接口与网络设备(2100)华为 S5700 交换机和华为 USG 6000 防火墙的网络接口连接，作用之一是获取被监控管理端（1100）学生与监控管理端（3000）的数据或指令，并将处理后的数据或指令传递给网络设备（2100）华为 S5700 交换机和华为 USG 6000 防火墙；作用之二是通过网络设备（2100）华为 S5700 交换机和华为 USG 6000 防火墙将表格信息存储在数据库服务器（2300）戴尔 R730 服务器，同时将图片数据存储在存储服务器（2400）戴尔 R730 服务器。

数据库服务器（2300）是存储表格数据的设备，本实施例中采用戴尔 R730 服务器。数据库服务器（2300）戴尔 R730 服务器的网络接口与网络设备（2100）华为 S5700 交换机和华为 USG 6000 防火墙的网络接口连接，作用是获取、存储和传递表格数据。

存储服务器（2400）是存储图片数据的设备，本实施例中采用戴尔 R730 服务器。存储服务器（2400）戴尔 R730 服务器的网络接口与网络设备（2100）华为 S5700 交换机和华为 USG 6000 防火墙的网络接口连接，作用是获取、存储和传递图片数据。

服务器端（2000）中的后端智控探测预警服务器（2200）戴尔 R730 服务器是智能监管系统（20000）的核心装置，后端智控探测预警服务器（2200）戴尔 R730 服务器的输入、处理、输出与基于多场景多主体身份行为情绪识别分析方法（10000）的关系是：

智能监管系统（20000）的视频采集装置（1200）罗技（Logitech）C930e 高清网络摄像头是基于多场景多主体身份行为情绪识别分析方法（10000）中前端智控探测预警流程（100）中步骤 130 视频图像采集的执行装置，是基于多场景多主体身份行为情绪识别分析方法（10000）的智能监管系统（20000）运行过程中视频监测信息的采集输入源。

智能监管系统（20000）的 A 类用户终端（1500）戴尔 Precision 3431 台式工作站、B 类用户终端（1700）戴尔 Precision 3541 移动工作站是基于多场景多主体身份行为情绪识别分析方法（10000）中前端智控探测预警流程（100）中的用户行为采集（160）的执行装置，负责智能监管系统（20000）中用户行为信息的采集。

智能监管系统（20000）的后端智控探测预警服务器（2200）戴尔 R730 服务器是基于多场景多主体身份行为情绪识别分析方法（10000）中前端智控探测预警流程（100）、启动探测预警流程（200）、停止探测预警流程（300）、人脸表情训练流程（500）、内容分析流程（600）的执行装置，是智能监管系统（20000）中对采集输入的用户身份行为信息、视频信息进行分析从而得到结论输出的执行装置。

智能监管系统(20000)的前端智控探测预警装置(1300)戴尔 U2518D 显示器和戴尔 Precision 3431 台式工作站是基于多场景多主体身份行为情绪识别分析方法(10000)中前端智控探测预警流程(100)中视频图像分析结果预警(150)和用户行为分析结果预警(180)的执行装置,是智能监管系统(20000)中显示结果、提供预警的装置。

10.6.1.3 监控管理端(3000)

监控管理端(3000)的作用是发起监控,获取被监控管理端用户的信息。监控管理端(3000)包括网络设备(3100)、C 类用户终端(3200)、D 类用户终端(3300)、C 类用户(3400)、D 类用户(3500)。

本实施例中,网络设备(3100)采用华为 S5700 交换机和华为 USG 6000 防火墙,C 类用户终端(3200)采用戴尔 Precision 3541 移动工作站,D 类用户终端(3300)采用华为 P40 手机,C 类用户(3400)为教务处和督导组,D 类用户(3500)为教务处和督导组。

网络设备(3100)是网络接入设备,可以是交换机或者无线路由器,本实施例中采用华为 S5700 交换机和华为 USG 6000 防火墙。网络设备(3100)华为 S5700 交换机和华为 USG 6000 防火墙的作用:一是获取 C 类用户(3400)教务处和督导组的行为信息或指令;二是将 C 类用户(3400)教务处和督导组的行为信息或指令通过互联网发送给服务器端(2000);三是接收服务器端(2000)返回的被监控管理端(1000)的监控数据,并显示给 C 类用户(3400)教务处和督导组。网络设备(3100)华为 S5700 交换机和华为 USG 6000 防火墙的网络接口通过网线与 C 类用户终端(3200)戴尔 Precision 3541 移动工作站、互联网(5000)的网络设备(5100)华为 S5700 交换机和华为 USG 6000 防火墙的网络接口连接。

C 类用户终端(3200)是获取 C 类用户(3400)教务处和督导组指令和显示系统处理结果的设备,可以是计算机,本实施例中采用戴尔 Precision 3541 移动工作站。C 类用户终端(3200)戴尔 Precision 3541 移动工作站与 C 类用户(3400)教务处和督导组的连接关系是:C 类用户(3400)教务处和督导组通过 C 类用户终端(3200)戴尔 Precision 3541 移动工作站的键盘、鼠标或者触控屏幕将控制信息输入给 C 类用户终端(3200)戴尔 Precision 3541 移动工作站,C 类用户终端(3200)戴尔 Precision 3541 移动工作站通过其自身的显示装置将系统的处理结果反馈给 C 类用户(3400)教务处和督导组。C 类用户终端(3200)戴尔 Precision 3541 移动工作站的网络接口通过数字数据线与网络设备(3100)华为 S5700 交换机和华为 USG 6000 防火墙的网络接口连接,作用是将 C 类用户

(3400)教务处和督导组的行为信息传递给网络设备(3100)华为 S5700 交换机和华为 USG 6000 防火墙。

C 类用户(3400)是通过有线方式接入监控系统并发起探测行为的用户,本实施例中为教务处和督导组。C 类用户(3400)教务处和督导组通过 C 类用户终端(3200)戴尔 Precision 3541 移动工作站发起监控指令。

D 类用户终端(3300)是获取 D 类用户(3500)教务处和督导组指令和显示系统处理结果的设备,可以是手机或者计算机,本实施例中为华为 P40 手机。D 类用户终端(3300)华为 P40 手机与 D 类用户(3500)教务处和督导组的连接关系是:D 类用户(3500)教务处和督导组通过 D 类用户终端(3300)华为 P40 手机的触控屏幕将控制信息输入给 D 类用户终端(3300)华为 P40 手机,D 类用户终端(3300) 华为 P40 手机通过其自身的显示装置将系统的处理结果反馈给 D 类用户(3500)教务处和督导组。D 类用户终端(3300)华为 P40 手机通过手机网络与移动网络设备(5200)华为 AR161W-S 无线路由器连接。

D 类用户(3500)是通过无线方式接入监控系统并发起探测行为的用户,本实施例中为教务处和督导组。D 类用户(3500)教务处和督导组通过 D 类用户终端(3300)华为 P40 手机发起监控指令。

10.6.1.4 互联网(5000)

互联网(5000)的作用是实现全球任何位置的数据交换,可以是卫星通信网或者因特网。互联网(5000)包括网络设备(5100)、移动网络设备(5200)。

本实施例中,网络设备(5100)采用华为 S5700 交换机和华为 USG 6000 防火墙,移动网络设备(5200)采用华为 AR161W-S 无线路由器。

网络设备(5100)是网络接入设备,可以是交换机或者无线路由器,本实施例中采用华为 S5700 交换机和华为 USG 6000 防火墙。网络设备(5100)华为 S5700 交换机和华为 USG 6000 防火墙的网络接口通过网线与网络设备(1400)华为 S5700 交换机和华为 USG 6000 防火墙、网络设备(2100)华为 S5700 交换机和华为 USG 6000 防火墙、网络设备(3100)华为 S5700 交换机和华为 USG 6000 防火墙、移动网络设备(5200)连接,作用是实现被监控管理端(1000)、服务器端(2000)与监控管理端(3000)的数据交换传递。

移动网络设备(5200)是通过无线方式接入网络的设备,可以是无线路由器,本实施例中采用华为 AR161W-S 无线路由器。移动网络设备(5200)华为 AR161W-S 无线路由器通过无线网络与 D 类用户终端(3300) 华为 P40 手机相连,作用是获取 D 类用户(3500)教务处和督导组的行为信息。移动网络设备(5200)华为 AR161W-S 无线路由器的网络接口通过网线与网络设备(5100)华为S5700交换机和华为USG 6000防火墙的网络接口连接，作用是将D类用户(3500)教务处和督导组的行为信息传递给网络设备(5100)华为S5700交换机和华为USG 6000防火墙。

10.6.2 多场景多主体身份行为情绪识别分析方法(10000)

由图10-1可知，该方法包括5个流程：①启动探测预警流程(200)；②停止探测预警流程(300)；③人脸表情训练流程(500)；④内容分析流程(600)；⑤前端智控探测预警流程(100)。

10.6.2.1 启动探测预警流程(200)

该流程的功能是启动前端探测预警。

步骤201：启动探测预警。将第 n 个前端智控探测预警设备的标志位设置为1，即 $System\_Start(n)=1$。

10.6.2.2 停止探测预警流程(300)

该流程的功能是停止前端探测预警。

步骤301：停止探测预警。将第 n 个前端智控探测预警设备的标志位设置为0，即 $System\_Start(n)=0$。

10.6.2.3 人脸表情识别模型训练流程(500)

该流程的功能是训练人脸表情识别模型。

步骤501：启动训练。

步骤501.1：训练表情识别模型。

步骤501.1的输入是：样本是由 P 张图片组成的数据集，每张图片的文件名是pic_x_y_zzzzzz.jpg，其中，x表示该图片对应的情感类别值，y表示该图片属于训练样本还是测试样本，zzzzzz表示图片编号。在本实施例中，输入对象是由100 000张图片组成的数据集。

步骤501.1的输出是训练后的模型 $EmotionModel$ ，计算出人脸感情值。在本实施例中，输出对象是由100 000张人脸表情图片训练好的人脸表情识别模型 $EmotionModel$ 。

步骤501.1的实现方法：由步骤501.1.1至步骤501.1.4共4个步骤组成。

步骤501.1.1：将图片转化成为数组。样本是100 000张图片，根据每个图片文件和图片名称pic_x_y_zzzzzz.jpg，将该图片转化为数据 $data(pIMG, pType)$ 。$data(pIMG, pType)$ 的数据结构如下：$data$ 由100 000行3列构成，$data$ 的每一行表示一个图片的信息，$pIMG$ 对应的zzzzzz是图片编号。

当 $pType=1$ 时，$data(pIMG,1)$ 用来存储第 $pIMG$ 张图片的像素

$data(pIMG,1)=img(pIMG,mIMG,nIMG,cIMG)$ 。该图像每个像素点的值中，$mIMG$ 表示图像像素的行数，$nIMG$ 表示图像像素的列数，$cIMG$ 表示图像像素的 RGB 通道号，因此 $cIMG=1,2,3$。每个图片的维度大小为 $size \times size$ ，因此，$mIMG=1,2,\cdots,size$；$nIMG=1,2,\cdots,size$ 。在本实施例中，图片的维度大小为 $size$ 的取值为 64。

当 $pType=2$ 时，$data(pIMG,2)$ 用来存储第 $pIMG$ 张图片的情感标签值，$data(pIMG,2)$ 的取值在集合 $eIMG$ 中，即 $data(pIMG,2)=eIMG,eIMG=\{1,2,\cdots,10\}$ 。按照情感由消极到积极的程度，具体表情对应的标签如下：1=大哭；2=伤心；3=憎恨；4=厌恶；5=沮丧；6=严肃；7=微笑；8=喜悦；9=惊讶；10=大笑。$eIMG$ 对应的 x 是情感标签。

当 $pType=3$ 时，$data(pIMG,3)$ 用来存储第 $pIMG$ 张图片是训练样本还是测试样本，$data(pIMG,3)$ 的取值在集合 $gIMG$ 中，$gIMG=\{0,1\}$ 。因此，第 $pIMG$ 个样本图像如果是训练样本，则 $data(pIMG,3)=0$；如果是测试样本，则 $data(pIMG,3)=1$。$gIMG$ 对应的 y 是训练样本或测试样本的类别值。

例如，当图片文件名是 pic_0_5_000123. jpg 时，该图片信息存储为：$data(123,1)=img(123,mIMG,nIMG,cIMG)$ ，即 $img(123,100,200,1)$ 表示第 123 张图片第 100 行 200 列 R 通道的值；$data(123,2)=5$；$data(123,3)=0$。

步骤 501. 1. 2：将图像进行灰化，从 RGB 模式转换为 L 模式，降低计算复杂度。该步骤的输入是从步骤 501. 1. 1 输出的图像像素值矩阵 $data(pIMG,1)$ ，该步骤的输出是灰化后的图片 $data\_gray(pIMG)$ 。

步骤 501. 1. 2 将图片从模式 RGB 转换为灰化 L 模式的计算方式见式(10-17)。

$$data\_gray(pIMG) = ToGray(data(pIMG,1)) \tag{10-17}$$

步骤 501. 1. 3：将数据划分为训练集和测试集。根据样本图像的第三列，即训练集与测试集的标记列，将图像数据集划分为训练集和测试集。输出训练集的特征为 $x\_train(pIMG)$ ，训练集的标签为 $y\_train(pIMG)$ ，测试集的特征为 $x\_test(pIMG)$ ，测试集的标签为 $y\_test(pIMG)$ ，计算方式分别见式(10-18)至式(10-21)。

当 $data(pIMG,3)=0$ 时，表示这些数据是训练集数据，即：

$$x\_train(pIMG) = data\_gray(pIMG) \tag{10-18}$$

$$y\_train(pIMG) = data(pIMG,2) \tag{10-19}$$

当 $data(pIMG,3)=1$ 时，表示这些数据是测试集数据，即：

$$x\_test(pIMG) = data\_gray(pIMG) \tag{10-20}$$

$$y\_test(pIMG) = data(pIMG,2) \tag{10-21}$$

步骤 501. 1. 4：使用卷积神经网络训练表情识别模型。该步骤的输入为 $x\_train(pIMG)$ 、$y\_train(pIMG)$ 、$x\_test(pIMG)$ 、$y\_test(pIMG)$ ，输出为模型评价指标准确率 $accuracy$ 。在本实施例中，卷积神经网络共 7 层，分别是输入层、卷积层 1、池化层 1、卷积层 2、池化层 2、全连接层、输出层。其中，输入层的输出维度为 48 × 48 × 1；卷积层 1 的输出维度为 48 × 48 × 32，卷积核为 1 × 1；池化层 1 的输出维度为 23 × 23 × 32，池化核为 3 × 3，卷积层 2 的输出维度为 23 × 23 × 32，卷积核为 3 × 3，池化层 2 的输出维度为 11 × 11 × 32，池化核为 3 × 3，全连接层的输出维度为 1 × 1 × 1 024，输出层的输出维度为 1 × 1 × 7，激活函数为 $softmax$ 函数。模型评价指标准确率的目标为 99%。

训练模型的计算方式见式(10-22)。

$$EmotionModel = FIT(x\_train(pIMG), y\_train(pIMG)) \tag{10-22}$$

测试模型准确率的计算方式见式(10-23)。

$$Accuracy = EmotionModel(x\_test(pIMG), y\_test(pIMG)) \tag{10-23}$$

当模型准确率 $accuracy$ 达到 95% 以上时，停止训练，模型保存为 $EmotionModel$ 。

步骤 501. 2：训练人脸识别模型。

步骤 501. 2 的输入是：样本是由 Q 张图片组成的数据集，每张图片的文件名是 pic_userName_id_number_aaaaaa. jpg，其中 userName 表示该张图片所对应的人物的真实姓名，id 表示该张图片所对应的人物的唯一 ID 索引号，number 表示第 id 个人物的第 number 张图片，aaaaaa 表示图片编号。在本实施例中，输入对象是由 8 000 张图片组成的数据集，其中 id 的最大取值为 80，$number$ 的最大取值为 100。

步骤 501. 2 的输出是：训练后的模型 $FaceModel$ ，识别出该人是谁。在本实施例中，输出对象是由 8 000 张人脸图片训练好的针对该训练集中这 80 个人的人脸识别模型 $FaceModel$ 。

步骤 501. 2 的实现方法由步骤 501. 2. 1 至步骤 501. 2. 3 共 3 个步骤组成。

步骤 501. 2. 1：将图片转化成为数组。样本是 Q 张图片，根据每个图片文件和图片名称 pic _ userName _ id _ number _ aaaaaa. jpg，将该图片转化为数据 $dataface(qIMG,qType)$ 。$dataface(qIMG,qType)$ 的数据结构如下：$dataface$ 由 Q 行 4 列构成，$dataface$ 的每一行表示一个图片的信息，$qIMG$ 对应的 $aaaaaa$ 是图片编号。

当 $qType = 1$ 时，$data(qIMG,1)$ 用来存储第 $qIMG$ 张图片的像素，$data(qIMG,1) = img(qIMG,mIMG,nIMG,cIMG)$ 。该图像每个像素点的值中，

$mIMG$ 表示图像像素的行数，$nIMG$ 表示图像像素的列数，$cIMG$ 表示图像像素的 RGB 通道号，因此 $cIMG = 1,2,3$。每个图片的维度大小为 $size \times size$，$mIMG = 1,2,\cdots,size$；$nIMG = 1,2,\cdots,size$。在本实施例中，$size$ 的取值为 64。

当 $qType = 2$ 时，$data(qIMG,2)$ 用来存储第 $qIMG$ 张图片中人物的真实姓名，其中，$data(qIMG,2)$ 的取值对应 $userName$。

当 $qType = 3$ 时，$data(qIMG,3)$ 用来存储第 $qIMG$ 张图片中人物的唯一 ID 索引号，其中，$data(qIMG,3)$ 的取值对应 id。

当 $qType = 4$ 时，$data(qIMG,4)$ 用来存储第 $qIMG$ 张图片中第 id 个人物的第 $number$ 张图片，其中，$data(qIMG,4)$ 的取值对应 $number$。

例如，当图片文件名是 pic_zhangsan_5_012_000300. jpg 时，该图片信息存储为：$data(300,1) = img(300,mIMG,nIMG,cIMG)$，即 $img(300,100,200,1)$ 表示第 300 张图片第 100 行 200 列 R 通道的值；$data(300,2) = zhangsan$，表示该图片上人物的姓名是 $zhangsan$；$data(300,3) = 5$，即 $zhangsan$ 的 ID 索引号是 5；$data(300,4) = 12$，表示这是 $zhangsan$ 的第 12 张图片。

步骤 501. 2. 2：将图像进行灰化，从 RGB 模式转换为 L 模式，降低计算复杂度。该步骤的输入是从步骤 501. 2. 1 输出的图像像素值矩阵 $\mathbf{data(qIMG,1)}$，该步骤的输出是灰化后的图片 **data_gray(qIMG)**。

步骤 501. 2. 2 将图片从模式 RGB 转换为灰化 L 模式的计算方式见式(10-24)。

$$\boldsymbol{data\_gray(qIMG)} = \mathrm{ToGray(data(qIMG,1))} \tag{10-24}$$

步骤 501. 2. 3：调用人脸识别器训练人脸识别模型。在本实施例中，人脸识别器选取的是 $haarcascade\_frontalface$，该步骤的输入是步骤 501. 2. 2 灰度化后的 $dataface(qIMG,qType)$，输出是得到的人脸识别模型 $FaceModel$，训练模型的计算方式见式(10-25)。

$$FaceModel = Train(dataface) \tag{10-25}$$

10. 6. 2. 4　内容分析流程(600)

该流程的功能是计算相同文本数 $same\_count(m)$。

步骤 601：启动内容分析，配置字符指针 A 和 B 分别指向 $myText001(m)$ 和 $myText002(m)$ 用户的行为内容文本的起点处。

步骤 602：判断字符指针 A 或 B 是否指向 $myText001(m)$ 或 $myText002(m)$ 文本的终点，如果没有指向文本终点，则转到步骤 603；如果指向文本终点，则内容分析流程结束。

步骤 603：判断字符指针 A 和 B 当前所指位置字符是否相同，如果相同，则转到步骤 604;如果不同,则转到步骤 606。

步骤 604:更新指针 A、B ,其中, $A = A + 1$, $B = B + 1$,转到步骤 605。

步骤 605:相同文本字数计算。$same\_count = same\_count + 1$,转到步骤 602。

步骤 606:配置新的字符指针 C ,指向字符指针 B 的下一个字符, $C = B + 1$,转到步骤 607。

步骤 607:判断指针 C 是否指向 $myText002(m)$ 文本终点,如果是,转到步骤 608;如果不是,则转到步骤 609。

步骤 608:更新指针 A 和 B ,其中, $A = A + 1$, $B = B + 1$,转到步骤 602。

步骤 609:判断指针 C 和 A 指向的字符是否相同,如果相同,转到步骤 610;如果不同,则转到步骤 611。

步骤 610:更新指针 B ,使指针 B 指向当前指针 C 所指的字符位置, $B = C$,转到步骤 602。

步骤 611:更新指针 C , $C = C + 1$,转到步骤 607。

10.6.2.5　前端智控探测预警流程(100)

该流程由步骤 110 至步骤 180 共 8 个步骤构成。

步骤 110:系统参数配置。初始化系统的启动状态 $System\_Start(n) = 0$,其中, $n = 1,2,\cdots,N$,表示一共有 N 个前端探测装置。$System\_Start(n) = 0$ 表示令系统中第 n 个前端探测装置处于停止工作状态。在本实施例中, N 的取值为 50。

初始化当前时刻 t 。t 为当前时间,格式为: YY 年 MM 月 DD 日 HH 时 MM 分 SS 秒;初始化上次图像处理时间 t_last 为当前时间;初始化当前系统时间 t 与上次图像处理时间 t_last 之间的时间间隔 $t\_between = 0$。

初始化触发算法间隔周期 T ,取值为 10 秒。

初始化人脸数据库 $NAME(id,name)$,其中, $id = 1,2,\cdots,N_{name}$,表示每张人脸的索引号, N_{name} 表示总人数, $name$ 表示人脸对应人的真实姓名。在本实施例中, N_{name} 的取值为 80。

初始化用户状态报警变量 $myTime\_alert$,取值为 600 秒。

初始化用户行为报警变量 $similatit\ y_M$,取值为 30 秒。

步骤 120:智控探测预警启动判定。判断是否启动探测预警。检测当前系统的状态,如果 $System\_Start(n) = 1$,其中, $n = 1,2,\cdots,N$,则启动第 n 个探测预警系统;如果 $System\_Start(n) = 0$,其中, $n = 1,2,\cdots,N$,则不启动探测预警系统。

计算当前时间与上一次执行分析算法的时间差 $t\_between = t - t\_last$,如果

$t\_between < T$，则表示距离上一次执行分析算法的时间差小于触发算法执行的最小时间 T，则不执行分析算法。随着 t 的增大，当 $t\_between \geq T$ 时，则表示距离上一次执行分析算法的时间差达到了触发算法执行的最小时间 T，则执行分析算法，将当前执行时间 t 设置为最后一次执行分析算法的时间 $t\_last = t$，进入步骤 130。

步骤 130：视频图像采集。

步骤 130 的输入是：第 n 个前端探测装置在被监控的场景中采集的视频。

步骤 130 的输出是：第 n 个前端探测装置在当前时刻采集的图像 $capture\_image(n)$，其中，$n = 1,2,\cdots,N$，表示系统中第 n 个前端探测装置。在本实施例中，N 的取值为 50。

步骤 130 的实现方法是：获取监控场景中的实时视频，将当前时刻的视频图像存储为 $capture\_image(n)$。

步骤 140：视频图像分析。

步骤 140 由步骤 141 个体识别分析和步骤 142 情感指数分析组成。

步骤 141：个体识别分析。

步骤 141 的输入是：第 n 个前端探测装置在当前时刻采集的图像 $capture\_image(n)$。

步骤 141 的输出是：图片中各人物所出现的次数 $result(n,id)$，其中，$n = 1,2,\cdots,N$，表示系统中第 n 个前端探测装置，id 表示所检测到人物的唯一 id 号。在本实施例中，N 的取值为 50，id 的取值为 80。

步骤 141 的实现方法由步骤 141.1 至步骤 141.3 共 3 个步骤组成。

步骤 141.1：将图像进行灰化，从 RGB 模式转换为 L 模式，降低计算复杂度。该步骤的输入是从步骤 130 输出的图像数据 $capture\_image(n)$、$capture\_image(n) = capture\_image\_color(n,i,j,c)$，$i,j$ 表示图片的像素，$i = 1,2,\cdots,1024$；$j = 1,2,\cdots,1024$。c 表示图片 RGB 的三通道，$c = 1,2,3$。该步骤的输出是灰化后的图片 $capture\_gray(n)$，其中，$n = 1,2,\cdots,N$。

步骤 141.1 将图片从模式 RGB 转换为灰化 L 模式的计算方式见式(10-26)。

$$capture\_gray(n) = ToGray(capture\_image(n)) \tag{10-26}$$

步骤 141.2：利用人脸检测器识别出人脸区域。在本实施例中，人脸检测器选取的是 $haarcascade\_frontalface$，识别出 $capture\_gray(n)$ 中的人脸区域，命名为 $capture\_face(n)$，计算方式见式(10-27)。

$$capture\_face(n) = FaceDetect(capture\_gray(n)) \tag{10-27}$$

步骤 141.3:进行人脸识别。调用步骤 501.2.3 中训练好的人脸识别模型 *FaceModel*,对 *capture_face(n)* 中人脸区域中的人脸进行识别,与人脸数据库中的人脸进行比对,计算连续 k 个 T 周期内各个人脸出现的次数,其中,$5 \leqslant k \leqslant 10$ 且为整数。在本实施例中,k 的取值为 6,计算方式见式(10-28)。

$$result(id) = Calculate(FaceModel, capture\_face(n)) \tag{10-28}$$

如果 $result(id) \geqslant 1$,则表示该人物存在;否则,表示该人物不存在。

步骤 142:情感指数分析。

步骤 142 的输入是:第 n 个前端探测装置在当前时刻采集的图像 *capture_image(n)*。

步骤 142 的输出是:第 n 个前端探测装置在当前时刻采集的图像中的各类表情及其个数 $EMO(i) = n_i, i = [1,10]$,其中,i 表示不同的表情类别。

步骤 142 的实现方法由步骤 142.1 至步骤 142.3 共 3 个步骤组成。

步骤 142.1:利用人脸检测器识别出人脸区域。在本实施例中,人脸检测器选取的是 *haarcascade_frontalface*,识别出 *capture_image(n)* 的人脸区域,命名为 *face(n)*。

步骤 142.2:为识别出的人脸添加坐标框。

步骤 142.2 的输入是:步骤 142.1 中的人脸图像 *face(n)*。

步骤 142.2 的输出是:框选出人脸坐标的图片,命名为 *capture_rectangle(n)*。

步骤 142.2 坐标的计算方式为:指定 (x,y) 为左下角的坐标,w 为宽,h 为高,则人脸框右上角的坐标为 $(x+w, y+h)$。

步骤 142.3:进行人脸表情识别,使用步骤 501 中训练好的模型 *EmotionModel* 对步骤 142.2 中框选出人脸坐标的图片 *capture_rectangle(n)* 进行人脸表情识别,输出识别结果大哭、伤心、憎恨、厌恶、沮丧、严肃、微笑、喜悦、惊讶、大笑这十种表情及其个数,指定大哭表情的人数为 $EMO(1)=N_1$,伤心表情的人数为 $EMO(2) = N_2$,憎恨表情的人数为 $EMO(3) = N_3$,厌恶表情的人数为 $EMO(4) = N_4$,沮丧表情的人数为 $EMO(5) = N_5$,严肃表情的人数为 $EMO(6) = N_6$,微笑表情的人数为 $EMO(7) = N_7$,喜悦表情的人数为 $EMO(8) = N_8$,惊讶表情的人数为 $EMO(9) = N_9$,大笑表情的人数为 $EMO(10) = N_{10}$。

步骤 150:视频图像分析结果预警。

步骤 150 的输入是:步骤 142 识别出的表情结果及其个数,$EMO(i) = N_i$,$i = [1,10]$,$N_i = 0,1,\cdots,N$,N_i 为识别出的不同表情结果的个数。

步骤 150 的输出是:场景的情感状态。

步骤 150 的实现方法由步骤 150.1 至步骤 150.3 共 3 个步骤组成。

步骤 150.1:计算当前时刻 t 场景中的人物整体情感值,按照情感消极到积极的程度,情感分为大哭、伤心、憎恨、厌恶、沮丧、严肃、微笑、喜悦、惊讶、大笑,设定情感分值,其中,大哭的人数为 $EMO(1)$,大哭的分值是 $EMO\_score(1) = 1$,设定 10 种情感的分值依次递增,范围为 1 至 10,则大笑的人数为 $EMO(10)$,大笑的分值 $EMO\_score(10) = 10$,则每个时刻 t 的整体情感值的计算方式见式(10-29)。

$$EMO\_all(t) = \frac{\sum_{i=1}^{10} EMO\_score(i) \times EMO(i)}{\sum_{i=1}^{10} EMO(i)} \tag{10-29}$$

步骤 150.2:计算距离当前时刻 t 最近的连续 T 个时刻的平均情感值,其计算方式见式(10-30)。

$$EMO\_lastT(t) = \frac{\sum_{k=t-T+1}^{t} EMO\_all(t)}{T} \tag{10-30}$$

步骤 150.3:输出场景的情感状态。如果 $7 < EMO\_lastT(t) \leqslant 10$,则输出情感状态为 *positive* ,表示当前时间段场景中人物的情感状态为积极状态,不需要预警;如果 $3 < EMO\_lastT(t) \leqslant 7$, 则输出情感状态为 *normal* ,表示当前时间段场景中人物的情感状态为中性状态,需要关注;如果 $0 < EMO\_lastT(t) \leqslant 3$, 则输出情感状态为 *negative* ,表示当前时间段场景中人物的情感状态为消极状态,需要重点关注并预警,转步骤 151。

步骤 151:多维度可视化。根据连续时间内的平均情感值 $EMO\_lastT(t)$,对情感状态进行可视化并绘制时刻 $t - T$ 到当前时刻 t 之间的曲线 Curve,曲线的横轴是时刻 $t - T$ 到时刻 t ,纵轴是 $EMO\_lastT(t)$ 。

步骤 160:用户行为采集。在第 n 个探测预警系统中,ID 为 m 的用户向服务器发送该用户 ID 值 m 、行为数据 $myText001(m)$ 和 $myText002(m)$ 、当前时间 $myTime(m)$ 。其中, $myText001(m)$ 是 ID 为 m 的用户接收的行为数据信息, $myText002(m)$ 是 ID 为 m 的用户的行为数据信息。在本实施例中 $myText001(m)$ 是 ID 为 m 的学生接收到的老师授课行为数据信息, $myText002(m)$ 是 ID 为 m 的学生的上课行为数据。

步骤 170:用户行为分析。

步骤 170 的输入是: A 类用户行为数据 $myText002(m)$,当前页面时间 $myTime(m)$; B 类用户行为数据 $myText001(m)$ 。

步骤 170 的输出是: B 类用户行为数据与 A 类用户行为数据比对相似度 $similarity(m)$, A 类用户所在当前页面时间间隔 $myTime\_between(m)$ 。

步骤 171:状态内容分析。该步骤用于处理行为内容的正确性。定义参数 $total\_count1(m)$ 表示步骤 160 获取的 B 类用户行为数据的文本总字数,使用名为 *Length* 的字符串长度计算方法得出 $total\_count1(m)$;定义参数 $total\_count2(m)$ 表示当前 A 类用户行为内容文本总字数,使用名为 Length 的字符串长度计算方法得出 $total\_count2(m)$;定义参数 $same\_count(m)$ 表示两类用户文本相同的字数,其中 $same\_count(m)$ 的计算方法为内容分析流程(600),使用文本相似度算法计算相似度 $similarity(m)$ 。

步骤 171 文本相似度的计算方式是:如果满足条件 $total\_count1(m) > total\_count2(m)$,则使用式(10-31)进行计算;如果满足条件 $total\_count1(m) < total\_count2(m)$,则使用式(10-32)进行计算。

$$similarity(m) = (same\_count(m) \div total\_count1(m)) \times 100 \tag{10-31}$$

$$similarity(m) = (same\_count(m) \div total\_count2(m)) \times 100 \tag{10-32}$$

步骤 172:正确性分析。该步骤用于分析用户状态。使用步骤 160 获取的当前时间 $myTime(m)$,定义参数 $myTime\_last(m)$ 记录上一次获取的用户时间,计算出当前获取时间 $myTime(m)$ 与上次获取时间 $myTime\_last(m)$ 的时间间隔 $myTime\_between(m)$,其中,$myTime\_between(m) = myTime(m) - myTime\_last(m)$。

步骤 180:用户行为分析结果预警。

步骤 180 的输入是:步骤 171 计算的文本相似度 $similarity(m)$,步骤 172 获取的用户所在页面时间间隔 $myTime\_between(m)$ 。

步骤 180 的输出是:显示状态预警警告 *Warning* 表中状态类型的报警信息,以及用户行为预警警告 *Warning* 表中行为类型的报警信息。*Warning* 表是用来存储报警信息的数据表,包含字段 *WarningId*、*Type*、*m*、*time*、*content*1、*content*2、*content*3,其中,*WarningId* 表示报警编号(主键),*Type* 表示报警类型(1 表示行为类型,2 表示状态类型),*m* 表示用户 ID,*time* 表示报警时间,*content*1 表示报警内容,*content*2 表示被报警用户行为数据,*content*3 表示更正信息。

步骤 180 的预警方法由步骤 180. 1 至步骤 180. 2 共 2 个步骤组成。

步骤 180. 1:显示用户状态预警警报。使用步骤 172 获取的用户所在页面时间间隔 $myTime\_between(m)$ 。如果 $myTime\_between(m)$ 小于或等于系统预设报警时间 $myTime\_alert$,表示用户这一时间段内工作状态正常,不需要预警;如果 $myTime\_between(m)$ 大于系统预设报警时间 $myTime\_alert$,则表示该用户没有在当前页面,用户这一时间段内工作状态异常,系统向 *Warning* 表中产生

一条新的数据 $WarningId = WarningId + 1$，其中，$Type = 2$ 表示该报警为用户状态类型的报警，同时录入被报警用户信息 m 和报警时间 $time$，并根据报警类型生成相对应的报警信息 $content1$。在本实施例中，报警信息 $content1$ 为 m 同学离开了课堂。

步骤 180.2：显示用户行为预警警报。使用步骤 171 计算获得的文本相似度 $similarity(m)$ 进行判断，此时系统预设的相似度为 $similatit\ y_M$。如果 $similarity(m) > similatit\ y_M$，表示当前用户工作状态良好，不需要报警；如果 $similarity(m) < similatit\ y_M$，表示当前用户工作状态为走神，系统向 $Warning$ 表中产生一条新的数据 $WarningId = WarningId + 1$，其中，$Type = 1$ 表示该报警为用户行为类型的报警，同时录入被报警用户信息 m 和报警时间 $time$，根据报警类型生成相对应的报警信息 $content1$，以及获取当前被报警用户的行为数据 $content2 = myText002(m)$。在本实施例中，报警信息 $content1$ 为 m 同学当前溜号了。

步骤 181：发起交互操作。通过判断报警类型 $Type$ 向报警界面显示对应类型的报警信息：如果 $Type = 1$，表示该报警信息为用户行为类型的报警，向监控用户端输出用户信息 m、报警时间 $time$、报警信息 $content1$，监控用户还可以通过点击报警信息显示当前被报警用户的行为数据 $content2$。如果 $Type = 2$，表示该报警信息为用户状态类型的报警，并输出用户信息 m、报警时间 $time$、报警信息 $content1$；根据报警类型，以及输出的信息，监控端用户向被报警用户发送更正信息 $content3$ 并要求其改正。在本实施例中，$content3$ 为老师向同学发出的更正信息。